놀이치료에서의 부모상담

LINKING PARENTS TO PLAY THERAPY

놀이치료에서의 부모상담

Deborah Killough McGuire, Donald E. McGuire 지음
김광웅, 강은주, 진화숙 옮김

Σ 시그마프레스

놀이치료에서의 부모상담

발행일 | 2008년 2월 29일 1쇄 발행
2012년 5월 15일 2쇄 발행
2020년 8월 3일 3쇄 발행
2024년 2월 5일 4쇄 발행

저 자 | Deborah Killough McGuire · Donald E. McGuire
역 자 | 김광웅 · 강은주 · 진화숙
발행인 | 강학경
발행처 | (주)시그마프레스
디자인 | 홍선희
편 집 | 김은실

등록번호 | 제10-2642호
주소 | 서울특별시 영등포구 양평로 22길 21 선유도코오롱디지털타워 A401~402호
전자우편 | sigma@spress.co.kr
홈페이지 | http://www.sigmapress.co.kr
전화 | (02)323-4845, (02)2062-5184~8
팩스 | (02)323-4197

ISBN | 978-89-5832-482-9

Linking Parents to Play Therapy:

A Practical Guide with Applications, Interventions, and Case Studies

역자서문

Preface

이 책은 Deborah McGuire와 Donald McGuire가 집필하고 Garry Landreth가 추천한 *Linking Parents to Play Therapy*(2001)를 완역한 것이다. 저자들은 미국 놀이치료학회에 등록된 슈퍼바이저 임상가이며 상담교육 전문가들이다.

놀이치료 수련생들에게 가장 힘든 부분이 무엇인가를 물으면 통상 나오는 답이 부모상담이다. 아마 이 대답은 임상경험이 꽤 많은 분들에게서도 들을 수 있을 것 같다. 놀이치료는 분명 아동상담이지만 상담을 성공적으로 이끌기 위해 부모 또는 보호자의 협조는 필수적이다. 놀이치료의 시작부터 끝까지 부모는 치료자와 함께 가야 한다. 그래서 놀이치료에서 부모상담이 중요하다.

그런데 여기서 부모상담이라는 용어의 의미를 정리해 볼 필요가 있다. 우리는 부모상담이라는 말을 폭넓게 그냥 사용하지만 그 안에는 두 가지 의미가 혼재할 수 있다. 하나는 Parent Consultation으로서의 부모상담이고 다른 하나는 Parent Counseling으로서의 부모상담이다. 전자는, 놀이치료라는 과정을 통해 어떻게 효과적으로 아동을 도와줄 것인가에 관련된 치료자와 부모 간의 이해 증진과 협조관계에 초점이 맞추어진 작업이다. 그러나 후자는, 놀이치료를 받는 아동의 부모로서 부모역할과 부모행동에서 겪는 고통, 성격과 정서문제 등 주로 부모 자신의 문제를 상담하는 것을 의미한다. 이 책에서 부모상담이란 주로 Parent Consultation을 의미한다. 실제로 미국에서는 Parent Consultation이라는 용어는 사용하지만 Parent Counseling이라는 용어는 거의 사용하지 않는다.

이 책의 중요한 매력은 놀이치료사들이 놀이치료의 전 과정을 통해서 치료 협조자인 부모들과 어떻게 관계를 갖고 관련된 문제들을 해결하는가에 관한 구체적인 정보와 지식이 있다는 것이다. 더욱이 부모와 갖게 되는 미팅에 대한 안내, 그리고 저항이 심하거나 분노로 가득 찬 부모들과 어떻게 작업해야 하는가에 관한 구체적인 지침이 있다는 것이다. 임상 실제의 사례를 제시함으로써 배우는 분들이 큰 도움을 받도록 구성한 점이 마음에 들었다.

번역을 하면서 겪는 어려움을 극복하며, 저자의 의미를 살리기 위해서 고심을 하며 옮겨 놓았지만 부족한 부분이 있을 것임에 틀림없다. 독자 여러분의 양해와 친절한 지도를 기대한다. 원고를 검독해주고 교정을 보아준 제자 최현진 양과 김혜민 양에게 감사하고 출판을 기꺼이 맡아준 (주)시그마프레스에 고마움을 전한다.

2007년 12월 31일

역자들

저자에 대해서
About the Authors

저자인 Deborah Killough McGuire는 교육학 석사로서 결혼 및 가족 치료자이자 텍사스 댈러스의 놀이치료 슈퍼바이저로 등록되어 있다. 미국 놀이치료학회와 텍사스놀이치료학회의 정회원이며, 학회 이사로 활동하고 있다. 또한 미국 상담학회의 회원으로서 전국적인 컨퍼런스와 워크숍을 개최하기도 한다.

Donald E. McGuire 박사는 텍사스 댈러스의 상담자 자격을 갖고 있으며, 노스텍사스 대학교에서 상담교육학 박사학위를 받았다. Donald는 텍사스놀이치료학회와 텍사스놀이치료학회 내 노스텍사스 지부의 회원이며, 두 학회에서 이사로 활동하고 있다. 또한 미국 놀이치료학회와 미국 상담학회 회원이다.

추천의 글
Foreword

부모역할은 가장 복잡하고 혼란스럽고 스트레스가 많은 과정이다. 자녀를 기르는 것에 대한 흥분과 충만함을 경험해보지 못한 사람에게는 상상할 수 없을 정도의 스트레스와 당황스러움, 기쁨이 뒤섞인 협곡을 오르내리는 듯한 과정이 되곤 한다. 어떨 때는 거대한 롤러코스터를 타는 듯하다가도, 어떨 때는 카누를 타고 잔잔한 물 위에 떠있는 것 같기도 하다. 그리고 폭주기관차를 타고 다니는 듯한 경험을 하기도 한다. 불안과 관련한 어려움을 가진 부모들에게는 놀이치료 경험이 아주 중요한 영향을 미치게 된다. 다른 부모들과 마찬가지로 치료에 오는 부모들은 이해받고 인정받기를 원한다. 따라서 부모를 면담할 때 놀이치료사는 아동에게만 주의를 기울이고 정보를 모으는 데 열중하는 실수를 저지르지 말아야 한다. Debbie와 Mac(나와는 개인적인 친분이 있다)은 '거기에 머무르고', '경험하면서' 풍부한 실제적인 제안들을 통해 부모들이 치료과정을 함께 할 수 있도록 돕는 방식을 이야기하고 있다.

대부분 놀이치료를 받으러 오기까지 부모들의 양육태도는 확고히 굳어 있으며, 습관적인 패턴과 스트레스가 일상이 되어 있다. 이러한 상태에서 놀이치료사는 인내심을 가지고 이해하는 모델이 되어야 한다. 부모들은 자신의 행동 규칙과 패턴을 유지하려 한다. 그것이 건강치 못하고 역효과를 초래하는 행동이라도 말이다. 변화에 대한 저항은 일어나기 마련이며 이해받고 수용되어야 한다. 놀이치료사는 바쁜 일상 속에 살고 있다. 그러나 빨리 변화를 보려 하는 것은 자제해야 한다. 부모들은 태도와 행동의 변화 이전에 자신들이 이해받고 인정받고 있음을 느껴야 한다는 것이 이 책의 본질적인 주제다. 이 책을 통해 놀이치료사들은 화나 있고 저항적인 부모와의 상담에서 필요한 구체적이고 현실적인 도움을 얻을 것이다.

부모가 아동의 치료경험에 중요한 부분이긴 하지만, 부모와의 협력관계를 촉진하는 것과 동시에 아동과의 놀이치료관계를 유지하기 위해 상담 일정을 정하는 것은 아주 중요한 부분이다. 놀이치료사가 아동과 작업하는 동안 또 다른 치료자가 부모와 상담하는 것은 종종 있는 일이다. 이 책에서는 이러한 상황과 관련하여 치료자가 쉽게 받아들일 수 있는 실제와 작업양식을 제시한다.

이 책은 쉽게 따라 쓰는 기법적인 책이 아니다. 이 책은 경험에 기초를 둔 실제적인 책이다. 이 안에는 놀이치료 과정과 부모와의 작업을 더 생산적으로 만드는 실제적인 지식과 쉽게 적용 가능한 제안들이 들어 있다. 아동 그리고 부모와의 오랫동안의 경험이 들어 있는 이 책의 모든 부분에는 활동성이 살아있다. 저자는 놀이치료에서 부모와 아동과의 관계에서 일어나는 일들에 대해 생생하게 묘사함으로써 훌륭한 작업을 완수하였다.

놀이치료사는 다양한 발달단계에서 일어나는 전형적인 아동행동을 발견하게 되며 이는 부모와의 상담에 도움이 된다. 종종 부모들은 정상적인 아동행동을 부적절한 것으로 여기고 반응하며 스트레스를 받곤 한다. 즉 부모들은 아동의 정상적인 발달적 성장을 막고 억누르려 한다. 저자는 이러한 아동의 발달적 세계에 대한 통찰을 제공한다.

법적 · 윤리적 이슈에 관한 장(제3장)은 모든 놀이치료사가 반드시 읽어야 하는 내용이다. 점점 증가하고 있는 잠재적 문제들을 예방하는 데 도움이 될 것이다.

다시 말해, 저자는 놀이치료사들의 욕구를 고려하여 전문적인 조언을 제공하고 있다. 이 책에 제시된 사례와 놀이 주제는 특히 도움이 된다.

전문화된 기술이 요구되고 스트레스가 많은 오늘날의 우리 사회에서 아동이 상황에 잘 대처하고 건강하게 적응하기 위해 필요한 양육기술은 부모들이 이미 다 가지고 있다고 가정한다. 흥미롭게도 이와 유사한 가정은 다른 일을 수행할 때는 존재하지 않는다. 우리는 자동차를 운전하기 위해서조차도 시험에 통과를 해야 하고 훈련을 거치게 된다. 하지만 삶의 가장 중요한 일인 부모역할에는 기술이 요구되지 않고 아무런 훈련 과정이 없다. 이 부분에서 놀이치료사는 효과적인 양육에 필요한 부모훈련과 경험들을 적극적으로 제공하는 데 앞장서야 한다. Debbie와 Mac은 부모들이 자녀와 집에서 할 수 있는 구체적인 과제와 제안들을 제시하고 있다.

지금까지 놀이치료 교재에는 부모와 함께 작업하는 방법에 관한 세부적인 정보는 들어있지 않았다. 이 책은 그 틈을 메우고 민감하고 보호적이며 통찰적인 부모-치료자 관계를 만들어 부모로 하여금 스트레스를 덜 받게 하고 더 효과적이고 효율적으로 상담할 수 있는 치료자의 전문성을 길러줄 것이다. 아동을 상담하는 과정에서 부모와 효과적으로 작업하는 방법을 알기 원하는 놀이치료사는 이 책에서 그것에 대한 통찰과 지침, 제안들을 발견할 것이다.

노스텍사스 대학교 놀이치료센터에서

Garry Landreth 교수

저자서문

Preface

우리는 부모들과 무엇을 하는가? 놀이치료사로서 우리는 때때로 이 질문에 맞닥뜨리곤 한다. 부모들은 자녀를 놀이치료에 데리고 오면서 무수한 감정들을 가지게 된다. 놀이치료 과정에 대해 때론 주저하고 마지못해 응하기도 하고, 때론 희망을 가지기도 하고, 때론 화를 내거나 저항하기도 하며, 때론 불안하고 걱정하기도 하고, 때론 혼란스러워 하기도 한다. 부모들의 반응이 어떻든 간에 아이와 놀이치료를 하기 위해서는 부모의 동의가 꼭 필요하다. 부모가 놀이치료를 지지하고 참여하는 데 동의하면, 아동이 경험하는 치료의 효과는 극대화된다. 부모와의 밀접한 작업을 통해 치료자는 놀이치료 과정 동안 부모와 아동을 서로 이어줄 수 있다.

부모와 자녀를 이어주기 위해서 놀이치료사는 양육기술, 의학적 문제, 법적 문제, 단기치료, 관리의료, 발달문제, ADHD, 성학대, 이혼 등을 포함한 많은 주제들과 관련한 풍부한 정보를 갖고 있어야 한다. 또한 놀이치료사는 아동을 사정하고, 그에 대한 내용에 대해 가능한 비밀보장 원칙을 지키면서 부모와 함께 대화해야 한다. 부모와 관리의료회사 모두는 치료 계획과 개입에 대해 알기를 원한다.

수년 동안 이 책을 준비하면서 조사한 결과, 놀이치료에서 부모와의 작업에 관한 책들은 매우 한정되어 있다는 점을 발견하였다. 대학에서 이루어지는 대부분 훈련 과정의 놀이치료에서 부모와의 작업에 관해서는 충분한 관심을 기울이지 않고 있다는 점과 치료 과정으로 부모를 끌어들이는 것에 대해서도 주의를 기울이지 않고 있다는 점을 깨닫게 되었다. 이 책은 놀이치료 과정의 보충교재이자 실제적인 가이드북으로 만들어졌다. 우리는 이 책이 세부적인 참고자료로서 치료자에게 도움이 되었으면 한다.

또한 우리는 치료자가 부모에게 제공할 수 있는 양육기술 매뉴얼도 포함하였다. 양육기술 매뉴얼은 오랫동안 개발되고 있기 때문에 부모에게도 익숙한 것이다. 내용이 간결하고 다양한 제안을 제공하기 때문에 부모들이 읽었을 때 비교적 덜 부담스럽게 다가갈 수 있다. 또한 양육기술 매뉴얼은 부모상담을 하는 일반학교 상담가뿐만 아니라 특수학교에서도 사용된다.

부모는 아동의 건강한 발달에 지극히 중요한 대상이다. 비록 아동이 치료의 주체이긴 하지만, 부모에게도 많은 주의를 기울여야 한다. 아동과 관련된 문제들은 가족의 문제이기도 하다. 부모는 자신을 돌봐야 하며 정신적인 건강을 유지해야 한다. 이를 위해 치료자는 자녀의 특성으로 인해 부모가 느끼고 반응하는 것들을 수용하고 지지하고 허용해 주어야 한다.

부모와 동맹관계를 맺는 것은 힘들고 도전적일 수 있다. 하지만 그것은 아동과 부모에게 매우 도움이 되며 가치 있는 것이 될 수도 있다. 아마도, 다음의 시가 이를 가장 잘 묘사하는 듯하다.

다리를 놓는 사람(The Bridge Builder)

한 늙은이가 한적한 큰 길을 걸어가다가
춥고 흐린 저녁에

크고 깊은 그리고 넓게 갈라진 협곡에 닿았다
거친 물살이 그 넓은 틈 사이를 흐르고 있었고
그 늙은이는 어둑한 황혼에 그 거친 개울을 건넌다
사나운 물살은 그를 두렵게 하지 않는다
건너편 안전한 곳에 다달았을 때
그러나 그는 돌아서서
물살을 걸치는 다리를 놓는다
한 나그네가 가까이서 말하길 "늙은이여"
"당신은 여기서 다리를 놓는데 헌신을 다하고 있군요
당신의 여행은 오늘이 다하면 끝날 텐데
당신은 결코 이 길을 다시 지나가지 않을 텐데
이미 당신은 깊고 넓은 협곡을 가로질러 갔는데
왜 이 저녁에 다리를 놓고 있는가요"

그 다리를 놓는 이는 늙은 회색머리를 올리며 말하길
"친구여, 나는 작은 길을 걸어왔소
오늘 나를 따라 오는 자가 저기 있소
이 길을 건너야만 하는 한 젊은이가 있소
나에겐 아무것도 아니었던 이 협곡은
뒤따르는 젊은이에겐 뜻밖의 위험이 될 수 있소
그 역시 여명의 황혼을 건너야만 한다오
친구여, 나는 그를 위해 다리를 놓는다오"

Will Allen Dromgoole

(Morrison, 1948, p.342에서 인용)

차례

Contents

제 1 장
부모와의 첫 접촉
Initial Contact with Parents

시작은 매우 예민한 시간이다 — 어린 식물들은 쉽게 뿌리째 뽑혀 버린다. 예민한 시작이라고 함축되는 이 비유는 아동이 처음으로 유치원에 가는 것을 일컫는다. 유치원은 부모로부터 분리되어 이전에 한 번도 본 적 없는 건물 안으로 들어가서, 낯선 성인과 만나야 하는 곳이다. 부모들은 이렇게 아주 예민한 하루 동안 자신의 아이에게 다양한 기대를 가진다. 부모들은 아이들이 우아하고 행복하게 유치원 안으로 뛰어들어가서 중요한 것을 배우고 작은 즐거움을 얻기를 바란다. 아이들도 다양한 기대를 할 것이다. 어떤 아이들은 친구들과 학교에 가는 것을 소원하기도 할 것이고 어떤 아이들은 아는 친구가 아무도 없을 수도 있다. 확실히, 이런 기대들은 아이 자신이 어떤 상상을 하느냐에 따라 다른 색깔이 되기도 하고, 부모나 다른 누군가로부터 얻어진 정보에 따라 영향을 받기도 한다. 아마도 아이들은 넓은 시야를 가지기도 하고, 희망에 차기도 하고, 걱정을 하기도 하며, 호기심이 생기기도 하고, 다소 두렵기도 하고, 즐겁기도 하는 등 매우 불안정한 감정의 동요를 경험할 것이다. 하나의 완전한 세계에서, 그들은 긍정적인 수많은 작은 사건들을 아주 빨리 경험하기 시작할 것이다. 예를 들자면, 친구의 상냥한 미소, 친절한 선생님, 같은 반에 있는 좋은 친구들이 그것이다.

아동 놀이치료의 시작도 이와 같다. 균형을 찾아 가고 작은 것에 관심을 기울이고 신뢰를 쌓아 나간다. 치료적 관계 안에서 이상적으로 단단한 기초를 만들기 시작한다. 아이를 위한 치료서비스를 찾아서 결정하는 부모들은 '새로운 시작' 이라는 감정적인 경험을 할 것이다. Bromfield (1992)는 "자신의 아이를 어떤 양육자에게 맡긴다는 건 어려운 일이다. 상처받기 쉬운 치료를 시작하는 것이나 치료자를 믿고 의지하는 것은 더더욱 어려운 것이다."(p.46)라고 한다.

치료자는 이것을 마음에 새기고 부모들이 결정 내리는 데 믿음과 용기를 가질 수 있도록 작지만 긍정적인 경험들을 주어야 한다. 만약 치료자에게 성공과 확신의 태도가 누적되어 있다면 부모들은 아이를 위한 치료를 더 지속하려 할 것이다. 또한, 치료자가 '부모를 아이의 삶에 긍정적인 힘이 되어 줄 수 있는 존재' 로서 믿음을 갖고 대하면 부모는 치료 과정에 협력하고 열중할 것이다.

첫 접촉

부모와의 첫 접촉은 치료 경험에 있어서 매우 중요하다. 최초의 전화 통화는 치료자와 부모 관계의 정도를 정하게 된다. 첫 통화를 하며 상담 약속을 정하는 동안, 부모들은 치료자에게 아이에 대한 '전체적인 이야기(whole story)' 를 털어놓으려 할 것이다. 아마도 아동의 문제와 수용할 수 없는 문제 행동에 대해서 부모가 어떻게 반응하는지 등에 대한 세부적인 사항들을 말할 것이다. 이때 치료자의 첫 목표는 잘 들어주는 것이다. 이것이 부모가 정신건강 전문가를 처음으로 접하게 되는 순간이다. 본래, 치료자와 접촉한다는 것은 도움을 받아야 한다는 것을 인정하는 것이기 때문에 그것 자체로도 부모에게 상처가 된다. 불행히도, 이것은 부모로서 적절한 태도가 부족했다는 것을 암시하는 것이다.

첫 통화시, 치료자는 부모를 공감해야 한다. Carkhuff(1969)에 따르면, "공감은 도움의 중요한 요소다. 특히 초기 상담시에는 분명한 공감을 표현하는 것이 결정적인 역할을 한다."(p.172)고 한다. 누군가의 감정과 접촉하는 것 — 라포를 형성하는 가장 기본이 되는 — 감정 이해를 돕는 데 매우 의미 있는 것이다. 부모의 감정(특히 상처받기 쉽고, 불안한)에 대한 치료자의 민감성은 부모들이 자녀 치료 여부를 결정하는 데 주축이 될 수 있다. 또한 아이가 성공적으로 치료를 마칠 수 있는 가능성을 높여 주는 '부모 참여' 를 결정하는 데에도 영향을 미치게 된다. 만약 부모와의 초기 접촉에서 치료자가 둔감했다거나 이해가 부족했거나 성급하게 다가갔거나 수용이 부족했다면, 부모는 도움받기를 포기할 것이다. 실제적으로 치료자가 어떤 단어나 메시지를 전달했는지보다 부모들이 어떻게 인식했는지가 더 중요하다. 부모들은 현재의 상황이 개선될 수 있다는 것을 믿으려 할 것이다. 이런 점에서, 부모들은 아이들의 삶에 긍정적인 변화를 모색하기 위한 그들 자신의 능력을 발견하고 믿기 시작한다. 부모가 '치료자와의 접촉이 좋은 생각이었다' 는 것을 믿게 된다면 아주 큰 도움이 된다. 치료자는 부모가 치료자로부터 관심과 이해를 받았으며, 부모 자신이 능력이 있는 존재임을 느끼도록 도와야 한다.

첫 전화 접촉은 부모에게 자녀에 대한 조언을 하는 시간이 아니다. 치료자와 부모 간의 깊이 있고 신뢰로운 관계를 맺기엔 아직 충분한 시간이 되지 못한다. 특히 부모가 제안을 좋아하지 않는다면 감정이 상할 수 있는 위험이 있다. 대부분의 부모들이 아이들의 문제를 어떻게 다루어야 할지에 대한 정보를 직접적으로 물어보거나 은근히 기대하는 경우가 많기 때문에, 첫 전화 통화에서 지나친 조언을 해주기 쉽다. 하지만 치료자가 부모나 아동에게 도움이 안 되는 조언을 하게 될 위험이 있다. 치료자가 부모나 아이를 만나거나 관찰하지도 않은 상태에서 전화 한 통화만으로 조언을 하기엔 너무나 정보가 부족한 상태이다. 이때는, 부모의 말을 잘 들어주고, 전화한 것 자체를 지지해주며, 그들이 다음 단계 — 치료를 진행하거나, 다른 곳에 의뢰하거나, 다른 방법을 찾아보는 것 등 — 로 넘어갈 수 있도록 격려해주는 것이 중요하다.

의뢰하기

때로는 처음 접촉시에 타기관에 의뢰하는 것이 적절하다고 판단되는 경우가 있다. 특수한 장애와 행동, 신체장애는 특별한 능력이나 훈련, 혹은 자격이 있는 곳이 요구된다. 치료자가 제공하기엔 불가능하거나 자격이 안 되는 서비스가 필요한 경우가 있다. 어떤 내담자 혹은 문제에 치료자가 불편한 마음을 가질 수도 있다. 이것은 치료자의 일부 성격적 부족이나 약함을 나타내는 것이 아니라, 오히려 자신의 전문적인 경계(boundary)에 대한 건강한 인식이다. 자신의 경계에 대하여 인식하고 편안한 마음을 가지는 것은 치료 과정의 긍정적인 결과를 낳게 하는 더 좋은 기회가 된다. 예를 들어, 어떤 치료자는 자녀를 신체적 혹은 성적으로 학대한 부모에게 불편한 마음을 가질 수 있다. 다른 치료자는 공격적이고 화내고 혹은 문화적인 차이가 있는 부모와 작업할 때 어려움을 느끼게 된다. 치료자는 자신의 한계와 경계에 대해 알고 있는 것이 필요하다. 이러한 인식 없이, 치료자가 부모와 아이들에게 안전을 제공하고 효과적인 도움을 주거나 지지하는 것은 부적절하다.

그러한 경우, 의뢰는 단지 윤리적인 선택인 것이다. 내담자에게 적절한 치료와 지원을 정하고 추천하기 위해서, 치료자는 지역사회에 있는 다른 전문가와 서비스를 알고 있어야 한다. 이것은 내담자가 치료를 시작하는 데 매우 귀중한 자원이 될 것이다. 만약 타기관에 의뢰할 필요가 없다면, 첫 상담약속을 정할 수 있다.

첫 약속 정하기

치료자는 첫 약속을 정할 때 아동은 제외하고 부모 혹은 주양육자가 참여하도록 해야 한다. 오늘날의 사회에는 다양한 가족 구성들이 존재한다. 그러나 가능하다면 부모 둘 다 초기 세션에 참여해야 한다(James, 1997). 부모 모두와의 면담을 통하여 가족 역동에 관한 풍부한 정보를 얻을 수 있다. 즉 자기 아이에 대해 부모들이 어떻게 느끼는지, 아이에 대한 각자 개인적이거나 서로 공통된 인식, 그리고 부모들 서로의 관계에 관한 정보들을 얻게 된다(Copley, Ferryan, & O' Neill, 1987). 부모의 양육태도가 서로 일치하는지 아닌지에 관한 유용한 정보를 얻을 수도 있다. 예를 들어, 두 부모가 함께 세션에 참여하는 상황에서는, 한 부모가 다른 한 부모에 비해 아동의 식사예절에 더 엄격한지 아닌지를 더 잘 알 수 있게 된다. 마찬가지로, 부모 모두 혹은 한 명이 치료에 오는 것을 은근히 저항한다면 그것은 현재 부모들의 상태를 보여주는 증거이다. 이러한 작은 정보들은 아동을 둘러싼 가족 분위기에 관한 많은 것을 말해준다.

접수면접

첫 세션의 주요 목적은 의뢰한 이유, 현재 나타나는 문제, 그리고 현재 문제와 관련된 변화에 관한 자료를 얻는 것이다(Kottman, 1995; Norton & Norton, 1997). 게다가, 부모를 놀이치료 과정에 끌어들이는 것이 우선 중요하다. 이것은 질문이 아니라 라포형성을 통해서 이루어진다. 부모가 어떻게 상호작용하는지, 아이에게 사용하는 훈육방식은 어떠한지, 아이와 함께 하는 즐거움은 어떤 것인지, 가족의 문제를 부모들은 어떻게 인식하고 있는지, 그리고 아이의 문제를 어떻게 인식하는지에 관한 이 모든 정보들은 수동적인 관찰을 통해서 얻어진다(Greenspan, 1991). 치료자와 신뢰관계가 맺어지기 전에 질문을 받는다고 느끼면, 부모들은 종종 치료자를 향해 분노를 느끼고, 치료 과정을 조기에 종결해버리는 경향이 있다. 이런 점에서, 각각의 부모 반응 밑에 깔린 정서적 역동과 아동의 어려움에 민감하고 반응적으로 대하는 것은 세부 정보를 얻는 것보다 더 가치 있는 전략이다(Guerney, Guerney, & Stover, 1972).

부모의 감정 반영하기

치료자는 부모의 감정을 반영하면서 접수 세션을 시작해야 한다. 예를 들면, 치료자는 "당신은 아이에게 도대체 어떤 일이 일어난 것일까 걱정하고 있군요."라고 말할 수 있다. 이것은 부모의 감정을 확인하는 과정을 촉진하게 된다. 부모의 감정과 접촉하고 그들의 감정을 수용하는 것은 라포를 형성하고 신뢰로운 관계를 맺기 위한 가장 강력한 일이다. 공감의 가치는 가볍게 봐서는 안 된다. **반영하기**(reflecting)와 **공감하기**(empathizing)는 치료자의 두 가지 기본적인 기술이자 매우 강력한 기법이다.

다음의 예를 보자. 5살 된 소년이 치료에 의뢰되었다. 그의 부모는 치료자를 소년에게 '놀아주는 의사' 라고 하면서 데리고 왔다. 부모 모두 첫 세션에 참여하였다. 아버지는 눈에 띄게 화가 나 있었고 흥분한 상태였으며 팔짱을 끼고 인상을 찌푸린 채 발을 탁탁 치고 있었다. 그는 아들이 더 심한 벌이 필요한데, 아내는 너무 관대하다고 여러 차례 불평하였다. 그는 아들이 눈 떠 있는 동안은 최소한 한 부모가 계속해서 아이와 함께 있으면서 관리를 해야 한다고 주장했다.

치료자는 그러한 분노 밑에 깔린 두려움을 알아차려야 한다. 아버지의 분노와 이에 대한 적절한 훈육방식에 초점을 맞추어선 안 된다. 치료자의 반응은, "이것이 당신을 매우 걱정하게 한 것이군요. 사실, 당신은 이런 일이 다시는 일어나지 않도록 하려고 이렇게 먼 거리도 기꺼이 올 정도로 걱정을 많이 하고 있군요. 내가 궁금한 것은… 무슨 일이 일어날까 봐 그렇게 두려워하는지요? 만약 아들이 의사와 논다면 일어날 수 있는 가장 나쁜 일은 무엇일까요?"였다.

아버지는 바닥을 응시했고 두 손을 움켜쥐었다. 눈물이 뺨으로 흘러내렸고…, "나는 아이가 게이가 될까 봐 두려워요."라며 속삭이듯 말했다. 아버지로부터 이러한 정보를 얻었기 때문에, 치료자는 그의 두려움에 대해 공감할 수 있었고, 놀아주는 의사는 그의 아들이 게이가 되도록 지시하는 사람이 아니라는 것을 확신시킬 수 있었다. 만약 치료자의 반응이 단지 아버지가 말한 정보에만 기초한다면, 진정한 문제를 이해하는 기회는 놓치게 된다. 게다가 더 나은 접촉이 이루어지지 않고, 아버지는 치료자를 덜 신뢰하고, 치료자가 하는 말을 들으려 하지 않게 된다. 치료자가 아버지의 진짜 감정과 접촉하려 하고 반영하는 것을 통해서 아버지는 더 편안해졌다. 감정이 확인되고 나서, 아버지는 치료자로부터 수용받는 것을 느꼈다. 라포가 강해지고, 아버지는 진정으로 치료자를 믿기 시작했다. 아버지와 치료자 둘 다 아버지의 태도, 행동, 감정에 영향을 주는 것이 무엇인지에 대한 인식이 증가되었다.

다시 말해, 라포 형성이 확장됨으로써 치료 과정에 아버지가 지속적으로 참여할 가능성이 더욱 커지게 된다. 치료자와의 이러한 접촉과 신뢰는 부모가 부모로서 그리고 한 사람으로서 자기-수용, 자기-인식, 그리고 자기-확신을 갖도록 돕는다. 이러한 경험은 부모뿐만 아니라 아동내담자와 다른 가족 구성원들에게도 오랫동안 영향을 줄 수 있다.

부모가 사용하는 표현 명확하게 하기

치료자는 부모가 아동에게 특별하게 사용하는 구와 단어를 말하거나 설명하도록 요청해야 한다. 사람들은 각기 자신의 경험을 잘 나타내는 단어와 구절을 알고 있다. 아동에 관한 설명을 할 때 부모가 사용한 구절들에 대한 치료자의 이해는 특히 중요하다. '공격적' 혹은 '학교에서 문제를 일으키는' 이라는 표현들은 사람마다 다른 의미를 가질 수 있다. 그래서 부모에게 구체적으로 물어봐야 한다.

예를 들어, 만약 부모가 "내 딸 Susie가 사람을 물어요."라고 말한다면, 치료자는 "Susie가 지난 주에 한 아이를 물었나요, 아니면 매일 여러 명의 아이를 무나요?"라고 물어봐야 한다. 만약 부모가 "Jason이 학교에서 문제를 일으켜요."라고 보고한다면, 치료자는 이것을 명확하게 해야 하고, "Jason이 문제를 일으킬 때, 선생님에게 반항적인 말을 하나요, 아니면 해야 할 것을 끝내지 않나요, 아니면 그 외에 다른 건가요?"라고 물어볼 수 있다.

단어들 또한 다양한 정의를 내릴 수 있다. 예를 들어, 존경(respect)의 정의는 종종 복종(obey)의 정의와 혼돈된다. '어른을 존경한다'는 표현은 종종 순종한다는 의미를 많이 가지고 있을 뿐, 존경의 의미는 별로 없다. 다른 예는, 남편의 '산파(midwife)'라고 언급되는 사람에 관한 것인데, 그것은 주로 그와 함께 동거하는 여자친구를 의미한다. 그래서 부모들의 표현이 의미하는 내용을 구체적으로 물어보는 것이 종종 필요하다. 즉 그들이 사용하는 말의 명확한 이해가 필요하다. "그것은 당신에게 어떤 의미인가요?"라는 질문이 자주 필요하다. 부모가 사용하는 구와 단어를 명확하게 하는 것을 통해서, 치료자는 아동의 문제에 대해 부모가 어떻게 인식하는지를 더 잘 알게 된다. 치료자가 아이에 대해 더 많이 이해할수록 부모와 아동을 더 잘 도울 수 있다. 그러므로 치료자들은 명확하게 물어보는 것에 대해 주저하지 말아야 한다. 오히려 이것은 치료자가 부모에게 주의를 기울이고 이해하려고 노력하기 위해 충분한 관심을 갖고 있다는 점을 보여준다(Greenspan, 1991). 만약 부모가 그들을 위한 치료자의 이러한 노력을 본다면, 부모는 아이를 위해 더 노력하려 할 것이다.

명확하게 표현하도록 요구하는 것은 부모로 하여금 적절하고 정중한 표현을 하도록 모델을 제시하는 것이기도 하다. 적절한 의사소통은 상호이해를 위한 핵심적 요소이고, 존중은 적절한 의사소통을 위해 필요한 것이다. 이 둘은 건강한 관계의 필수적 요소이다. 아마도, 부모는 그들의 아동에게 적절하게 말하는 기술의 사용을 증가시키게 될 것이다.

정보 얻기

구체적인 정보 얻기는 반영과 명료화 기법과 마찬가지로 중요하다. 치료자의 반응이 어떠해야 한다는 보편적인 패턴이나 형식은 없다. 추가 정보가 필요할 때 치료자는 민감하게 산재해 있는 구체적인 질문들을 어떻게 해야 할지 전문가적인 판단을 해야 한다. 많은 부모들은 특히 치료적 관계를 맺는 초기 단계에, 직접적으로 대면하여 이루어지는 질문에 위협을 느낀다.

질문, 반응, 반영의 순환

치료적 관계와 라포가 형성되면서, 치료자는 정보 얻기에 더 주의를 기울이게 될 것이다. 부모가 치료자를 신뢰할 수 있다고 느끼기 시작한 후, 그들은 치료자를 돕기 위해 더 잘 반응한다. 전형적으로, 치료자가 이 과정을 먼저 시작하게 되고, 대부분의 부모들은 치료자를 돕는데 기꺼이 협조하게 된다. 치료자가 어떻게 시작하는지 예를 들면, "나는 당신이 어떤 마음인지에 대해 더 듣고 싶습니다. 그러나 이 시점에서, 나는 전체적인 그림을 더 잘 이해하는 데 도움이 되는 몇 개의 질문을 하고 싶습니다."라고 말한다. 치료자의 이러한 요구는 부모들로 하여금 기꺼이 협조하도록 할 것이다. 치료자는 이 과정에서 느끼는 부모의 감정을 빠르게 반영해야 한다는 점을 명심해야 한다. 부모에게 친절하고 민감하게 반응하여 이전의 질문을 계속하거나 다른 질문으로 전환해야 한다. 신뢰와 라포가 형성되어 있는 한 치료자는 질문-반응-반영의 순환을 통해 의미 있는 많은 정보를 축적할 수 있다. 이 기법은 우선 치료의 초기 단계에 정보를 얻기 위한 것임을 명심해야 한다. 이 또한 치료자의 이해를 명료화하는 하나의 방법이다.

접수질문지

정보를 얻기 위한 유용한 자원은 접수질문지이다. 적절한 구성으로 잘 만들어지면, 얼굴을 맞대고 하는 질문보다 부모에게 덜 위협적일 수 있다. 따라서 다른 방법으로 구하기 어려운 정보를 얻을 수도 있다. 질문지는 치료자의 사무실이나, 아동과의 첫 세션 동안 대기실에서, 혹은 집에서 작성할 수 있다. 집으로 가져가게 되면 종종 잃어버리거나 완성하지 않는 경우가 있다. 만약 질문지를 익숙하게 다룰 수 있다면, 부모를 만나는 초기 면담에서 다른 접수 동의서와 함께 작성할 수도 있다. 초기 세션 동안 작성된 질문지는 유용한 참고자료가 될 수 있으며, 치료자가 추가 기록할 수도 있다. 이 질문지의 사용을 통해 더 많은 정보를 얻을 수 있고, 치료자는 더 명확히 이해하게 되며, 관계 또한 강하게 지속될 수 있다.

치료적 관계의 요소

치료의 법적인 측면과 요소는 접수 형식, 동의, 비밀노출, 그리고 기록하기와 함께 제3장에 더 자세히 나와 있다. 그러나 초기 접촉과 접수 세션 동안, 부모는 비밀보장에 대한 동의와 예외상황에 대해 의문을 가질 수 있다. 따라서 이 단락에서는 치료의 요소들을 간단히 제시하고자 한다.

비밀 보장은 대부분의 훈련 프로그램에서 가장 주목해야 하는 개념이다. 치료자는 내담자 정보가 비밀로 유지되도록 해야 하고 부모들은 비밀보장의 예외—치료자가 내담자 정보를 노출해야 하는 상황들—에 대해 인식해야 한다. Bernard와 Goodyear(1998)에 따르면, 다음과 같은 예외의 상황이 포함된다.

1. 자살 위험이 있을 때
2. 내담자가 자신 혹은 다른 사람을 위험하게 한다는 판단이 들 때
3. 16세 이하의 아동이 범죄의 희생자일 때
4. 심리적 장애로 인해 입원이 필요할 때
5. 법정 진술을 해야 할 때
6. 치료자가 법정에 서야 할 때
7. 내담자 혹은 치료자의 정신 건강에 관한 소송에서 질문받았을 때
8. 내담자가 치료자에게 소송을 제기했을 때
9. 내담자가 범죄를 저지르려는 의도를 표현할 때

아동이나 가족과 함께 작업할 때, 치료자는 비밀보장과 관련하여 복잡한 고민을 하게 된다(Corey, Corey, & Callanan, 1998). 치료자와 부모, 아동, 혹은 다른 내담자와의 관계에서 신뢰는 효과적인 치료를 위해서 필수적이다. 아동은 놀

이실에서 자신이 내보인 생각과 감정, 행동을 치료자가 누설하지 않을 것이라는 신뢰를 할 수 있게 된다. 이는 아동이 이전에 배웠던 것과는 대조되는 경험일 것이다. 그러나 만약 특정 정보가 요구되는 상황에서 치료자는 부모에게 피드백을 제공해야 할 수도 있다. 미성년자와 상담자 간에 오간 대화는 부모와 보호자에게는 당연히 알아야 하는 법적인 권리이기도 하다. 부모 혹은 보호자와 공유할 수 있든 없든 간에 정보노출에 관해서는 치료를 시작할 때 아동과 청소년, 부모 모두에게 설명해야한다(Corey, Corey, & Callanan, 1998).

미국 상담협회의 윤리강령(1995)에 따르면, 치료자는 가족 구성원들이 내담자(아동)의 인생에 매우 중요한 존재임을 인식해야 한다. 따라서 치료자는 다른 가족 구성원의 이해와 참여를 얻도록 노력한다. 절대적인 비밀보장을 해야 하는지를 선택해야 하는 상황이거나 발달상 적절하다고 여겨지는 시점에서, 치료자는 아동으로부터 동의를 구하도록 노력해야 한다. 즉 부모에게 어떤 것을 알려줄 것인지에 대한 정보를 아동에게 제공해야 한다. 비밀누설이 필요한 상황에 대해 동의하고 참여하도록 아동을 격려해야 한다.

라포와 신뢰를 유지하기 위해서, 부모의 질문에 대한 치료자의 반응은 치료자 자신의 재량 밖의 전문적, 윤리적, 그리고 법적 과제임을 강조할 필요가 있다. 예를 들어, 만약 부모가 비밀보장의 예외에 대해서 더 많은 정보를 요구한다면, 치료자는 "나는 법적으로 당신과 아동에게 치료를 제공하기 위해 서면 동의를 받도록 되어 있습니다. 만약 내담자가 자살이나 살인을 하리라는 확신이 드는 상황에서, 나는 의료진이나 법 관계자에게 연락해야 할 의무가 있습니다. 아동이 성적 혹은 신체적 학대를 당했다고 의심되면 무조건 보고해야 합니다. 이러한 요구들은 아동 보호를 위한 것입니다."라고 말할 수 있다. 이렇게 말한 뒤, 치료자는 부모의 감정과 반응을 물어보아야 한다. 부모들의 감정을 반영하고 지속적으로 그들을 수용하는 의사소통 또한 요구된다. 이와 관련된 부모의 질문에 대한 대답은 짧고 간단하게 하는 것이 최선이다. 어떤 치료자들은 장황하게 설명하는 경향이 있고, 부모가 원했던 것보다 더 많은 정보를 제공하기도 한다. 신뢰를 형성하는 과정 초기에 이렇게 되면, 부모는 마주보며 길게 설명하는 것에 다소 어색해 하고 과민해지며 부적절함을 느낄 수 있다.

세션의 길이, 비용, 치료의 기간, 그리고 치료적 관계의 본질과 같은 다른 요소들 또한 접수 세션 동안 다루어져야 한다. 무엇보다 치료자는 신뢰와 라포를 형성하는 것이 주요 목표임을 마음에 새겨두어야 하며, 치료자의 전문적인 영역을 유지하면서 항상 공감과 민감성을 보여야 한다.

부모의 치료 목표 정하기

부모들에게 치료에서 원하는 구체적인 목표와 결과에 대해 물어보아야 한다 — 그들은 자신이 원하는 것이 무엇인지 명확하게 인식하지 못할 수 있다. 목표는 종종 문제나 문제행동의 관점에서 정해진다. 예를 들어, 부모는 "Johnny가 우울해요. 우리는 아이가 행복하길 바라요."라고 말할 것이다. 이것은 매우 일반적인 정보라서 치료자가 치료적 계획을 떠올리고 만들어내는 데 도움이 되지 않는다. 부모가 원하는 것이 무엇인지 명확하게 하는 것은 부모와 치료자 모두에게 중요하다. 그런 다음 치료자는 "그 문제가 없어진다면 어떤 생활이 될 것 같은가요. Johnny가 우울하지 않다면 구체적으로 어떻게 달라질까요?"라고 물어본다. 자신이 원하는 목표가 무엇인지 명확하게 알아보는 것만으로도 달성 가능한 목표로 수정해 볼 수 있는 기회가 된다. 목표 자체에 대한 인식은 치료적이다. 그러나 부모들은 또한 그들 자신의 목표에 대한 이해가 필요하다. 목표에 대한 부모의 인식은 치료자의 현실감각보다 훨씬 더 의미 있는 것이다. 따라서 부모가 구체적으로 말함으로써, 부모와 치료자는 보다 분명하고 깊이 있게 이해하게 된다. 목표를 정할 때는 학년, 친구, 흥미 등이 고려되어야 한다. 우선 부모가 어디를 가고 싶은지 이해하게 되면, 그곳을 어떻게 가야 할지에 대한 계획을 더 잘 세울 수 있게 된다.

아이를 위한 부모의 목표를 존중하는 것 외에도, 아동이 원하는 목표를 치료자가 알아차리는 것 또한 똑같이 중요하다. 부모와 아동의 목표는 크게 다를 수 있다. 이때 치료자의 과업은 부모와 아동에게 서로의 욕구를 이해하고 수용하고 협력할 수 있도록 하는 것이다. 치료자는 부모의 목표와 욕구를 무시할 수도 없고, 또한 아동의 목표와 욕구를 무시할 수 도 없다. 비록 이 둘 사이의 균형을 잡는 것이 어렵긴 하지만, 그것은 놀이실에서 아동이 경험하는 것과 부모면담에서 부모가 경험하는 본질적인 요소가 된다.

부모의 노력 지지하기

부모의 도움을 얻는 것은 치료 결과를 극대화시키는 데 필수적이다. O'Connor (1991)에 따르면, 치료에서 부모를 배제해 놓고서 부모로 하여금 치료를 지속하도록 바라는 것은 불가능하다. 부모들에게 치료의 목표, 세션의 전반적인 특성, 그리고 치료진행 과정에 관해 일러주어야 한다. 부모들은 아동의 생활과 환경 전반에 주요한 영향을 미친다. **부모의 도움이 있다면**, 치료는 더욱 큰 지속적인 결과뿐 아니라 진행속도 또한 빨라질 수 있다. **부모의 도움이 없다면**, 아동은 저항하거나, 상습적으로 약속시간에 늦거나, 아예 결석할 수도 있다. 만약 부모가 아동이 치료받는 것에 대해 부정적인 태도를 갖고 불평을 한다면, 아이의 입장에서는 반감이 생기는 것이 당연하다. 부모와는 동맹자가 되는 것이 바람직하다. 부모들은 아동의 삶에 영향을 주는 가장 중요한 존재이며 절대적인 대상이다; 사실, 아동의 발달은 절대적으로 부모에게 달려 있다. Lockwood와 Harr(1973)는 아동과 양육자 사이의 관계가 아동의 정서발달을 촉진하는 가장 중요한 요소라고 강조한다. 치료자는 치료 초기에 부모의 관심과 협력을 얻고 유지하는 데 상당한 노력을 기울여야 한다. 치료자는 부모의 기술, 노력, 그리고 특히 그들의 성공 가능성에 대한 많은 긍정적인 측면을 인식하고 인정하고 지지해야 한다.

Ben이라는 소년이 있다. 그는 증오와 저항, 반항을 표현하는 방식으로 거부적인 행동을 보이는 아이다. 부모가 주변에 있으면, Ben은 팔과 다리를 꼬고 머리를 푹 숙인 채 큰 한숨만 자주 내쉬곤 한다. 부모가 말을 걸려고 하면 무시해 버리고 때론 나가 버리기도 한다. 치료자는 이러한 행동 발달에 영향을 미친 부모의 양육 기술에 문제가 있음을 의심할 수 있다. 그러나 통찰력과 창의성을 가진 치료자라면, 부모들에게 무력감을 주기보다는 그들이 어떻게 상황을 조절하는지에 대해서 명확히 인식하기 위해 노력하고 있다는 점을 지지해준다. 동시에, 치료자는 지배받을 때 느끼는 Ben의 욕구와 이로 인한 무력감에 대처하는 방식을 아이가 어떻게 배웠는지 부모들이 이해하도록 도와야 한다. 이러한 기법은 부모들이 아동의 치료에 지속적으로 관심을 가지고, 부모의 태도를 개선하는 데 큰 영향을 줄 수 있다. 이러한 상황에서 치료자는 부모에게 "나는 당신의 아들이 스스로 이겨내는 방법을 배우고 있다고 생각합니다. 그 아이는 당신을 어느 정도 존중한다는 것을 보여주는 겁니다 — 그는 매우 무례하거나 사납게 행동할 수도 있을 텐데 말이죠. 그렇게 행동하는 대신에, 아이는 화를 더 적절히 다루는 방법을 배운 겁니다. 다른 사람에게 사납게 행동하지 않고 스스로 극복하는 것을 배우도록 당신이 도운 겁니다. 나는 당신이 아이에게 바라는 게 이런 것이 아닌가 생각합니다."고 말한다.

부모에게 용기를 주고 절대적인 지지를 하는 것이 당연하지만, 때로는 창의적인 노력도 필요하다. 치료자는 더 미묘한 특성을 알아내고 강화하는 기술을 일상적으로 찾아야 한다. 부모의 노력을 지지하는 것은 부모의 관심을 유도하고, 부모로서 자신감을 세우고, 그리고 유용한 동맹관계를 돈독하게 하는 데 큰 도움이 되는 치료자의 작업이다.

부모 교육

부모 교육과 훈련은 아동 놀이치료에서 필수적이다. 교육과 훈련을 통해, 부모는 아이가 무엇을 어떻게 생각하고 느끼는지에 대해 배운다(Moustakas, 1997). 일정 수준의 교육은 많은 부모들의 마음을 편하게 해줄 것이다. 부모들에게 가장 덜 위협적인 전략을 통해서 교육하는 것이 좋다는 점을 기억해야 한다(James, 1997). 치료자는 부모 교육을 통해 아동의 복잡한 특성, 개성, 그리고 발달적 문제를 더 효과적이고 적절하게 다루는 방법을 가르쳐야 한다. 또한 아이를 대하는 적절하고 일반적인 행동이 어떤 것인지에 관한 정보도 제공해야 한다. 전형적인 발달행동들은 부모에게는 낯설고 두려운 것일 수 있다. 부모가 아이를 모두 수용하는 것은 도전일 수 있다. 예를 들어, 한 살짜리 아이도 부모 또는 다른 사람이 하는 행동을 흉내 낼 것이다. 두 살 된 Megan의 엄마는 양초 냄새를 좋아해서 여러 개의 촛불을 켜 놓곤 했다. 그 결과, Megan은 성냥을 너무 좋아하고, 심지어 초에 불을 붙이는 것까지 하려 했다. Megan이 혼나는 것에 저항하면, 부모는 아이가 품행장애가 될까 봐 두려워서 엄하게 혼내고 장애가 생길 가능성을 사전에 막아 버리려 했다. 이런 경우, 치료자는 성냥과 촛불 붙이기에 대한 Megan의 관심은 발달적으로 정상 행동이라는 점을 가르쳐야 한다. 또한, 품행장애의 경우 기본적으로 체벌 자체에 대한 이해보다는 벌을 주는 방식에 대한 설명이 필요하다. 치료자는 Megan을 다루는 적절한 부모 양육방식을 조절하는 것뿐만 아니라, 부모로 하여금 정상 아동발달에 대한 이해를 증진시키면서 건강하지 못한 발달로부터 Megan을 바꿔보려는 부모들의 노력 자체를 격려할 필요가 있다.

아동은 부모로부터의 헌신적이며 무조건적인 사랑을 필요로 한다. 그런데 아동이 바람직하지 않은 행동을 보이면, 부모들은 무조건적인 사랑을 보여주는 데 도전을 받게 된다. 반항적인 태도가 아니라 우는 행동 같은 예상 가능한 특정 행동들은 부모들이 이해할 수 있다. 부모는 이런 행동에 어떻게 대처해야 하는지 알게 되고, 아이를 여전히 충분하게 수용한다. 제2장에서는 아동의 발달 과정을 충분히 수용하도록 부모에게 도움이 되는 정보를 제공한다. 이를 통해 아동의 발달 단계와 문제에 대해 더 풍부하게 탐색하고, 대표적인 행동을 논의하고자 한다.

부모에게 놀이치료 설명하기

부모는 자녀가 경험하는 놀이치료에 대해 이해해야 한다. 만약, 아이가 아파서 수술하거나 약을 먹어야 한다면, 부모는 치료의 특성에 대해서 알아보려 할 것이다. 놀이치료도 마찬가지다. 치료 절차, 위험성, 예후, 이상적이고 현실적인 결과 등의 정보가 부모에게 제공되어야 한다.

놀이치료라는 단어는 부모의 마음에 다양한 이미지로 나타난다. 돈을 지불하면서까지 아이를 장난감으로 가득 찬 방에서 낯선 사람과 놀게 한다는 것이 부모들에겐 꺼림칙할 수 있다. 부모는 놀이치료가 단지 놀이실에서 노는 것과 어떤 차이가 있는지 이해해야 한다. Moustakas(1997)에 따르면, "부모가 놀이치료와 그 성과를 이해하면, 그들은 열광하게 된다.(p.42)"고 하였다.

치료자는 부모에게 놀이치료가 가치 있고, 신뢰할 수 있고, 복잡하고, 전문적인 치료적 훈련이라는 점을 전달해야 한다. 놀이치료는 아동기의 복잡함과 다양한 욕구들로 인해 발전되어 왔다. 놀이치료자 훈련을 위한 광범위한 프로그램을 가진 수많은 대학들이 있다. 이 책에 쓰여진 것처럼, 국제 놀이치료학회(International Association for Play Therapy)가 그 중 하나이고, 이 외에도 적어도 40개 주에 놀이치료 단체가 있다. 놀이치료자는 자격을 얻은 놀이치료사 혹은 놀이치료자 – 슈퍼바이저의 형태로 일을 할 수 있다 — 이 두 가지 과정은 광범위한 교육, 슈퍼비전 경험 그리고 지속적인 교육이 포함된다. 치료자는 전문 저널과 다양한 뉴스레터, 수많은 놀이치료 책, 전문학술지, 해마다 열리는 컨퍼런스, 워크숍, 그리고 지속적인 교육 훈련을 통해 치료에 대한 전문성을 향상시키는 기회를 갖는다.

놀이치료의 원칙

어린 아동은 언어적 기술이 부족하다. 또한 충분히 자기를 표현하기 위해 사용할 단어를 생각하는 과정에 대한 인식과 복잡한 정서를 이해하는 능력이 없다. 그래서 전통적인 상담 방법은 아동을 위한 주요 치료로 사용되기에 한계가 있다. 아동이 종종 특정 의미 혹은 감정을 특정 행동과 연관시켜서 표현하지 못한다 할지라도, 아동의 행동은 사고와 감정을 표현하는 주요 수단이다. 예를 들어, 만약 아동이 바닥에 드러누워서 운다면, 이것은 종종 화가 났다거나 좌절했다는 표현이다. 아동이 "엄마, 나 정말, 정말 미치겠어."라고 말하기엔 발달적으로 아직 미숙하다. 또한 아동은 "내가 미치겠다는 걸 엄마가 알아줬으면 좋겠어. 그래서 나는 엄마에게 이런 행동을 할거야."라고 말하진 않을 것이다. 행동은 아이의 내면 세계에서 일어나는 것들에 대한 자연스럽고도 자발적인 표현이다.

놀이는 아동의 자연스러운 언어다(Axline, 1979; Landreth, 1991). 결과적으로, 놀이에는 모든 아동의 수많은 경험들이 내포되어 있다. 놀이를 통해, 아동은 그들의 삶에 어떤 일이 일어나고 있는지, 과거에 어떤 일이 있었는지, 그리고 미래에 어떤 일이 일어나기 바라는지를 보여준다. 놀이치료자의 역할은 아동이 경험하고 있는 것을 아동과 부모가 이해하도록 돕는 것이다.

놀이치료 자체의 개념은 보다 복잡하고 부모에게 설명하기에 어려울 수 있다. Virginia Axline(1969)에 따르면, 치료자는 아동과 따뜻하게 돌보는 관계를 맺어야 하고 아동을 충분히 수용해야 한다. 치료자는 반영기법을 사용하는데, 이는 아동의 감정을 깨닫게 하고, 그러한 감정에 대한 아동의 인식과 수용을 촉진시키고, 그로 인해 만들어진 행동적 표현을 이해하도록 돕기 위한 것이다. 치료자는 아동이 안전하다고 느끼고 표현할 준비만 되면 적극적인 변화를 위한 스스로의 능력이 있다는 점을 존중하게 된다. 또한, 치료적 관계와 전체 치료 과정을 존중하고 발전시키기 위해 제한 설정이 필요하다. Garry Landreth(1991)는 다음과 같이 설명한다.

> 놀이치료란 그 과정에 대한 훈련을 받은 치료자와 아동 간의 역동적인 상호작용 관계로 정의된다. 치료자는 선별된 놀이 도구를 제공하고, 안전한 관계를 발달

> 시킬 수 있도록 촉진한다. 이를 통해 아동은 타고난 의사소통 수단인 놀이를 통하여 충분히 자기(감정, 생각, 경험, 행동)를 표현하고 탐구하게 된다.(p.14)

Axline(1969)과 Landreth(1991)는 매우 중요한 두 가지를 언급했다. 첫째는 관계이다. 치료적 관계 내에서, 아동은 신체적, 인지적, 정서적, 사회적, 그리고 영적인 발달 과제를 다룰 수 있다. 신체적으로, 아동은 '빽' 소리를 내며 공격할 수 있고, 다트총을 쏠 수도 있고, 줄넘기를 터득할 수도 있고, 혹은 뱀이 죽을 때까지 흔들어 댈 수도 있다. 인지적으로, 아동은 놀라기도 하고 곰곰이 생각해 보기도 하고, 속이기도 하고 아니기도 하고, 자기를 드러내기도 하고 감추기도 하고, 혹은 뭔가를 시도해 보고 결정할 수도 있다. 정서적으로 아동은 '쌓여 있는 긴장, 좌절, 불안정, 공격성, 두려움, 당황스러움, 혼란의 감정'을 놀이를 통해 표현할 수 있다(Axline, 1969, p.16). 사회적으로, 가족 간의 갈등, 놀이터에서 만나는 깡패에 대처하기, 혹은 친구 사귀기에 대한 더 효과적인 방법을 실행해 볼 수도 있다. 영적으로, 아동은 더 인접한 환경이나 세계에 속한 자기 자신에 대해 탐색할 수 있다. 치료자가 아동을 완전히 수용해줌으로써, 아동이 자신을 충분히 드러낼 수 있는 관계가 발전하게 된다. 왜냐하면, 자기 확신이 증가하고 이전에 개인적으로 경험한 것들에 대한 표현이 확장되었기 때문이다. 치유는 치료자와 아동이 이렇게 복잡하게 주고받는 것을 통하여 이루어지는 결과다. 성인과 마찬가지로, 정서적 치료는 사고와 감정의 표현을 통해 일어난다; 자신의 사고와 감정을 다루는 능력과 자기통제는 치료적 관계 내에서의 표현을 통해 강화된다. 놀이치료는 아동으로 하여금 자신을 충분히 표현하도록 한다. 이는 마음을 열어 느끼게 하기도 하고 직면을 시키기도 하며, 자신을 조절하거나 버리는 법을 배우면서 이루어진다(Axline, 1969). 그런 과정을 거치고 나면, 아동은 누구를 향해서든지 자기 내부에 있는 힘을 표현하는 것이 자유로워진다(Axline, 1969; James, 1997).

Axline(1969)과 Landreth(1991)가 두 번째로 언급하는 것은 아동의 의사소통 수단으로서의 놀이다. 어린 아동은 감정, 사고, 그리고 세계에 대한 깊은 이해를 하지 못한다. 아동이 계속적으로 부딪히고 경험하는 것은 다른 사람에게 무엇을 경험했는지를 언어적으로 말하는 데 필요한 추상적이고 상징적인 사고가 발달되지 않았다면 그것은 완전히 새로운 것이다. 단어는 생각, 감정, 행동, 대상, 사건을 설명하는 데 사용되는 상징이다. 아동은 현재 이 시점에 단지 그들을 둘러싼 눈에 띄는 구체적인 것에 대해서만 인식한다. 상징은 추상적이다. 아동은 추상적인 상징을 볼 수도 없고, 만질 수도 없고, 느낄 수도 없고, 냄새 맡을 수도 없고, 맛볼 수도 없고, 들을 수도 없다. 그러므로 의사소통은 아동의 가장 자연스러운 행위인 놀이와 같은 구체적인 행동의 형식으로 이루어져야 한다. 놀이는 아동에게 가장 자연스러운 행동이며, 장난감은 단어가 된다. 성인이 언어를 사용하는 것처럼 아동은 의사소통을 위해 놀이를 사용한다. 놀이는 아동이 자기를 표현하는 자연스러운 수단이다(Axline, 1969; Landreth, 1991).

모든 아동이 언어적으로 자신을 표현할 수 없다는 것은 아니다. 그러나 언어적인 표현이 가능한 아동에게도 의사소통에 분명히 한계가 있다. 아동은 효과적으로 말하지 못할 경우, 말하는 기술에 확신이 없어지고 불안정해지며 좌절감을 느끼게 된다. 대부분의 성인들은 아동과 얘기할 때, 아동이 뭔가를 표현하기 위해 적절한 단어나 발음에 대해 고민하는 모습을 본 적이 있을 것이다. 아동은 자신이 말하는 것을 성인이 이해하지 못하면, 더욱 좌절하고 혼란스러워진다. 이것은 언어표현에 대한 동기와 욕구뿐만 아니라 자기-확신에 부정적인 영향을 줄 수 있다. 만약 성인 또한 실망스러워 한다면, 그 부정적인 영향은 증가될 것이다. 부모, 교사, 심지어 치료자까지도 아동이 성인처럼 치료받을 수 없다는 점을 잊어 버리고 간과하기도 한다. 성인은 종종 아동이 발달적으로 미숙하기 때문에 현실성이 없다고 생각한다.

아동은 단지 자신 앞에 있는 주관적인 현실만을 볼 수 있기 때문에, 보여지는 세상에 대해 매우 현상학적인 태도를 갖는다. 예를 들어, 한 아동은 "난 친구가 하나도 없어요."라고 말한다. 그러나 엄마는 최근 생일파티에 20명이 온 것을 보고 아이에게 많은 친구가 있다고 치료자에게 말했다. 치료자는 아동의 준거기준을 통하여 세상을 바라보고, 아동의 세계를 함께 경험하려는 시도를 해야 한다. 흔히 엄마가 "넌 친구가 많잖아."라고 말하는 것이 일상적인데, 이런 말은 아동이 느끼는 외로움과 거절에 대한 감정을 다루지 못하기 때문에 도움이 되지 못한다. 치료자는 아동이 경험한 것이 치료 과정에 중요한 열쇠인 현상학적인 인식이라는 점을 부모에게 설명해야 한다.

아이를 돕고 치료의 긍정적인 결과를 극대화하기 위해서, 부모들은 그들이 해야 할 숙제와 연습이 있다는 것을 깨달아야 한다. 치료자의 충고에 따라 숙제의 일부는 아동과 직접 해야 하는 것도 있다. 또 어떤 것은 아동의 환경에 더 초점을 맞추게 되어, 다소 간접적으로 이루어지는 것도 있다. 이런 점에서, 부모는 자신이 그들의 자녀를 위한 복지와 치료 과정에 절대적으로 필요한 조력자임을 수용하기 시작해야 한다. (더 구체적인 숙제 제안은 다음 장에 나와 있다.)

아동에게 놀이치료 설명하기

아동과 치료자 사이의 관계는 치료 과정에서 필수 요소다. 이 관계는 접수실에서 처음으로 만나기 전에 이미 시작된다. 아이는 첫 만남에 오기 전에, 부모가 치료에 대해 어떻게 설명해주었는지에 따라 이미 치료자에 대한 개인적인 인상을 가지고 있다. 부모가 아이에게 치료를 설명하는 데에는 주의가 필요하다.

부모들은 자주 '나쁜', '아픈' 그리고 '문제'와 같은 단어를 사용한다. 이런 단어 사용은 아동으로 하여금 치료에 대해 불안과 걱정을 증가시킬 수 있다. 부모는 치료를 설명할 때 '문제를 고치는 것'이나 '더 좋은 사람이 되기 위한 것'으로 말하는 것은 피해야 한다. '치료'라는 단어를 쓰는 것조차도 주의해야 한다. 부모가 아동에게 세션과 치료자를 설명하는 적절한 방법은, "많은 장난감이 있는 방에서 놀거야. 너가 하고 싶은 걸 할거구. 너를 아주 잘 돌봐줄 사람도 있을 거야."라고 말하는 것이다. 만약 좀 더 설명이 필요하다면, 놀이에 대해 자세하게 말하는 데 초점을 둬야 한다. 예를 들어, "너는 페인팅을 할 수도 있고, 그림을 그릴 수 있고, 많은 장난감을 가지고 놀 수도 있단다."라고 말이다.

치료자는 부모에게 다음과 같은 당부를 해야 한다. 즉 부모가 아동에게 설명할 때, "네 문제를 고치는 걸 도와줄 사람을 만날 거야."라든가, "너가 갖고 있는 나쁜 감정들에 대해 말씀드려 봐."라는 말은 하지 말아야 한다는 점이다. 이런 얘기를 듣게 되면, 아이는 치료에 대해 매우 부정적인 추측을 하게 된다. 아이는 자신이 부적절하다고 여기게 되며, 자기가 달라지길 부모가 원한다고 믿을 수 있다. 또한, 아이는 마치 자신이 적당한 발달단계에 있는 것처럼 행동하거나, 깜짝 놀랄 정도로 훌쩍 성숙한 듯한 모습을 보여야 한다는 압박감을 느낄 수 있다. 그러한 분위기에서, 아동이 치료에 대해 꺼려하거나 저항하지 않는다는 것은 어려울 것이다.

특히 첫 세션을 하기 전, 부모가 아동에게 치료를 설명하는 데 어려움을 느낀다면, 부모는 적절한 정보를 아이에게 치료자가 설명해줄 것이라는 확신을 가져야 한다. 부모들은 첫 치료 시작 즈음에 아동이 느끼는 초기 감정과 생각을 반영할 수 있는 몇 가지 반영기술들을 접수 세션에서 배워야 한다. 부모에게 당부해야 할 말은 아동이 치료에 대해 색안경을 끼고 보지 않도록 하라는 것이다. 이상적인 것은, 가능하다면 아동 스스로가 놀이실에서 실제 경험을 한 뒤에 치료와 치료자에 대한 인상을 가지는 것이 가장 좋다.

놀이치료자는 첫 치료 세션 전에 아동과 함께 연령에 맞는 간단한 접수 세션을 가질 것이다. 예를 들어, 여섯 살 Kevin에게 치료자 자신(Jensen)을 소개한 후, 놀이치료실에 들어가기 전에 그녀의 사무실에 잠깐 멈춰서 앞으로 뭘 할건지 설명한다. Jensen은 많은 아이들이 놀이를 하러 오는 놀이방이 있다는 것을 Kevin

에게 말한다. 그녀는 자신의 자격에 관한 사항들도 조금 언급한다. Kevin 같은 아이들과 만나고 함께 할 수 있는 자격을 얻기 위해서 오랫동안 학교를 다니고, 큰 시험도 보고, 또 오랜 동안 아이들과 만나왔다는 것을 말한다. 그러고 나서 그녀는 Kevin이 여기 오는 이유에 대해 어떻게 이해하고 있는지 알아본다. Kevin이 "나는 잘 몰라요."라고 말한다면, 그녀는 부모님이 그에 대해 걱정스러워하고 있는 점에 대해 얘기해 줄 수 있다. 즉 Kevin이 학교숙제를 끝내는 걸 어려워하고 친구가 많지 않아서 슬퍼할 때가 많아 보여서 부모님이 걱정한다는 얘기를 해준다. Kevin은 슬픈 얼굴로 고개를 떨구며 Jensen이 말해준 것들을 인정했다. Jensen은 "네 부모님은 널 여기로 데려왔는데, 아이들은 때론 놀이실에서 자기가 원하는 놀이를 하기도 하고, 하고 싶은 말을 하기도 한단다. 그러고 나면 기분이 훨씬 좋아지거든. 그래서 너는 매주 화요일 3시 30분에 여기 오게 될 거고, 우리는 45분 동안 놀이치료실에 있게 될 거야. 또 이 놀이시간은 너와 나만을 위한 시간이 될거야. 그래서 나는 네가 원하지 않으면 네가 무슨 말을 했는지 뭘 했는지 아무에게도 말하지 않을 거야. 물론, 너가 원한다면 넌 누구에든지 네가 여기서 뭘했는지 말할 수 있단다. 때론 난 학교나 집에서 무슨 일이 있었는지 부모님과 얘기를 나누기도 할거야. 아마도 난 네가 놀이치료실에서 너의 모습이 슬프거나 행복하거나 흥분된 것처럼 보인다는 말을 하기도 할거야. 그렇지만, 네가 무슨 말을 했는지 무슨 행동을 했는지는 정확히 말하지 않을 거야. 근데 누가 널 해치거나 네가 누구를 해치게 된다면 난 그 사실을 누군가에게 말해야 한단다. 왜냐하면 어느 누구도 다치면 안 되기 때문이지. 누구에게 무슨 일이 있는지 말을 해야 하는 경우는 그거 하나일거야. 궁금한 점 있니? 좋아, 그럼 이제 놀이치료실에 가는 시간이야."라고 말한다.

치료자는 아동에게 자기 노출을 하도록 압력을 가해서는 안 된다. 부모와 치료자는 아동이 리드하는 것을 따라야 한다. Bromfield(1992)에 따르면, "치료에 대해서 이해하고, 안전함과 따뜻함, 수용받는 느낌을 갖는 것은 아동으로 하여금 신뢰를 쌓게 하고 궁극적으로 치료에 매력을 느끼게 하는 것."(p.41)이라고 한다. 무엇을 하는지, 어떤 생각을 하는지, 특히 어떤 느낌을 갖는지에 대한 반영을 해 줌으로써, 치료자와 부모는 아동이 리드하도록 촉진할 수 있다. 놀이치료 목표의 하나는 아동이 자신을 신뢰하고, 그들이 가진 생각과 행동에 대한 확신을 갖도록 하는 것이다.

요 약

치료자와 부모 사이에 서로를 신뢰하고 수용하는 것은 아동의 치료 과정에 있어서 효과적인 협력을 만드는 데 결정적이다. 첫 세션의 필수 목표 중 하나는 두 번째 세션을 가지는 것이다. 만약 치료자와 존중하고 수용하고 돌보는 관계가 없다면, 부모는 놀이치료를 중단하고 자신이 아이를 관리할 것이다. 이 장에서는 부모와 함께 치료적 관계를 만들어가기 위한 기술과 전략에 관한 것을 다루었다. 그러한 치료적 관계를 통해 아동이 놀이치료를 시작하는 연결고리를 만드는 것이다.

치료자는 부모들이 자신이 할 수 있는 최선을 다하고 있음을 인정해야 한다. 즉 부모는 직장일, 집안일, 가족을 관리하는 일, 자신을 관리하는 일, 그리고 무엇보다 좋은 부모가 되려는 것 등의 수많은 일들을 마치 저글링하듯이 열심히 노력하고 있다는 것이다. 치료실을 찾는 대부분의 부모들은 이미 위기상황임을 스스로 자각하고 있고, 매우 낙담해 있으며, 미래에 대한 희망이 거의 보이지 않는 상태이다. 정신건강 전문가에게 도움을 구하는 사람은 매우 상처 입기 쉽다. 어떤 부모들은 매우 두려워하고, 굴욕감을 느끼기도 하며 대단한 용기를 필요로 하기도 한다. 부모는 격려받아야 하는데, 우선 부모이자 한 사람으로서 수용되고 인정받아야 한다.

부모와의 첫 만남은 많은 조언을 하는 시간이 되어서는 안 된다. 아이의 눈을 통해 아이의 세계로 들어가려는 시도와 마찬가지로, 치료자는 부모의 현상학적 관점을 깊이 있게 이해해야 한다. 아동에 대한 기대를 할 때 조심해야 한다는 점을 부모들에게 가르치듯이, 우리 또한 부모에 대한 기대와 예측을 할 때 주의해야 한다. 부모의 욕구를 다루는 두 가지 필수적인 기술은 잘 듣고 용기를 주는 것이다. 이것은 부모와 성공적으로 관계를 맺는 데 꼭 필요하다. 만약 부모가 치료자로부터 배려받고 지지적인 관계라는 느낌을 갖는다면, 그들은 치료 과정에 더 열중할 것이고 치료의 목표를 달성하려는 동기를 더 갖게 될 것이다.

부모와의 첫 접촉은 전형적으로 전화 통화를 거치게 된다. 이때 부모와의 효과적인 접촉은 첫 약속을 잡는 데 결정적인 역할을 한다. 또한 첫 접촉과 접수 세션 동안이나 부모와 관계를 형성하는 과정 동안 아동과 부모에 대한 정보를 얻는 방법들이 있다. 반영, 명료화, 그리고 부모의 언어를 사용하는 것은 관계를 맺고 유지하는 데 있어서 라포 형성기술 중 하나다. 접수 세션을 심문하듯이 하는 것은 별로 도움이 되지 않는다.

부모와 실제로 관계가 맺어지면, 치료자는 다른 치료자에게 의뢰가 필요한지 아닌지를 판단할 수 있다. 어떤 경우에는 치료자가 서비스를 제공하지 못할 수도 있는 데, 이런 경우에도 치료자는 전문적인 태도로 적절한 서비스를 받을 수 있도록 도와주어야 한다. 만약 부모가 치료자와의 만남에서 불쾌함을 느꼈다면, 아마도 부모는 더 이상 치료하려고 노력하지 않을 것이다. 결과적으로, 아동을 놓치게 된다.

부모와의 관계 초기에, 치료자는 부모에게 치료 과정과 치료적 관계의 요소에 대해 말해줄 의무가 있다. 부모는 치료자-부모 간 그리고 치료자-아동 간의 관계는 사실상 직업적인 관계지만, 더 깊이 있게 본다면 개인적이고 돌보는 관계임을 이해해야 한다. 이러한 관계를 규명하고 정의하고 보호하는 데는 수많은 요소들이 있다. 부모가 치료에 대해 가지는 초기의 목표가 명확해져야 한다. 치료를 통해서 변화되길 원하는 것들에 대해 명확하게 알아봄으로써, 치료자는 단순히 정보를 얻는 것 이외에 부모와 굉장한 라포를 형성하게 된다.

치료자는 종종 부모에게 놀이치료를 설명해야 하는 경우가 있다. 놀이치료가 아동에게는 발달, 변화, 성장하기 위한 힘든 작업이라는 점을 언급해야 한다. 놀이는 아동에게 가장 자연스런 행동이자 기초적인 자기-표현 방식이다. 놀이를 통해서, 아동은 현재 경험하는 것, 과거에 경험한 것, 혹은 미래에 대한 기대와 희망에 대해 표현한다. 놀이치료자가 하는 일은 놀이에 대한 이해와 더 깊은 통찰을 하도록 촉진하는 것이다. 따라서 아동으로 하여금 자신의 경험을 더욱 잘 이해할 수 있도록 돕는다. 치료자는 또한 치료 세션의 비밀을 보호하는 노력과 동시에, 내담아동의 심리적 기능의 역동에 대해 이해하는 것을 부모에게 얘기해주어야 한다. 당연히, 치료자는 부모에게 치료 세션 과정을 보충하고 가정과 지역사회에서 이 과정들을 확장할 수 있도록 촉진하기 위한 과제를 준다. 부모는 치료자가 무엇을 할 것인지, 놀이치료 과정의 세부사항들은 어떤 것인지, 어떤 결과를 희망하고 예상하는지에 대한 것을 알 필요가 있다. 요약하자면, 치료자는 부모에게 놀이치료에는 다음과 같은 사항들이 포함된다는 것을 설명할 수 있다.

1. 아동의 자연스러운 의사소통 수단인 놀이와 장난감을 통하여 아동이 자신을 표현하도록 한다.
2. 아동과 라포를 형성하고 수용하며, 치료적인 관계를 맺는다.
3. 아동의 발달 상태를 인식하고 고려한다.
4. 아동의 문제행동을 더 잘 이해하고 돕기 위해 그들의 행동, 생각, 감정을 인식하고 깨닫는다.
5. 다른 관계들뿐만 아니라 치료적 관계 내에서도 경계를 지키기 위해 제한을 설정한다.
6. 아동이 자기-확신, 자기-조절, 자기-존중, 타인-존중을 하도록 돕는 데 치료적 관계를 사용한다.

치료자는 아동에게 놀이치료를 설명하는 것에 관한 부모의 의도가 어떠한지에 대하여 논의해야 한다. 만약 부모가 치료를 설명할 때, 판단적이고 비판적이고 권위주의적인 접근을 취하면서 언급하는 것은 도움이 안 된다. 부모는 아이를 문제를 가진 존재로서 인식한다는 점이나, 혹은 놀이치료가 아동의 문제를 고치기 위한 것이라는 식의 언급은 피해야 한다. 부모가 어떤 식으로 아이에게 설명하느냐에 따라, 아동-치료자 관계 형성은 큰 영향을 받게 된다.

첫 접촉에 관련된 다른 필수요소 중에는 부모 교육과 기본적인 반영기법을 가르치기가 포함된다. 부모의 메시지, 특히 그들의 감정에 대하여 반영해주는 것은 놀라운 힘을 갖는다. 부모는 이해받고, 관심받고, 권한을 인정받는다는 느낌을 가지게 된다. 이러한 과정을 통해 부모는 신뢰를 가지게 된다. 부모들의 감정을 반영해주는 것은 부모에게는 아동과 효과적으로 의사소통하는 방법에 대한 모델이 된다. 부모가 아동의 언어적 비언어적 메시지를 알고 감정을 반영하는 법을 알게 되면, 아동은 부모가 그들을 이해하기 위해 노력한다는 것을 느끼게 되고 자신들이 그만큼 부모에게 중요하고 가치 있는 존재라는 점을 알게 된다. 따라서 아동은 자신을 더 잘 이해하는 것을 배우게 되고, 그들의 경험이 좋고 정상이라는 것을 알게 된다. 부모는 아이에 대해 더 많이 배우게 되는데, 그러한 이해를 통해 부모는 아이에 대한 기쁨을 증가시키게 된다. 부모와 아동 모두에게, 이러한 자각은 자기 존중과 자기 확신을 가지게 하며, 결과적으로 자기 조절이 더 잘 되도록 한다. 이렇게 해서 부모-자녀 관계가 개선되는 효과를 얻을 수 있다.

제 2 장 발달적 주제

Developmental Issues

부모의 전형적인 이미지가 가르치고 지도하고 보호하고 제공하는 것이라고는 하지만, 부모가 지니는 가장 중요한 능력은 수용이다. 이러한 수용은 영아기 동안 시작된다. 부모가 아이를 수용하는 것은 매우 자연스럽게 일어난다. 그러나 어떤 부모들에게는 수용이 가장 중요한 기술임에도 불구하고 정말 어려운 것일 수도 있다.

때때로 부모들은 출생 전부터 아이를 거부하기도 한다. 특히, 원치 않거나 계획하지 않은 아이를 가진 부모들은 양육에 대한 책임과 의무를 받아들이는 데 긍정적인 자세를 갖기가 어렵다. 임신 기간조차도 많은 희생을 치러야 한다. 어떠한 변화라도 스트레스로 여겨지게 되고, 일반적으로 변화에 대한 저항이 생기게 된다. 엄마는 흡연, 음주, 합법적이거나 불법적인 약물 사용 등과 같은 영양습관 또는 운동이나 성생활에 제한을 받게 되어 긴장, 불화, 부정적인 생각을 하게 된다. 진료비와 아기용품 구입 등으로 인해 지출이 증가되면 경제적인 스트레스가 생기게 되고, 이는 양육태도에 부정적인 영향을 주게 된다. 양육은 어느 누구에게나 가장 도전적이고 스트레스가 많은 책임이다. 그러므로 부모들은 긍정적인 부모태도와 기술을 발전시키는 데 있어서 상당한 지지와 격려가 필요하다. 이를 통해 그들은 아이의 존재를 받아들이고 감사히 여기게 된다.

아이들은 뒤집고 기고 잡고 일어서고 첫발을 내딛고 마침내는 걷는 과정으로 발달하게 되고, 아동기에 배우게 되는 수많은 기술들을 보여주게 된다. 부모의 기대가 점점 더 치솟게 되면, 그만큼 아이를 수용하는 것은 줄어드는 것이 일반적이다. 부모는 아동이 현재 무엇을 경험하는지에 관심을 두지 않고 적절한 발달 수준을 뛰어넘는 높은 단계의 수준을 기대하곤 한다. 이러한 기대들은 수용을 방해하고 실제적으로 아이 자신의 방법이 아닌 부모가 원하는 방식에 주의를 기울이게 한다.

아기와 부모 사이의 애착은 중요하다. Sears와 Sears(1993)는 "초기 밀착은 아기에게는 자연적인 애착행동을 증진시키고, 엄마에게는 아기를 향해 손을 뻗는 직관적이고 생물학적인 양육행동을 증진시킨다."고 하였다. Brazelton과 Cramer(1990)는 아기들이 어른들에게 안기거나 돌봄을 받으면 주의집중과 상호작용 행동에서 높은 능력을 가지게 된다는 점을 강조하였다.

부모가 아이를 원하고 즐거움을 함께 나누는 것은 아이에게 생명력을 불어넣을 만큼 중요한 것이라는 점은 아무리 강조해도 지나치지 않다. 이는 부모에게도 마찬가지로 중요한 것이다. Rogers(1951)에 의하면, 아이들은 타인의 긍정적인 관심을 인식하는 것을 통하여 긍정적인 자기 존중감이 발달된다고 한다. 부모들은 아동이 이해하는 방식으로 무조건적 수용과 긍정적 관심을 보여주어야 한다. 아이들은 자신이 가치 있고 중요하고 사랑받고 있고 누구와도 바꿀 수 없는 존재라는 확신을 가져야 한다. 부모가 아동을 수용하고 있다는 것을 보여주기 위한 최상의 방법은 아동이 경험하고 있는 것을 언어적으로 반영해주는 것이다. 앞서 언급했듯이, 반영은 아동의 감정, 행동, 의사소통에 대해 판단없이 그대로 인정하는 마음이 수반되어야 한다. 부모가 아이를 보고 듣고 이해하려는 노력을 할 때 아이에게 나타나는 자연스런 반응은 자신이 중요하다는 느낌을 가지게 되는 것이다. 아동이 그들 부모에게 중요하고 가치 있는 존재라고 인식하지 못한다면, 아동은 긍정적인 자기 존중감을 발달시키기 어려울 것이다. 숙련된 부모에게는 자연스럽고 쉽게 일어나지만, 반영기술은 타인의 눈을 통해, 이 경우에는 아동의 눈을 통해 그의 세계를 보려는 노력과 욕구를 필요로 한다.

아이가 어떤 발달 상황으로 인해 보이는 전형적인 행동에 대해 훈육하려는 욕구를 참아야 한다. 종종 부모들은 아동이 바람직하지 못한 행동을 하게 되면, 그런 행동을 바로 고쳐주거나 제지해야 할 필요를 느낀다. 그러나 만약 아동이 보이는 행동들이 일반적인 것이고 자신이 경험한 것을 표현하는 것이라면, 아이를 훈육하거나 바로잡으려는 부모의 반응이 적절치 못한 것일 수 있다. 부모들은 바람직하지 않은 행동을 보이는 아이에게 종종 훈육이 아닌 체벌을 사용한다. 왜냐하면 아이의 발달상태를 탐색, 발견하고 현실적인 검증 욕구를 이해하는 것보다 훨씬 편리하고 편하며 부모로서의 체면이 깎이지 않기 때문이다. 훈육은 아이를 위한 것이지 어른을 위한 것이 아님을 명심해야 한다. 훈육은 아동이 자기 통제, 책임감, 자기 존중감, 타인 존중을 발달시킬 수 있도록 돕는 것이다. 애초부터 특정 처벌방법을 사용하는 것보다 조금 더 노력이 필요하다. 진정한 의미의 훈육은, 교육(teaching)을 의미하며 부모에게는 보다 더 많은 노력이 요구된다. 그렇지만, 그 효과는 더 크게 오랫동안 지속된다. 아동이 그들 자신의 행동을 결과와 관련지어 보다 더 책임감을 가지게 되면, 부모가 적절하다고 여기는 행동을 선택하는 것을 배우게 된다. 이렇게 되면 아이를 훈육하는 데 기울이는 노력이 덜 들게 된다. 또한, 아이들은 긍정적인 자아감, 내적 신념의 증가, 자기 통제가 발달한다.

아동은 항상 변화의 중심에 있다. 아동과 부모들이 이렇듯 서로 다른 경험들에 부딪히며 갈등하는 것은 일반적인 일이다. 아동이 몰랐던 것을 경험하고 배우고 변화하며 부모를 기쁘게 하기 위해 노력하기란 쉽지 않은 일이다. Weiss(1979)에 의하면

> 아이와 함께 즐길 수 있는 당신의 능력을 확인하는 가장 좋은 방법은, 아이의 발달 욕구 단계에 맞추는 것이다. 아이의 욕구에 맞서면, 아이들은 상처를 받게 되

> 고 당신 자신 또한 좌절하게 된다. 아이의 욕구 변화를 알아차리는 것이 어렵다면, 아이와 맞서기보다는 그에 맞춰 함께 해보는 것이다.(p.168)

동시에, 아동이 바람직하지 않는 행동을 한다고 해서 부모의 양육 책임이 실패했다는 것을 의미하는 것은 아니다. 오히려 아동의 행동 이면에 있는 발달적 동기에 대한 지식에 한계가 있다는 것을 의미하는 것이다.

아이의 세계를 더 이해하면 부모는 자기 존중과 자신감을 증가시키고 유지할 수 있다. 따라서 아이가 발달단계를 거치는 동안 부모는 아이를 있는 그대로 수용하고 사랑하고 품고 존중할 수 있게 된다. 인생의 각기 다른 시점에서 나타나는 아동의 일반적인 감정, 동기, 행동에 따른 전반적인 발달단계가 다음에 약술되어 있다.

> 개인의 발달은 단계로 묘사되는 과정이다. 이 과정은 출생 전부터 시작되어 성인기, 노년기를 통해 이어진다. 이는 전체 인생을 포함하는 것이며, 매우 복잡하다. 어떤 발달은 이전의 발달이 완성된 토대 위에 이루어진다 — 그것은 더욱 더 큰 바깥세상을 향한 것이다. 그러므로 아동의 모든 경험은, 심지어 초기 영아기 동안이라도, 그들의 성격 형성에 매우 중요하며 영향이 큰 것으로 보아야 한다(Winnicott, 1965).

발달단계

이 단락에서는 일반적인 발달 연령에 따라 논의가 진행된다. 여기에서는 이렇게 발달단계별로 나타내고 있지만, 발달은 연속성이나 과정의 개념으로 보는 것이 더 정확하다. 아동들은 각기 다른 삶을 경험하고 자신의 경험을 각자 다르게 보게 된다. 그러므로 이러한 단계들은 확고히 정해진 것이 아니고, 당연히 예외도 존재한다 — 인간발달의 타고난 유연성을 인식하는 것은 중요하다. 발달이 겹쳐지거나 순차적인 발달을 건너뛰는 일이 생기기도 한다. Erik Erikson은 그의 대표저

서인 *Childhood and Society*(1963)에서, 프로이트의 성격발달이론에 기초하여 발달의 심리사회적 발달 과정을 규명하였다. 건강한 발달을 위해서 개인은 각 단계에 있는 발달을 수행해야 하고, 자신과 세상 사이의 균형을 이루어야 한다. 이 단계들은 발달 과업에 따라 분류되고 명명된다.

출생에서 생후 1년

Erikson(1963)의 첫 번째 발달단계인 **신뢰 대 불신**의 단계 동안(생후 1년 동안)에, 부모는 아동에게 기본적인 정서적, 신체적 욕구를 충족시켜 주어야 한다. 아기에게 있어서 사회적인 신뢰는 수유, 숙면, 배설의 상태에 따라 증명된다. 아기들은 부모에게 온전히 의지하고, 부모들은 계속하여 이를 수용해야 한다. 이는 부모에게는 큰 책임과 도전이 된다. 사랑받고 귀여움 받고 애정을 받은 아기들은 안정감과 충족감을 발달시킨다. 그들은 자신과 타인을 신뢰하는 것을 배운다. Erikson(1964)에 따르면

> 아기이기 때문에 스스로 방어하지는 못하지만, 아기들은 자신의 요구를 들어주는 엄마가 있고, 엄마를 보호해주는 가족이 있으며, 가족을 지지해 주는 사회가 있고, 문화적으로 계승되는 전통이 있다. 그러나 아기가 인간답게 발달하기 위해서는 두 번째 자궁과 같은 완전한 외부세계가 제공되어야 한다. 이를 통해 특정 단계에서 분리 능력이 발달하게 된다.(p.114)

아기에게는 민감하고 예상가능하며, 신뢰로운 양육이 절대적으로 주어져야 한다. 만약에 양육이 비일관적이고 되는 대로 아무렇게 행해지고 거부적이라면, 아이는 의심과 두려움으로 세상을 바라보게 될 것이다. 세상을 불신하는 자세는 특히 대인관계의 발달에 영향을 주게 된다(Corey, 1991). 이 단계에서 아동은 기대감을 발달시킬 수도 있고 박탈감을 발달시킬 수도 있다.

일어날 수 있는 일

● **울음** 아기들의 울음은 자연스럽고 무의식적으로 일어난다. 울음은 유일한 언어적 의사소통 수단이다. 배고프거나 지루하거나 고통스럽거나 아프거나 하는 등 다양한 이유로 아기들은 울게 된다. 울음이 부모에게 주는 영향은 주목할 만하다. 아기의 울음은 부모의 심장 박동수와 혈압을 증가시킨다. 아기를 달래는 부모의 노력에도 불구하고 아기가 계속해서 울면 부모는 전형적으로 무력해지고 심란해지며 심지어 아기에게 화를 내기도 한다. 그러고는 아기에게 화를 냈다는 점 때문에 죄책감을 가지게 된다(Van der Zande, 1996).

표면적으로 작고 무의미한 활동처럼 보이는 울음은 부모를 분노하게 할 수도 있다. 아기가 울고 있는 상황이 너무 힘들다는 부모의 느낌보다는 아기가 무슨 경험을 하는지에 초점을 맞추는 것이 필요하다. 이러한 초점의 전환은 아동에 대한 수용을 증가시킬 것이고, 궁극적으로 아동의 발달을 향상시킬 것이다(Van der Zande, 1996).

아기들은 울음이 부모의 양육 행동을 끌어낸다는 것을 빨리 알아차린다. 아기들은 그들 주변에 상당한 영향을 미친다. 영아들은 부모로부터 영향을 받지만, 부모들도 그들의 영향을 받는다. 부모들은 아기의 울음이 부모의 능력을 거절하거나 공격하는 표현이 아니라는 것을 기억해야 한다. 왜냐하면 아기들은 본래 무기력하고 의존적이기 때문이다. 다시 말해, 중요한 것은 부모들은 아기를 수용해야 한다는 것이다. 아기가 경험하는 것이 무엇인지 이해하려고 노력하고 그 울음에 반응하는 부모의 노력이 곧 수용이다(Sears & Sears, 1993). 부모들에게는 이때가 잘 듣고 반영하는 기술을 익히기 좋은 시기다. 이로 인해 부모는 다양한 욕구에 따른 각기 다른 울음을 알아차리게 되고, 아기는 이해받고 수용받는 느낌을 가지게 된다(Van der Zande, 1996).

● **기질** 기질과 같은 아기들의 기본적인 성향은 부모로 하여금 여러 가지 다른 유형의 행동을 불러일으킬 수 있다(Van der Zande, 1996). 다른 수준의 수용 또

한 필요하다. Kagan(1994)은 기질적인 범주는 다음과 같은 속성이 있다고 언급하였다. (1) 개개인마다 다양하다. (2) 시간과 상황을 초월하여 안정적이다. (3) 유전적인 영향이 크다. (4) 생애 초기에 나타난다. Thomas와 Chess(1977)는 기질을 개인의 동기, 능력, 행동의 내용에 비유하여 개인의 행동적인 스타일이라고 설명하였다. 기질은 아기를 포함한 모든 사람들에게 타고난 것이며 비교적 일관되게 나타나는 기본적인 특성이다. 기질은 사람들이 수많은 행동을 하는 데 기초가 되며 실제로 그 행동을 하는 데 영향을 미친다. 아기들은 생의 첫 몇 주 동안에도 부모의 양육이나 성격적인 스타일과는 상관없이 기질적으로 독특한 개성을 보여준다. 그러나 발달 과정을 거치면서 기질의 본성과 표현은 환경적인 요인들에 의해 영향을 받게 된다. 기질은 세 가지 유형으로 분류된다. 대략 10%의 유아는 '까다로운 아기(difficult baby)', 15%는 '더딘 아기(slow-to-warm-up baby)', 그리고 40%는 '순한 아기(easy baby)'다. 나머지 35%는 특정 그룹에 속하지 않고 복합적인 특성을 보이는 것으로 나타났다.

까다로운 아기들은 자주 그리고 오랜 기간 동안 울기, 성질 부리기, 불규칙한 수면패턴, 새로운 음식에 더딘 적응, 새로운 상황이나 낯선 사람에 대한 위축, 격렬한 부정적 감정 표현, 변화에 대한 느린 적응을 보인다. 더딘 아기들은 새로운 상황에 약한 정도의 부정적인 반응을 보인다. 그러나 새로운 경험을 반복하면, 조용하게 긍정적인 흥미와 참여를 보인다. 그들의 반응은 긍정적이건 부정적이건 간에 약하게 나타난다. 쉬운 아기들은 새로운 음식에 빨리 적응하고, 규칙적인 수면과 수유 시간이 유지되고, 낯선 사람에게도 웃음을 보이기도 하며, 새로운 일상도 점차적으로 받아들이는 등 명랑한 기질을 보인다(Thomas, Chess, Birch, 1968). 기질에 상관없이, 부모와 아기 사이의 관계는 복잡하고 요구적이다. 강하고 안정적인 부모-자녀 사이의 애착 형성을 위태롭게 하는 일들은 많이 있다. 부모들은 교육을 받아야 하고, 자녀에게 헌신하고, 자녀 양육에 용기를 가져야 한다. 그리고 자신에게 관심을 가지고 당당해져야 하며 주변의 지지도 필요하다.

● **사랑** 자녀에 대한 애정적 행동의 근원과 변화 과정을 이해하는 것은 매우 중요하다. 사랑하고 관심을 가져주는 부모의 능력이 부족하면 반사회적 성격이 형성되는 경향이 있다. Winnicott(1965)에 따르면, 아기들에게 사랑의 의미는 다음 단계를 통해 이루어진다.

1. 존재하고, 숨 쉬고, 살아 있고, 사랑받기
2. 욕구 — 아무 걱정 없이 충족의 욕구만 있는
3. 부모와의 애정 어린 접촉
4. 애정 어린 접촉과 함께 이루어지는 본능적인 경험의 통합 — 받고 주는 것, 주고 받는 것
5. 부모에게 권리 주장하기 그리고 부모가 책임을 피할 수 없도록 하기
6. 부모가 돌봐주었듯이 자신도 부모를 돌보기 — 책임감 발달을 예고하는 것

두 살에서 세 살

두 번째는 **자율성 대 수치심, 의구심**의 단계다. 아동은 탐색하고 시도하고 실수하고 한계를 시험해 본다. 이 무렵에는 자기 신뢰감이 발달하기도 하고, 자기 의구심이 발달하기도 한다. 만약 부모가 격려하고 인내하고 수용한다면, 아동은 의지력과 독립심 그리고 자신을 신뢰하는 능력 또한 발달시킬 것이다. 반면, 부모가 과보호하거나 의존적으로 양육하고 자유를 허용하지 않는다면, 아이들은 강박감, 의구심 및 수치심을 발달시킬 것이다. 자신감과 자기 통제는 스스로 어떤 일들을 성공해낸 경험을 한 아동들이 보이는 특성이다. 계속적으로 실패하거나 벌을 받거나, '나쁜', '모자란', '변변치 못한' 등의 부정적인 평가를 받은 아이들은 수치심과 의구심을 배우게 된다. 부모로부터 수치심을 느낀 아동은 자아 존중감이 낮아질 뿐만 아니라, 벌을 면하려고 비밀을 만들게 되고 부끄러움을 모르고 반항하게 된다(Erikson, 1963).

일어날 수 있는 일

● **물기** 많은 걸음마기 아기들은 여러 가지 이유로 어른과 다른 아이들을 물어 버린다. 다른 아이가 자기를 물어서 화를 낸 것일 수도 있고, 제한을 테스트해 보려고 한 것일 수도 있으며, 이가 나려고 근질근질해서 그랬을 수도 있다. 한편으론 어른들이 과도하게 반응하는 것을 보고, 무는 행동이 관심을 얻을 수 있는 방법이라고 터득했을 수도 있다.

Santa Cruz Toddler Care Center(Van der Zande, 1993)는 걸음마기 아동들의 무는 행동을 멈추게 하기 위한 몇 가지 방법들을 제시하였다.

1. 가능한, 다른 아이를 물어 버리기 전에 아동을 제지하라. 예를 들어, 만약에 두 살 난 아이가 다른 사람에게 화가 나서 한 아이를 물려고 하면, 부모는 단호하게 "정말 화가 났구나. 그래도 Marcy는 무는 게 아니야."라고 말해줘라.
2. 아이에게 물어도 되는 것을 주어라 — 특정 장난감, 젖니가 날 때 무는 고무 고리, 음식 등
3. 무는 것에 대해 아이와 얘기하라. 예를 들어, "무는 것은 네 이에는 정말 좋은 느낌을 주지. 그렇지만 그건 다른 사람을 다치게 하는 거야. 사람들을 다치게 해선 안 된단다."고 말이다.
4. 무는 것에 대한 제한을 정하고, 빠르게 침착하게 실행하라. 타임아웃은 무는 행동에 대한 적절한 제한이다. 아동의 감정을 이해하는 것이 필요하나, 제한 상황에서는 확고함을 보여야 한다. "엄마는 너가 정말 속상하단 걸 알지만 Billy를 무는 건 안 돼. 너가 Billy를 무는 걸 선택했다면, 넌 타임아웃을 선택하는 거야." 만약 타임아웃을 선택했다면 일관성 있게 실행해야 한다.
5. '무는 느낌이 어떤지 가르친다' 며 어른이 아이를 무는 것은 절대로 안 된다. 이것은 아이에게 혼동을 줄 수 있다. 이것이 어른들에 의해 모방이 되기 때문에 공격성이 더 높아질 수 있다.

● **성질 부리기** 많은 부모들은 아이가 성질 부리는 것을 경험할 것이다. 성질 부리기는 부모와 아동 모두를 좌절하고 당황하고 지치게 만든다. 부모들은 아동이 힘겨루기를 하려고 일부러 '발작을 일으킨다' 고 볼 수도 있다. 그러나 성질 부리기는 화나거나 좌절하거나 지쳐서 자신의 감정을 통제할 수 없게 되어 나타나는 결과다. 성질 부리기는 아동 내부에 깔려 있는 정서의 결과이며, 이해하기 어렵겠지만, 그것은 사람을 공격하려는 것이 아니라는 점을 명심할 필요가 있다.

성질 부리기에 관한 몇 가지 개입방법을 제안한다.

1. 성질 부리기를 하는 아동은 자신의 감정을 부모가 알고 있다는 것을 인식해야 한다. 부모는 조용한 상황에서 나직한 목소리로 아동의 감정을 수용하고 이해하고 있다는 점을 보여주도록 노력해야 한다(Reynolds, 1990; Van der Zande, 1993).
2. 성질 부리기가 집과 같은 안전한 장소에서 발생되었다면, 부모는 다음과 같이 말할 수 있다. "엄만 네가 Eric 집에 못 가서 화가 났다는 걸 알아. 마음이 진정되면 그때 얘기하자. 엄만 주방에서 기다릴게." 만약 음식점이나 백화점과 같은 공공장소에서 발생되었다면, 부모는 아동의 감정을 반영한 뒤에 아동이 진정될 때까지 조용히 옆에 서 있거나 앉아 있을 수 있다. 아동에게 소리를 지르는 것은 아동을 진정시키는 데 도움이 되지 않는다.
3. 아동이 성질을 부린다고 제한을 바꾸는 것은 절대로 하지 말아야 한다(Van der Zande, 1993). 예를 들어, 만약에 Janet이 친구집에 못 간다고 화를 내고 성질 부릴 때, 그걸 멈추게 하려고 친구집에 가는 걸 허락하지 말아라. 만약 성질을 부리기 때문에 부모가 제한을 풀어줘 버린다면, 아이는 부모를 조종하는 방법을 배우게 된다. 이것은 부모자녀 간 효과적인 관계를 유지하는 데 매우 해롭다. 부모들에게 '결심을 바꾸지 말라' 고 제안한다.

● **배변 훈련** 배변 훈련에 있어 기억해야 할 가장 중요한 규칙은 아동이 준비될

때까지 기다리라는 것이다. 부모들은 이른 시기에 배변 훈련을 끝낸 다른 아이들과 비교하기도 하고 기저귀 가는 것에 지치기도 할 것이다. 부모들에게 인내심을 가지고 때가 될 때까지 아이를 기다려 주라고 권하고 싶다(Green, 1980; Van der Zande, 1993).

● **짧은 주의집중** 두세 살 경이 되어서야 주의집중이 발달하기 시작한다. 따라서 이 시기 대부분의 아동들은 주의집중 시간이 매우 짧다는 것을 명심하자. 아이에게 짧고 간단한 지시를 사용하는 게 더 바람직하다는 걸 부모들은 알게 될 것이다. 예를 들어 "가서 신발 갖고 와. 문 옆에 놔두렴."이라고 말하는 것이다. 이는 일상적이고 구조적으로 일어나는 일들에는 도움이 되지만, 중요한 문제에 있어서는 제한적으로 사용되어야 한다(Clarke, 1978).

● **자율성** 걸음마기 아동은 독립을 향한 첫 번째 발걸음을 내딛는다. 종종 부모들은 걸음마기 아동이 "나 혼자 할 수 있어", "냅 둬"라고 하는 말을 들을 것이다. 독립하기 위해 아동이 노력하는 것을 존중하고 가치 있게 볼 필요가 있다. 걸음마기 아동은 무언가 새로운 것을 시도할 때 아주 늦게 해내기도 하고 스스로 하는 과정 속에서 주변을 온통 어지럽혀 놓을 때도 있다. 부모들에게 있어서 이건 늘 쉬운 일이 아니다. 그러나 아이가 혼자(천천히 또는 불완전하게라도) 할 수 있는 일도 부모들이 해주면 아이는 '무력감'을 느낄 것이다. 적어도 아동은 자신이 부모를 만족시키기엔 부족하고 무능하고 약한 존재라고 느낄 것이다. 또한 아동은 직접 경험해 봐야만 배울 수 있기 때문에, 부모들은 이러한 아동의 노력들을 지지할 필요가 있다. 특히 스케줄이 잡혀 있는 상황이면 부모들은 아이가 어떤 과업을 연습해 보도록 허용하기가 정말 어렵다. 스케줄이 여유 있을 때, 아이 스스로 연습해 볼 수 있다고 타협할 수 있다(Weiss, 1979). 예를 들어, 세 살 된 Peter는 혼자 신발을 신고 싶어 한다. 그러나 Peter의 엄마는 유치원에 가려면 5분 안에 나가야 한다는 것을 알고 있다. 엄마는 도와주면서 "오후에 집에 돌아와서 연습할

수 있을 거야."라고 말해줄 수 있다.

● **상상 친구** 3~4세 무렵의 아이들은 상상 친구를 만든다. 부모들은 상상 친구를 환영하고 존중해야 한다. 왜냐하면 상상 친구는 이 시기 아동의 상상력과 복잡한 사고능력의 발달을 의미하기 때문이다(Brazelton, 1995). 세 살 무렵 상상력이 발달하는 시기의 아동은 현실과 상상 간의 구별 능력이 아직 부족하다. 상상 친구는 구체적인 사고와 추상적인 사고 사이의 간격을 이어주는 연결고리다.

정서적으로, 상상 친구는 현실 친구와의 관계에서 해보고 싶은 것들을 안전한 방법으로 해보는 좋은 수단이다. 상상 친구가 있는 아동은 복잡한 관계 형성을 탐색하기 때문에 조절감을 느낄 수 있다. Brazelton은 상상 친구를 통해 자신을 압도하는 아이들과 자신을 '동일시 할 수 있다' 고 지적하였다(1995). 그는 안전하게 다른 아동이 되어 볼 수도 있다. 상상 친구로 자신을 안전하게 가장하여 부모에게 이야기할 수도 있다. 그는 남자가 될 수도 있고 여자가 될 수도 있다. 아이는 자신의 성격적 측면들을 모두 시도해 볼 것이다. 이는 4~5세 아이들이 자신의 정체성을 찾는 하나의 방법이다(pp.324~325).

아이가 모든 사회적 관계를 상상 친구와 한다면 그건 문제다. 다른 아이들과 사회적 관계가 오랫동안 잘 유지되고 있다면 상상 친구들은 아이에게 유용하다. 부모들은 종종 상상 친구에 대한 인정이 필요하다. 자신의 아이뿐만 아니라 상상 친구 또한 존중해야 한다. 상상 친구를 만들어내는 아동을 놀리거나 모욕하거나 조롱해서는 절대 안 된다. 식사시간에 여분의 접시를 준비해야 할 정도로 매일의 생활에 상상 친구가 함께 한다면 부모들은 이를 피곤하게 여길 수도 있다. 그러나 부모들은 언젠가는 이 상상 친구 단계가 지나갈 것이라는 확신을 가져야 한다. 그 시기 동안, 상상 친구는 아동발달에 중요한 부분이 될 수 있다.

네 살에서 다섯 살

Erikson(1963)의 세 번째 단계는 **주도성 대 죄책감**이다. 아동은 자신의 범위를 넘어서서 탐색한다. 그들은 세상사를 배우고, 자신이 세상에 영향을 끼치는 방법들을 발견해 나간다(Craig, 1983). 부모는 아동이 개인적으로 의미 있는 활동을 자유롭게 선택할 수 있는 자유를 주어야 한다. 이러한 경험은 주도성, 자기 확신, 긍정적인 자기 인식을 발달시킬 수 있게 한다. 반면에, 부모가 아동 스스로 결정을 내리는 자유를 박탈한다면, 아동은 억압될 것이고 주도적으로 뭔가를 하는 것에 대해 죄책감이 생길 것이다. 이런 아동들은 너무나 자주 타인의 결정을 수동적으로 수용해버리는 사람이 되고 만다(Corey, 1991).

일어날 수 있는 일

● **유능감에 대한 욕구**　이 나이의 아동은 활동과 기술에서 유능감을 느끼는 것이 필요하다. 자신의 능력을 더 느낄수록, 자기 확신을 더 경험할 것이다. 부모는 아이가 다양한 활동에 참여하도록 격려하고 새로운 것을 익힐 때까지 기다려 주어야 한다.

● **자신을 타인과 비교하기**　이 시기의 아이들은 스스로 다른 또래와 자신을 비교하기 시작한다. 이는 때때로 긍정적인 경험이 되기도 한다. 다섯 살 난 Linda처럼 말이다. 그녀는 "오늘 노래 가사를 모두 다 아는 사람은 나 밖에 없었어."라고 말한다. 네 살 된 Kimberly는 부정적인 경험을 표현한다. "Carol은 나보다 항상 빨리 달려."라고 말이다. 자신이 또래보다 못하다고 아이가 느낄 때, 부모는 그 감정을 존중하고 이해해주어야 하며, 아이가 가진 강점들을 강조해야 한다. 예를 들어 "그래~ Carol은 빨리 달리는구나. Carol은 엄마랑 함께 달리기를 연습하는 시간도 가지잖니. Carol은 연습을 많이 한거야. 그래두 넌 매우 훌륭한 축구선수야. 코치 선생님이 널 경기에 많이 넣으시잖니."

● **놀리기** 어른들이 아이를 놀리는 것이 종종 관심과 애정을 표현하는 방식이기도 하다. 그러나 이 나이의 아동은 놀리는 것을 창피하게 여기고 참을 수 없다고 느낄 때가 많다. 아동은 자기 확신과 독립심을 형성하려는 노력을 하는데, 놀리기는 아이의 자아 존중감을 손상시키게 된다. 만약 부모가 놀리지 않고 적절하게 애정을 표현한다면, 아이에게 더 도움이 될 수 있다.

● **자위행위** 2세부터 5세까지의 아동들은 자신의 몸을 탐색하기 시작한다. Brazelton(1995)에 의하면 부모들은 아동의 자위행위가 정상적인 행동이라는 점을 알고, 비난이나 제한을 주어서는 안 된다고 한다. 만약 자위행위가 자주 일어난다면, 부모들은 그 행동의 근본 원인을 알아보아야 한다. 종종 자위행위는 긴장이나 과잉 자극에 기인할 수 있다. 또한 엄지를 빨거나 담요를 쥐고 다니는 것처럼 자신을 위안하는 방식이기도 하다. 부모가 근본 원인을 알아차린다면, 그 행동에 대해 벌하지 않고 이해하는 방식으로 개입해야 한다. 예를 들어, 긴장이 원인인 아동에게는 부모가 편안하게 해주고 안심시켜 주는 것이 유익하다. 과잉 자극이 원인인 아동은 혼자 또는 부모와 함께 조용한 시간을 가지는 것이 필요하다. 자기 위안이 원인인 아동에게는 대안적인 방법을 제공해주어야 한다. 어떤 경우에든지 자위행위와 관련하여 아동에게 수치심을 주거나 비난하거나 벌을 주어서는 안 된다. 부모들은 아동이 사적인 공간에서 그 행동을 삼가는 것 등의 제한과 경계를 세워야 한다. 부모가 걱정할 만큼 과도하고 빈번하게 자위행위가 지속된다면 의사나 전문가에게 평가를 받아 보아야 한다.

여섯 살에서 일곱 살

Erikson(1963)의 심리사회적 발달의 네 번째 단계는 **근면성 대 열등감**이다. 학교는 이 단계의 아동에게 매우 중요한 곳이다. 아동은 학교 입학 첫 해 동안 많은 것을 연습해야 한다. 집과 학교 그리고 또래들 사이에서 수많은 기술과 능력, 정보들을 배우고 익히게 된다. 친구들과 어울리고 비교하는 것이 중요하게 여겨진다. 이 시기에 다른 아동과 비교해서 부정적인 평가를 받게 되면 특히 손상받게 된다(Craig, 1983). 아동은 성취해 낸 것을 인식하는 것뿐만 아니라 개인적인 목표를 세우고 성취하는 경험을 통하여 근면성과 유능감을 깨닫는다. 부모의 관심, 격려, 수용, 지지가 필요하다. 이것이 없다면 아동들은 열등감과 부족함을 발달시킬 것이다(Van der Zande, 1996).

일어날 수 있는 일

● **과외활동** 이 시기의 아동들은 미술, 음악, 운동과 같은 학업 외 영역에 흥미를 가지기 시작한다. 과외 영역에서 한 개 또는 그 이상의 재능을 익히는 것은 아동의 자아존중감과 자기 확신을 높이는 데 도움이 된다. 특히 학업에 어려움이 있다면 더욱 도움이 될 수 있다. 가능한 이러한 활동을 아이들이 할 수 있도록 배려해주어야 한다.

● **논쟁하기** 이 시기 동안 아동은 제한을 계속해서 시험하려 할 것이다. 지적 · 학습적 과정을 거치면서, 아동은 부모들에게 규칙과 가치에 대해 더 많은 이유나 설명을 요구한다. 아동이 논쟁을 하면, 부모는 특정한 규칙이나 가치에 대한 이유를 설명하거나 강조해야 한다. 규칙이나 가치에 대한 아동의 이해가 충분히 이루어졌다고 확신이 서면, 부모는 객관적이면서 확고해야 하며 뒤로 물러서지 말아야 한다.

● **또래 지지** 아동이 나이가 들어감에 따라 또래 수용과 지지가 중요해진다. 부모들은 또래 지지에 대한 욕구를 이해하고 존중해야 한다. 자녀에게 친구가 없다면 부모들은 친구관계를 발달시킬 기회가 되는 사회적 활동에 아이를 참여시키려 할 것이다. 아이가 선택한 친구가 부모 맘에 들지 않을 때는, 부모의 걱정을 조용히 얘기하고 부모와 아동 모두가 받아들일 수 있는 협상방법을 찾도록 노력

해야 한다.

열두 살에서 열여덟 살

다섯 번째 발달과업은 자아정체감과 역할 혼돈이다. 아동이 '나는 누구인가?' 라는 질문을 하는 시기는 아동기에서 성인기로 넘어가는 과도기다. 이 시기의 아동은 생리적인 변화와 역할 정체감에 직면하게 된다. 신체적 특징, 신체기능, 호르몬 균형뿐 아니라 발달 과업과 관련된 책임감이 증가되는데, 이는 종종 극복할 수 없을 것 같은 혼란이 되기도 한다. 청소년기 이전에 아동은 딸, 아들, 친구, 학생과 같이 자연적으로 주어지는 다양한 역할 속에서 자신을 배웠다. 더욱 독립하기 위해 이 발달단계에 있는 아동들은 자신을 올바로 세우기 위해 다양한 역할들을 한 가지 일관된 정체성으로 통합시켜야 한다. 역할 혼미는 아동이 가치와 자세를 통합할 수 없을 때 생기게 된다. 또는 가치 체계와 맞서는 주요 역할 사이에서 충돌이 생겼을 때 일어난다(Craig, 1983).

부모들에게는 불행하게도, 이 단계의 성장을 통해 아동은 제한을 시험하려 하고 의존의 끈을 끊어버리려 한다. 많은 부모들은 거부당하고 존중받지 못하고 인정받지 못한다고 느낀다. 부모는 자기 확신을 잃고 양육에 실패했다고 믿기 쉽다. 부모들에게는 세심한 지지를 제공하고 이 단계에 대한 재확인을 할 필요가 있다. 이를 통해 부모는 자녀의 양육에 용기를 얻고 상황을 예측할 수 있게 되며 치료에 계속하여 참여할 수 있다. 치료자들은 아동의 행동에 영향을 주는 자연적이고 본능적인 욕구가 있음을 부모에게 자주 반복해줄 필요가 있다.

열여덟 살 이상

Erikson(1963)은 남아있는 단계를 각각 친밀감 대 고립감, 생산성 대 침체성, 자아통합 대 절망감이라고 하였다. 이 단계 동안 각 개인은 성인 수준까지 일부분 발달이 이루어지기 때문에, 부모가 치료에 꼭 참여할 필요는 없다. 그러나 주어지는 과업이 매우 도전적이어서 이들에게는 긍정적 지지가 매우 중요하다고 볼 수 있다. 부모들은 자녀가 어떤 연령에 있든 그들의 삶에 관여하게 된다. 수용, 반영, 격려의 기술은 살아 있는 동안 그들의 자녀와 즐겁고 건강하게 관계를 유지할 수 있게 도와준다. 이러한 기술은 또한 자녀의 성공적인 발달을 촉진시키고 미래 부모 역할에 효과적인 모범이 된다.

아동발달에서의 아버지 역할

전통적으로 그리고 전형적으로 아이 양육에 관한 기본적인 책임은 어머니에게 주어졌다. 그러나 아버지의 역할은 아동발달에 매우 중요한 영향을 준다. 예를 들어, Jacobs(1998)는 아버지의 참여는 아들의 인지발달을 촉진시키는 반면, 아버지 부재는 아들의 분석력, 학업 성취, 지적 능력에 저하를 가져온다고 한다. 지적인 수행에 대해 아버지의 지지를 받은 딸은 성취감을 증가시키며, 아버지의 거부는 성취감을 떨어뜨린다. 게다가, 아버지가 참여하고 관심을 가져주고 아이들과 상호작용하며 도움을 주었을 때, 형제간 긍정적인 사회적 상호작용이 발달하는 경향이 있다.

불행하게도, 아버지들은 종종 일이나 별거, 이혼으로 인해 실제적으로 부재 상태인 경우가 많다. 어떤 아버지들은 정서적으로 분리되거나 만날 수조차 없을 때도 있다. Osherson(1995)에 의하면 아버지들은 가족에게 포위되고 삼켜져서 자신의 정체성을 잃어버릴 것 같은 두려움을 갖는 등의 내적 갈등을 종종 겪는다고 한다. 아버지들은 가족체계의 외부 주변에 속하는 경향이 많고, 가족 중 필수적인 존재가 아니라, 엄마 다음으로 중요한 존재로 여겨진다. 이것은 전형적으로 부모 사이에 갈등을 지속하게 하고, 전체 가족 단위의 붕괴를 야기하는 결과를 낳는다. 부모는 도움이 안 되는 아버지의 이러한 느낌들을 줄이기 위해 함께 노력해야 한다. 치료자들 또한 아버지의 역할과 노력을 인정해야 한다. 어머니와 아동처럼, 아버지에게도 수용과 정서적 지지가 필요하다.

요 약

발달은 변화의 과정이고 변화는 어느 정도의 스트레스 없이는 일어날 수 없다. 마찬가지로 발달적인 문제들은 스트레스를 야기시키며 아동과 부모 모두에게 도전을 준다. 발달단계와 관련된 이슈에 대한 인식은 부모에게 아동의 행동과 동기를 통찰할 수 있게 한다. 때때로 부모들은 그것이 발달단계의 결과라고 인식하지 못하고 단순히 부적절한 행동이라고 여기게 된다. 각기 다른 연령과 단계에서 일반적으로 보이는 아동의 정서, 동기, 행동뿐만 아니라 발달 이정표에 대한 정보와 교육을 제공받음으로써, 부모들은 아동을 충분히 이해하고 적절하게 반응할 수 있게 된다. 자연히, 아동도 인정받고 수용 받으며 가치있게 여겨진다는 느낌을 받게 된다. 발달 과업과 관련하여 생기게 되는 행동에 대해서는 부모가 벌을 주어서는 안 된다. 그러나 아동도 부적절한 행동으로 인해 책임에서 벗어나려고 하면 안 된다. 따라서 치료자는 처벌과는 다른 방법인 훈육, 제한, 선택, 결과의 중요성에 대해 부모교육을 해야 한다.

특히 초기 아동기에, 아동은 가치 있고 사랑받고 무엇과도 바꿀 수 없는 존재로 여겨져야 한다. Rogers(1951)에 의하면 아동은 자신의 삶에 있어 의미 있는 대상인 양육자, 형제, 선생님, 친구 등 타인으로부터 긍정적인 존중을 받는다고 인식함으로써 긍정적인 자기 존중감을 발달시킨다고 한다. 초기 양육자와의 안정된 애착을 형성하는 것 또한 중요하다. Bowlby(1969)는 안정적인 애착이 없으면, 아동은 행동이나 성격장애를 겪을 수 있어 생활에 위험이 있다고 경고하였다.

아동이 일반적으로 경험하는 각각의 동기, 감정, 행동을 포함하는 발달단계들은 발달 과업과 연관되어 있다. 발달 과업을 성공적으로 이루어내면 아동은 청소년기와 성인기까지 적응적인 발달이 촉진된다. 때론 그 단계들이 구체적인 연령과 관련이 있지만, 아동의 발달은 연속적으로 발생하는 과정으로 보는 것이 더 적절하다.

마지막으로, 아동발달에 있어 아버지의 역할은 중요하다. 전통적으로 자녀 양육에 관한 한 아버지의 역할은 어머니만큼 중요하게 여겨지지 않았다. 그러나 아버지와 어머니 모두 아동의 성격발달에 매우 중요한 영향을 미친다.

제 3 장
치료의 법적 · 윤리적 이슈
Legal and Ethical Issues of Therapy

치료적 관계를 정의하는 데에는 많은 법적, 직업적 요인들을 포함하게 된다. 이는 효과적인 치료를 실행하는 데 필수적인 요인들이다. 치료서비스를 제공함에 있어 가장 우선되는 지침은 내담자의 복지를 보호하는 데 초점을 맞추어야 한다는 것이다. 내담자에게 최선의 서비스를 제공하기 위해서 치료자는 치료관계를 확인하고 정의하며 보호하는 무수한 경계에 부딪치게 된다. 전형적으로 그러한 경계는 치료기관에서 요구하는 윤리 규범의 형식을 가지게 된다. 지방, 주, 연방법은 치료사가 준수해야 할 실제적 규범을 요구한다. 그것은 미국 상담학회(ACA), 미국 결혼 · 가족치료학회(AAMFT), 미국 심리학회(APA), 주 자격 위원회와 같은 다양한 정부기관들 간의 합의에 의한 것이다. 하지만 주 자격 위원회, 전문가협회, 정부기관들 사이에는 미세한 차이점과 몇 가지 의견 차이가 존재한다. 치료자는 자신의 면허, 자격증 그리고 등록을 관장하는 기관의 법과 윤리강령, 기타 규범들을 숙지해야 한다.

법적 · 윤리적 지침

여러 주에서 전문 상담가들은 주 위원회의 관리를 받으며, 법으로 제정된 윤리강령과 직업 규준을 따라야 한다. 치료자가 윤리강령을 어기는 것은 법률 위반에 해당한다. 치료자 면허를 상실하는 것뿐만 아니라 형사상 처벌을 받게 될 수도 있다. 면허 인가는 치료자로서의 성공과 실패에 영향을 줄 정도로 중요한 역할을 하게 된다. 게다가, 많은 주에서는 치료자들이 일을 하기 위해서는 면허를 취득하거나 등록 또는 인가를 받도록 요구하고 있다. 치료자로서 일을 하는 데 필요한 면허를 취소하거나 재인가하는 것도 주 법에 따르게 된다. 특히, 놀이치료사에게는 많은 법적, 윤리적 문제가 있으며 부모들도 이러한 것을 알고 있어야 한다.

Dallas에 있는 Texas 주 검사 T. L. Hartsell(1997)에 따르면, 내담자에 대한 불법악용이나 질 낮은 서비스, 혹사, 학대 등의 사례가 생기면서 이러한 규칙, 지침, 규정이 점진적으로 변화하고 있는 상태라고 한다. 또한 그는 "면허제도 자체는 치료자가 아니라 소비자의 요구에 의한 산물이다."고 지적한다. 자격 위원회는 치료자가 아닌 소비자를 보호하기 위해 설립되었다. 내담자는 보호받아야 하며 윤리적으로 적절한 수준의 보호, 지침, 구조, 방향 그리고 전문적 도움을 보증하기 위한 노력의 일환으로 이러한 경계가 존재하는 것이다.

내담자와 치료자의 보호

치료자의 책임

Corey, Corey와 Callanan(1998)에 따르면, 치료의 초점이 가족 구성원이나 가족시스템에 맞추어진다면 치료자는 여러 가지 사항을 고려해야 한다고 언급한다. 정신건강의 주된 책임과 권리는 누구에게 있고 누구를 위한 것인가? 치료자는 누구의 관심사에 맞춰야 할 것인가? 아이? 이혼한 가족 구성원? 부모? 가족 전체? AAMFT 윤리강령(1991)은 다음과 같이 언급하고 있다. '부부 및 가족치료사는 가족과 각 개개인의 복지를 증진한다. 각 개인은 지원을 받을 권리가 있음이 존중되어야 하며, 적절한 서비스를 받을 수 있도록 그에 합당한 노력을 기울여야 한다(1항).'

치료관계와 관련하여서는 두 가지 사항이 언급되어야 한다. 첫째는 모든 관계에 있어서, 치료영역 밖에서라도, 치료자는 내담자와 상대편의 복지를 보호해야 하는 주된 책임이 있다. 치료 외적인 관계에 대한 사항은 이중 관계라는 제목으로 다음 단락에서 다루어질 것이다. 이는 치료자보다 다른 사람들이 더 중요하다는 의미가 아니라, 정신건강 전문가들에게 주어지는 책임의 범위를 정하자는 것이다. ACA의 윤리강령 및 활동 지침(1995)에서는 다음과 같이 언급하고 있다. '상담자의 주된 책임은 개인의 존엄성을 존중하고 내담자의 복지를 증진시키는 것이다.' (A.1.a.).

두 번째, 치료자는 각각의 내담자 또는 모든 내담자와 맺게 되는 관계의 특성에 대한 책임이 있다. 이것은 내담자가 적절한 관계를 맺고 유지하는 데 어떠한 책임도 지지 않는다는 의미는 아니다. 간단히 말해, 치료자는 적절하고 전문가적인 태도로 치료적 관계를 유지하고 영역을 지켜야 한다는 것이다. 어느 한쪽이 설사 치료자에게 관계의 책임을 수행할 것을 인식하지 못하더라도 치료자는 양쪽 모두를 보호해야 할 의무가 있다.

치료자의 두려움

Epstein(1994)은 치료자가 치료자-내담자 관계 내 경계를 정의하고 유지할 수 있어야 하지만, 이러한 경계는 어느 정도의 융통성도 있다고 언급했다. 치료자는 고유하고 독특한 복잡성을 가지는 사람(내담자)과 관련된 일을 하는 것이므로 융통성 없이 엄격한 경계를 고수해야 한다는 공포를 가질 필요는 없다. "꿰뚫을 수 없는 장벽 뒤로 물러나 있는 치료자가 되는 건 불가능하다."(p.17).

그러나 T. Hartsell(1997)은 자격 위원회의 영향력을 인식하는 것이 중요하다고 강조한다. 왜냐하면 치료자를 보호하기보다는 내담자를 보호하는 데 보다 많은 관심을 가지는 강력한 소비자 단체가 있기 때문이다.

치료자들은 자격 위원회와 전문가협회 가입에 대하여 두려움을 가진다. 화가 난 내담자는 상담자에게 엄청난 타격을 입히게 되는 불만을 제기할 수 있는 권리와 힘을 가지고 있다. 오진, 태만, 윤리의무의 위반은 많은 경우 자격 위원회와 전문가협회의 판정 절차를 거치지 않고도 조치가 취해지기도 한다. 예를 들어 Texas 주 전문 상담가 시험 위원회의 전문 상담가 자격 법령(1994)에서는 다음과 같이 언급하고 있다.

> 만약 위원회의 다수 혹은 위원회에 의해 지명된 3인의 위원으로 구성된 회의에서 면허가 있는 전문 상담자가 공공복지를 위협하는 행위를 하였다는 증거나 정보를 사정하게 되면, 그 상담자의 자격은 일시적으로 중지된다. 면허 정지는 고소나 고발 없이도 이루어진다. 면허 정지와 동시에 주 행정 기관의 청문회가 시작되며, 청문회는 가능한 한 빨리 행정절차와 Texas 등록법안(Article 6252-13a, Vernon's Texas Civil Statutes) 및 그 부속 개정조항에 따라 이루어진다.(16.A항).

만약 치료자에 대한 불만이 제기되고 위원회에서 해결이 이루어지지 않는다면 치료자는 행정법상 심문에 회부된다. Hartsell(1997)에 따르면, 이것은 행정법 판사가 사실을 밝혀내고 법의 판정이 이루어지기 전에 치료자가 겪는 일이다. 그 후 치료자는 다시 자격 위원회에 가게 된다. 만약 치료자가 특정 부분을 위반하지 않았다는 것을 발견하여 판결에서 우세한 경우라 할지라도 위원회에서는 여전히 그의 면허를 정지시킬 수 있다. 전문 상담가의 행위지침인 윤리강령에는, 관리기관이 폭넓은 해석을 할 수 있도록 열려 있는 일반 규정들이 많이 있다. 또한, 관리기관은 면허가 있는 상담가의 전문성을 보증해야 하는 책임이 있다. 일시적인 자격 정지이지만 그 영향은 아주 강력하다. 예를 들어 직장에 지원을 한다든가, 다른 관할에 면허 신청을 하든가, 전문가가 되기 위한 자격신청을 하는 경우에 불리할 수 있다.

치료자들은 오늘날의 소송환경 속에서 자신을 보호해야만 한다. 누구나 어떤 이유에서든 타인을 기소할 수 있다. 부모가 자신의 자녀를 담당하는 치료자와 소송을 벌이는 일이 흔한 일은 아니다. 그러나 탐욕스런 내담자는 개인적 이익을 취하려고 치료자를 착취하기 위해 오진을 이유로 소송을 제기할 수도 있다. 치료자는 임상 치료와 동기가 순수하고 도덕적이며 윤리적이고 적절했다 하더라도 소송에 휘말릴 수 있다(Epstein, 1994). 결점이 발견되지 않았다 하더라도 소송의 피고는 엄청난 피해를 입을 것이다. 변호사 비용, 법정 비용, 면허인가 및 철회, 면허 허가기관에 대한 청원, 내담자 상실, 명예훼손, 그리고 기타 유사 사항들로 인해 엄청난 경제적, 시간적, 전문가적, 심적 손실을 겪을 수 있다. 규칙은 내담자를 보호하기 위한 것이고, 치료자는 자신이 그 규칙을 준수하고 있음을 입증할 수 있어야 한다. 이러한 소송 우선의 환경에서 치료자들은 자신의 경력 및 삶 전체에 영향을 주는 강력한 법적 처분이라는 위험에 직면하고 있다.

치료에 대한 전문가적 판단과 기준

치료자는 법적 · 윤리적 활동을 계속하는 한 항상 치료의 기준을 고려하여 전문가적 판단을 내려야 한다. ACA의 윤리강령 및 활동지침(1995)에 따르면, "상담자는 서면 동의, 자문, 슈퍼비전, 문서화 등과 같은 적절한 전문가적 예방 조치를 갖추어야 한다. 이를 통해 판단이 잘못된 것이 아니었음을 입증할 수 있으며, 치료자가 부당하게 착취 당하는 일이 없도록 막을 수 있다."(A.6.a항). 이러한 전문가적인 판단의 개념은 치료자가 의사결정을 함에 있어 심사숙고해야 한다는 점을 강조하는 것이다. 한편, 다른 전문가의 조언이나 슈퍼비전을 통하여, 치료자들은 치료효과를 극대화하고 내담자뿐만 아니라 자신 또한 잠재적인 위험으로부터 보호할 수 있다.

치료 기준 또한 상담자가 고려해야 할 중요한 요소이다. 비록 구체적인 규칙이 존재하는 것은 아니지만, 치료자들은 법적, 윤리적 의문이 생기면 다른 전문가의 조언을 듣는 것에 대해 주저함이 없어야 한다. ACA의 **윤리강령 및 활동지침**(1995)에 따르면, "상담자는 윤리적 의무나 전문가적 활동에 관련한 의문점이 발생하였을 때 다른 카운슬러 또는 관련 전문가의 조언을 구하는 절차를 거쳐야 한다."(C.2.e항).

위험으로부터 타인을 보호하기 위한 합리적인 노력을 기울인다면, 정신건강 전문가는 자신을 가장 안전하게 보호할 수 있다. Herlihy와 Corey(1997)는 내담자의 피해위험을 최소화하기 위한 다음의 안전지침 및 방법에 대해 언급하고 있다.

1. 처음부터 적절한 경계를 세워라. 그리고 치료적 관계 대 사업적, 사회적, 개인적 관계에 대한 치료자의 방침을 내담자에게 밝혀라.
2. 이러한 경계를 세우는 것을 내담자와 함께 하라.
3. 발생 가능한 잠재적인 문제에 대해서는 무엇이든 직접적이고 개방적으로 내담자와 논의하라.
4. 객관성을 유지하고 예상치 못한 문제를 대비하기 위해 다른 전문가들의 자문을 구하라.
5. 관계 문제의 소지가 있거나 피해 위험이 높은 경우 슈퍼비전을 받아라.
6. 사례 노트를 통하여 내담자와의 상호작용과 치료적 노력들을 기록하라 — 특히 이러한 노력은 피해의 위험을 최소화한다.
7. 필요하다면 내담자를 다른 곳에 의뢰하라.

Hartsell(1997)은 정신건강에 영향을 미치는 오늘날의 소송환경에서 치료자들이 법적처리로부터 어떻게 자신을 보호할 수 있는지에 대한 워크숍을 자주 열었다. 그는 치료자들이 법적인 이슈에 대해 명심해야 할 필요가 있다는 점을 강조한다. 치료자는 유죄판결의 원인이 될 수 있는 모든 법률과 윤리강령, 법원평결에 대해 능숙할 수는 없다. 그러나 정확한 기록을 유지하고 적절한 단계를 거쳐 치료를 함으로써 자신을 보호해야만 한다. 또한 Hartsell은 만약 치료자가 어떤 내담자 또는 치료에 대해서 문제점을 느낀다면 변호사와 상담하라고 조언하고 있다.

정신건강 서비스의 비밀보장에 관한 이슈

비밀보장

치료에서 가장 신성하고 유익한 도구 중의 하나가 비밀보장이다. **비밀보장**은 치료관계에 있어서 신뢰를 구축하는 데 사용되는 윤리적 지침이다. 비밀보장의 위반은 자격 위원회에 불만사항으로 고발되거나 의료과실로 가장 빈번하게 문제되는 사항 중 하나다. Corey 등(1998)에 따르면 비밀보장과 면책특권 의사소통, 개인 사생활은 주요한 차이점이 있으나 서로 연관이 있는 개념들이다. 치료자는 치료관계 내에서 나온 정보가 노출되는 것으로부터 내담자를 보호할 책임과 의무가 있다. 비밀보장은 종종 치료자-내담자의 법적 특권이 되기도 한다. **면책특권 의사소통**은 개인 사생활을 깨어버릴 수 있는 법적인 절차에 대항하여 자신을 보호할 수 있는 법적인 개념이다. **개인 사생활**은 자신과 타인 사이의 정보공유를 어떻게 어디에서, 언제 할지 안 할지를 결정하는 개개인의 법적 권리를 말한다. ACA(1995)에서는 "상담자는 내담자의 사생활권을 존중하고 비밀정보가 불법적이고 부당하게 노출되는 것을 피해야 한다."고 규정하고 있다(B.1.a항).

● **비밀보장의 예외** Corey 등(1998)은 비밀보장의 예외와 치료자-내담자 특권을 정의하였는데, 치료자가 정보를 공개해야 하는 특수한 상황에 대해서도 언급하였다.

다음은 구체적인 예외 사항에 관한 것이다.

1. 내담자가 정보공개에 대해서 동의하거나 허락한 경우
2. 치료자가 타인을 보호하거나 위험을 알려야 할 의무를 가지는 경우
3. 아동 또는 노인 학대처럼 법적으로 정보를 보고해야 하는 경우
4. 위급상황인 경우
5. 내담자가 치료자를 고소한 경우
6. 치료자의 서비스 제공의 보수 또는 변상을 위해 정보공개가 필요한 경우

위에 있는 예외사항 중 4, 5, 6번은 치료자가 자신을 보호하기 위해 정보를 공개할 수 있는 권리를 가지는 경우를 의미한다.

Bernstein과 Hartsell(1998)에 따르면 비밀보장의 예외가 되는 경우는 동의가 있었을 때이다. 기록공개 여부를 결정하는 첫 단계는 부모(또는 성인내담자)에게 물어보는 것이다. 치료자는 특정 목적으로 특정인에 대해 구체적인 기록을 공개하는 것에 대한 동의를 구할 수 있다. 부모는 정보공개에 대한 동의 또는 거절할 수 있는 권리를 가진다.

치료자는 정보공개를 최소화해야 한다. 정보공개가 요구된다 하더라도 특정상황과 무관하고 불필요한 정보는 잘 보호되어야 한다. ACA 윤리강령 및 활동지침(1995)에서는 "비밀정보가 공개되어야 하는 상황에서는 꼭 필요한 정보만 공개하라. 가능한, 비밀정보가 공개되기 전에 내담자에게 알려라."고 말한다.(B.1.f항).

● **가족치료에서의 비밀보장** 부모와 아동은 '모든 사람이 알아버릴 거다' 라는 두려움이 없다면, 종종 자기 노출이 쉬워진다. 성인과 마찬가지로 아동에게도 치료 세션에서의 비밀이 보장될 거라는 치료자에 대한 신뢰와 믿음이 중요하다. 만약 아동이 치료에서의 행동이나 말로 인해 부모로부터 보복이나 벌을 받게 된다는 두려움이 있다면, 아동은 자신의 감정을 자유롭게 말하지 못할 것이다.

AAMFT 윤리강령(1991)에 따르면, "결혼 및 가족치료사는 특히 비밀보장에 대

해서 신중하게 고려해야 한다. 왜냐하면 치료관계 내에 있는 내담자가 한 명 이상이기 때문이다. 치료자는 각 개인의 비밀을 존중하고 보호해야 한다."고 규정하고 있다(2항). 그러나 ACA(1995)는 "가족상담에서, 각 가족 구성원에 관한 정보는 허락이 없으면 다른 구성원에게 공개될 수 없다. 상담자는 각 가족 구성원의 사생활권을 보호해야 한다."고 언급한다(B.2.b항). 또한, "미성년자나 자발적인 동의를 표시할 수 없는 경우, 상담자는 이 내담자에게 가장 이익이 되는 쪽으로 결정해야 한다."고 언급한다.(A.3.c항).

Corey 등(1998)은 가족치료에 참여를 동의한 가족 구성원들은 전형적으로 자신의 개인 목적 이전에 치료목적을 위해 상호 노력하고 어떤 부분에서는 비밀보장을 포기할 수도 있음을 지적한다. 치료자는 부모상담 시 아동 비밀보장의 필요성에 대해 강조해야 한다. 치료의 효과는 치료적 관계에 달려 있다. 다시 말해, 신뢰에 달려 있는 것이다.

● 아동 내담자의 비밀보장 비밀보장의 이슈는 치료에서 매우 개인적이고 깊은 관계가 비밀로 지켜질 것이라는 기대에 기초한다. 비밀보장은 아동과 성인내담자로 하여금 충분한 자기 노출과 치료적 작업을 가능하게 하는 신뢰를 키우는 데 필수적인 것이다(Corey 외, 1998).

Bernstein과 Hartsell(1998)은 부모는 자녀의 정신건강기록을 열람할 법적 권리가 있다고 한다. 그러나 이러한 법적 권리는 법원 명령에 의해 예외가 발생하기도 한다. 심각한 갈등상황(예를 들어, 부모 중 한 명은 아동기록을 열람하기를 원하고 다른 한 명은 비밀보장과 사생활로 보호되기를 원할 때)인 경우, 치료자는 법원의 명령에 따라야 한다. 정보가 개방될지 비밀이 유지될지에 대한 것은 판사의 결정에 달렸다. Arthur와 Swanson(1993)에 의하면, 부모와 보호자는 치료자와 미성년자 간의 의사소통에 대한 법적 권리를 가진다고 한다. 그러나 예외가 있다. 미성년자가 법적으로 자발적인 치료 거부와 수용을 할 수 있다면, 정보공개여부를 선택할 자격에 대해서 고려해야 할 것이다. 어떤 판사는 청소년에게 성인과 마찬가지로 비밀보장 권리를 부여하기도 한다(Corey 외, 1998).

Hartsell(1997)이 제공한 다음의 예는 법원이 어떻게 아동의 정신건강 기록에 대한 부모의 권리를 제한하는지를 보여준다. 이혼 후, 양육권이 어머니와 아버지 사이에서 나뉘어졌고 주 양육권은 어머니에게 주어졌다. 법원은 아동으로 하여금 특정 치료자에게 계속하여 치료를 받도록 하였다. 아동은 치료자에게 자신의 아버지가 정신적으로 불안정하고 사회보장 자격이 상실된 상태이며 일을 하지 않고 치료내용에 관해 압력을 행사하려고 치료실 주변을 서성인다고 하였다. 아동이 가진 가장 큰 문제는 아버지의 이상한 행동을 어떻게 해야 하는지였다. 하루는 아버지가 치료자에게 치료기록을 보여 달라고 요구했다. 치료에서 아동이 말한 것들을 아버지가 보게 되면 아동에게 어떤 행동을 할지 걱정되어 치료자는 그 요구를 거절하였고 그 사실을 기록해 두었다. 아버지는 변호사를 통해 치료자에게 기록한 것을 내 놓으라는 서신을 보내고 자격위원회에 치료자에 대한 불만사항을 접수시켰다. 치료자는 이혼을 판결한 판사 앞에서 아동보호명령을 내려 달라고 신청했고, 아버지가 치료기록을 이용하지 못하도록 하는 명령을 내려줄 것을 요청하였다. 판사는 독립적으로 치료기록을 검토할 수 있는 중립 변호사를 임명하였다. 그 변호사의 권고에 따라 판사는 아버지가 치료나 세션기록을 이용하지 못하도록 차단하였다. 중요한 것은 법원의 명령이 떨어지기 전까지는 아버지는 모든 기록에 대한 전적인 권리를 가지고 있다는 것이다.

Corey 등(1998)에 따르면, 치료자는 미성년자의 비밀을 전적으로 보장할 수는 없다고 한다. 부모와 보호자는 아동치료 과정과 관련된 정보와 피드백을 제공해 줄 것을 기대한다. 그러므로 치료 시작 시점에 부모뿐만 아니라 아동이나 청소년에게도 정보노출과 관련된 논의가 있어야 한다. Hendrix(1991)는 완벽한 비밀보장에 대한 대안이 필요하다고 말한다. 치료자는 비밀이 부모에게 잠재적으로 노출될 수 있다는 점을 아동에게 알리고 자발적인 동의를 구해야 한다. Corey 등(1998)은 치료자는 내담자에게 비밀보장이 깨질 수도 있음을 알리고 그 노출과정에 내담자도 참여시켜야 한다고 권한다.

청소년과 관련하여서는 비밀보장에 대한 지침이 다소 애매모호하고 불일치한 상태이다. 치료자에게는 전문적인 판단, 다른 전문가의 자문, 보호규정에 대한 신중한 고려가 요구된다. Corey 등(1998)에 의하면, "청소년의 경우, 기록자와 판사의 합의가 있다면 성인과 마찬가지로 비밀보장권리를 가지게 된다."고 한다(p.137). 그들이 강조하기를, 미성년자 치료와 관련하여서는 주법에 따라 달라지기 때문에 치료자는 해당 주법을 숙지하고 있어야 한다.

아동비밀보장 이슈를 다루기 위해서, Hartsell(1997)은 "아동 관련 치료자는 치료를 시작하기 전에 기록 이용에 대한 배려와 아울러 그에 대한 동의와 포기각서를 받아놓아야 한다."고 권한다. 그는 일반적으로 자녀를 치료에 데려올 정도의 부모라면 그 동의서에 사인을 할 것이라고 말한다. 아동이 치료자와 나눈 비밀이야기가 안전하게 보호될 거라고 여기면 치료가 더 성공적으로 끝날 수 있을 거라는 점을 부모에게 이해시켜야 한다. 청소년의 부모와 비밀보장에 대해 논의하는 것은 특히 더 중요하다. 청소년은 아동에 비해 비밀보장에 대해 더 깊이 이해하고 있고 비밀을 지키려 한다. 또한 남자친구, 여자친구, 섹스, 약물 사용 등에 관해 부모가 알까봐 매우 걱정한다. 그들은 비밀보장이 충실히 지켜질 것이라는 믿음과 치료자에 대한 신뢰가 없다면 치료에 저항하고 비협조적일 수 있다.

알려야 할 의무

알려야 할 의무는 내담자가 제3자에 의해 위험에 처해 있다거나, 해를 끼칠 수도 있는 사항에 대한 것들을 알려야 하는 치료자의 의무를 말한다. 치료자는 내담자의 위험수위에 대한 결정을 내릴 때 내담자에 대한 합리적이고 적절한 보호를 고려하고 충분한 판단에 기초하여야 한다. 내담자들은 종종 쓸데없는 협박을 하기도 한다. 위험에 처해있긴 하지만 아무런 피해가 없을 수도 있다. Bernard와 Goodyear(1998)에 의하면, 법적 차원에서 보면 무슨 일이 생길 것이라고 정확한 예측을 하는 것보다는 합리적인 평가를 하는 것이 중요하다고 한다. 윤리 규범과 법적 실제에서 보면 내담자가 명확하고 급박한 위험에 처해있지 않는 한 비밀보장이 이루어져야 한다는 쪽으로 의견이 기울어져 있다.

Corey 등(1998)에 의하면, "법정으로부터 독촉을 받는 치료자들은 이중 책임을 느끼게 된다. 내담자로부터 위험에 처할 수 있는 상대를 보호하는 것과 상대로부터 내담자를 보호하는 것에 대한 책임을 느끼게 된다."고 한다(p.164). 치료자는 내담자가 처한 위험 여부에 대해 신중히 검토해야 한다. 일반적으로 치료자는 내담자의 위험한 행동에 대해 완벽하게 예상하지 못했다고 해서 전적인 책임을 지지는 않는다. 그러나 "내담자의 위험에 대한 전문적인 평가를 내리지 못했을 경우에는 치료자에게 책임이 있고 제3자에게 해를 끼치게 되며 내담자 비밀보장도 부적절하게 깨어지는 결과를 낳게 된다"(p.165).

ACA(1995)에 따르면, "상담자의 비밀보장 원칙은 내담자나 타인이 위험에 처했다는 것이 명백하고 위급한 상황일 때 또는 법적으로 비밀정보가 필요한 상황일 때는 적용되지 않는다."(B.1.c항)고 한다. 더욱이, 내담자가 치명적이고 전염성이 있는 질병을 가진 것이 확인되면, 치료자는 "내담자와의 관계에서 감염될 소지가 높은 제3자에게 이를 알려야 한다"(B.1.d항). 정보를 공개하기 전에 치료자는 내담자가 질병사실을 다른 사람에게 알리지도 않았고 가까운 시간 내에 이를 알리려 하지도 않을 거라는 사실을 확인해야 한다.

이를 잘 이용한 예로 Tarasoff 사례를 들 수 있다. 이 사례로 인해 California의 심리학자는 신체적으로 위험한 상황을 알려야 할 의무를 가지게 되었다(Bernstein & Hartsell, 1998). 이 사례는 자주 인용이 되기도 하고 어떤 주에서는 법으로 규정되기도 한다. 각 주마다 이에 대해 자치적인 결정을 내리게 된다. 주 대법원에서 사례에 대한 판결을 내리기 전까지는 알려서는 안 된다. 그러나 치명적인 경우에는 알려야 한다.

Hartsell(1997)은 내담자의 신체적 · 정서적 위급상황에 대한 확실한 믿음이 있는 정신건강 전문가는 그에 해당하는 의료기관이나 법률기관과 연락해야 한다. 다시 말해, 내담자로 인해 제3자가 신체적으로 위급한 상황이 확실히 의심되면, 치료자는 그와 관련된 의사나 변호사와 연락을 취해야 한다. Hartsell(1997)에 따르면, 의료기관이나 법률기관과 관련한 명확한 정의가 없다고 한다. 그러나 이는 치료자가 의사나 주지사 내담자를 담당하는 주치의에게 연락할 수 있는 권리를 부여하는 것이다. 또한 응급실이나 준 의료활동 종사자에게 연락하는 것도 허용된다. Bernstein과 Hartsell(1998)은 치료자가 변호사와 연락하거나, 법률 도서관에 가거나, 주 자격 위원회에 법령사본을 보내줄 것을 요구하는 등 법과 관련된 것들에 익숙해지는 것이 중요하다고 강조한다. 또한 치료자는 오진에 대비한 보험을 들어 두어야 한다.

이중 관계

부적절한 이중 관계를 피하는 것은 상담자에게 전문적인 판단과 주의를 요하는 또 다른 법적 · 윤리적 이슈를 만들게 된다. Pope(1991)에 의하면, "이중 관계는 심리학자에 대한 윤리적 불만, 오진에 대한 법적소송으로 인한 재정적 손실, 그리고 면허 징계를 받게 되는 가장 큰 원인이 된다."고 한다(p.25). 이중 관계는 치료자가 내담자와 2개 이상의 서로 다른 관계에 개입될 때 일어나게 된다. 복잡한 관계는 동시에 또는 연속적으로 일어날 수 있으며 항상 피할 수 있는 것이 아니다.

어느 한쪽이 다른 한쪽에 비해 동등하지 못한 지위를 갖게 되면 특히 치료의 경우에는 그 관계가 왜곡되고 훼손된다. 만약 치료자가 개인적인 이익을 위해 내담자에게 힘을 행사한다면, 치료자의 전문적인 판단은 건전하지 않고 비윤리적이며, 치료자와 내담자 간의 이해관계에서 충돌이 생기게 된다. 그러므로 이해관계의 충돌은 부적절한 이중 관계의 특성으로 정의할 수 있다. 그러한 충돌은 치료자가 일관성, 중립성, 객관성, 신뢰성을 유지하는 능력에 해를 끼친다. 하지만 다양한 코드에 대해서 다양한 해석을 할 수 있다는 차원에서 보면 치료자와 내담자 사이의 이중 관계가 존재하는지를 미처 깨닫지 못할 수도 있다. 치료자는 치료자와 내담자 간 관계의 특성상 힘의 차이가 존재한다는 것을 항상 인식하고 있어야 한다. 치료자는 자신의 내담자와 관련된 비밀과 사적인 정보를 가지고 있다는 점을 인식하고 있어야 한다. 내담자는 완전히 무력해진 상태에서 치료자를 찾는다 — 그들은 모든 시도를 해보았고, 상담자를 마지막 희망으로 여길 수 있다. 내담자는 자신을 고통으로부터 구제해줄 대상으로 정신건강 전문가를 찾게 된다. 이러한 이유로 내담자는 동등하지 못하고 매우 약한 위치에 놓이게 된다.

내담자는 다른 관계(예, 자동차 정비사, 이웃 등)에서 뭔가 잘못됐다고 여겨지면, 갈등을 해결하기 위한 방법으로 법적인 대응을 하게 된다. 그러나 내담자가 치료자와의 어려운 관계를 풀려고 시도하면, 치료자에게 털어놓은 정보들이 노출될 위험이 있고 그 정보들은 공개적인 기록으로 남겨질 우려가 있다. 내담자들은 종종 이러한 폭로의 가능성들 때문에 무기력해진다.

지난 10년간 주 자격 위원회에서는 비(非)성적인 이중 관계에 관한 이슈를 강하게 제기하고 있다 — 판결은 선례를 따른다. 내담자와 잠재적인 이중 관계에 있는 치료자가 내린 판단에 대해서 관리를 하는 법률이나 윤리강령, 도덕규범은 불분명하고 구체적이지 못하다. 이중 관계를 가지는 것은 치료자를 위험하게 할 뿐만 아니라 전문적인 판단을 매우 혼란스럽게 한다.

ACA 윤리강령 및 활동지침(1995)은 면허가 있는 전문 상담가와 정신건강 전문가들을 위한 대표적인 윤리 규정이다. ACA 규정은 "치료자는 내담자와 어떤 종류의 성적인 친밀감을 가져서도 안 되며 성적인 관계를 맺었던 사람과는 상담을 해서는 안 된다."고 한다(A.7.a항). 이에 대해서는 직접적이고 분명히 규정하고 있다. 그러나 비(非)성적인 이중 관계에 대해서는 심지어 이중 관계에 속해 있는 양쪽을 지칭하는 규정용어조차도 매우 조심스럽고 직접적이지 않다. ACA와 사회사업가 협회의 윤리지침(1996)에서는 상담가와 내담자 간의 관계에 대해 언급하고 있다. ACA규정에 따르면,

> 상담자는 내담자를 존중하는 자세를 가지고, 내담자에게 자신이 매우 영향력이 있는 위치에 있다는 것을 인식하며, 내담자의 신뢰나 의존을 이용하는 것을 피한다. 상담자는 전문적인 판단이 손상되거나 내담자에게 해를 끼칠 위험을 증가시킬 수 있는 이중 관계(예를 들면, 꼭 국한된 것은 아니지만, 가족, 사회적, 사업적, 재정적 또는 개인적인 친밀한 관계를 모두 포함한다)를 피할 수 있는 모든 노력을 한다. 이중 관계를 피할 수 없는 상황일 때에는 전문적 판단이 손상되지 않고 잘못된 이용을 하지 않도록 확인할 수 있는 동의, 자문, 슈퍼비전, 문서화와 같은 적절한 전문적 조치를 한다.

Herlihy와 Corey(1997)는 이중 관계는 작은 해를 끼치는 것에서부터 매우 유해할 수 있는 것까지 다양한 범위가 있다고 한다. 치료자는 해가 될 수 있는 위험이 매우 작고 내담자에 대한 윤리적인 폐해를 상쇄할 만큼 강할 때에만 이중 관계를 가질 수 있다.

성학대

Bernstein과 Hartsell(1998)의 보고에 의하면 모든 주에 아동학대와 노인학대 관련법이 있다고 한다. 학대가 의심되거나 발견되면 아동보호기관이나 성인보호기관에 알려야 한다고 규정하고 있다. Hartsell(1997)에 따르면 자격을 가진 전문가뿐만 아니라 일반인들도 아동, 노인 및 신체적 정신적 장애를 가진 사람에 대한 학대를 보고하도록 요구하고 있다. 또한 보고의 의무를 위반하는 주 병원이나 지역사회센터의 직원에 관한 구체적인 법령도 있다. ACA에 따르면(1995), "법적으로 비밀을 개방해야 하는 경우에는… 일반적으로 상담자는 비밀보장을 유지하지 않아도 된다"(B.1.c항).

이러한 법률들은 학대가 의심되는 경우나 충실히 보고를 해야 하는 상황의 경우에는 면책특권에 따라 치료자를 보호하게 된다(Bernstein & Hartsell1998). 비록 치료자가 고소당한다 하더라도, 법령에 따라 충실히 보고를 한 것이라면 소송에서 지지 않을 것이다. 이것은 항상 이슈가 되는 것이긴 하지만, 많은 경우 학대가 증명되고 성립되기란 어렵다. 보고를 하게 되면 가해자로 추정된 사람과 만나야 할 가능성이 있다. 그러나 보고를 하지 않는다면 그 결과는 더욱 심각하다. 그건 단지 보고의 문제가 아니라 범죄행위인 것이다. 치료자가 보고하지 않은 상태에서 그 사람이 해를 입게 되면 재학대로 인해 생긴 모든 손상에 대한 민사소송이 일어날 수 있다.

양육권과 법적 권리 확인하기

Bernstein과 Hartsell(1998)은 치료자가 이혼부모의 자녀를 다룰 경우에는 아동과 관련되어 가장 최근에 내려진 법원 명령 사본을 요구할 필요가 있다고 권고한다. 이혼판결만 확인한 것은 최근의 정보를 입수했다고는 할 수 없다. 부모들은 여러 번 법원 출입을 하게 되고 양육권에 다양한 변화가 생기게 된다. 치료자는 가장 최근의 법원 명령을 요구하고 사본을 파일에 보관해야 한다. Hartsell(1997)은 치료자는 내담자가 말한 내용을 신뢰해야 하지만, 법원 명령 사본을 받아두는 것도 필요하다고 권고한다.

한 아버지의 사례를 들어보자. 그는 이혼한 지 2년이 지나서 한 명뿐인 자녀에 대한 양육권을 바꾸어 줄 것을 원했다. 자녀방문기간 동안, 그는 자녀를 치료자에게 데려와서 양육권을 자신이 가질 수 있도록 추천해 달라고 부탁하고 소송을 제기했다. 이후, 아버지는 자녀의 정신건강치료에 권한이 없는 것으로 판결되었다. 이로 인해 치료자는 문제를 가지게 될 뿐만 아니라, 아버지가 양육권을 가질 수 있도록 증언해줄 수도 없게 되었다. 안전한 대처법은 법원 명령을 물어보고 그 사본을 구해두는 것이다. 치료자가 그 판결결과에 확신이 없다면, 변호사의 자문을 구해야 한다.

특히 양육권과 관련하여서, 치료자는 거주 상태와 관련된 용어에 익숙해야 한다. Hartsell(1997)에 따르면, Texas에서는 관리 보호권이라는 표현을 사용한다고 한다. 각 주에서는 여러 권리들에 대해 각기 다른 명칭들을 붙이고 있다. 어떤 주에서는 '보호자'가 친부모가 아니라면 비응급상황인 경우의 의료처치에 동의할 권리가 없다. 대부분의 주에서는 공동 양육방식을 취하는데, 이는 응급상황이건 아니건 간에 치료동의권이 누구에게 있는지를 결정하는 데 더욱 혼란을 가져올 수 있다. 다시 말해, 이러한 경우에는 법원 명령에 상세히 기술될 것이다. 그렇지 않으면, 다양하게 규정된 권리들은 각 상황에 따른 법령을 통해 정해질 것이다. 동의권이 있는 부모는 누구에게든 치료 세션에 관한 것을 허락할 수 있다. 치료에 도움이 된다고 여겨지는 부모를 치료 과정에 함께 하도록 요청하는 것은 치료자에게 달려 있다.

아이들은 종종 양부모, 이혼한 부모(양육권이 있든 없든 간에), 형제, 할머니, 먼 친척 등과 치료에 오게 된다. 치료자는 법적 권리가 있는 보호자의 동의를 얻어야 한다. 치료 동의는 **반드시** 동의권이 있는 사람에게 받아야 한다. 또한, 아이를 데리고 오는 사람은 그에 대한 법적 권리가 있어야 한다. 법적 보호자의 허락이 있는 경우에는 누구든지 아이를 치료에 데려올 수 있다.

치료 동의와 접수양식

Corey 등(1998)은 정신건강 전문가들은 중요한 모든 정보들을 내담자에게 알려주어야 할 의무가 있다고 주장한다. 알려야 할 정보에는 절차, 한계, 목표, 혜택, 예견되는 결과, 잠재적 위험이 포함된다. 치료 과정은 내담자들이 이해할 수 있는 방식으로 설명되어야 한다. "내담자가 내용을 **이해하고** 합의하는 것이 필수다."(p. 113). ACA(1995)에 따르면, 상담자는 상담비용, 청구방식, 테스트와 결과 보고서의 활용, 진단이 내포하는 의미에 대해 내담자가 숙지할 수 있도록 해야 한다. APA의 **심리학자 윤리원칙 및 행동강령**(The Ethical Principles of Psychologists and Code of Conduct of the APA, 1995)에서는 다음과 같이 규정하고 있다.

1. 내담자는 치료에 동의할 수 있는 능력이 있다.
2. 내담자는 치료에 대한 주요 정보들을 제공받고 이에 대한 이해가 있어야 한다.
3. 내담자는 아무런 강요 없이 치료에 대한 동의 여부를 표현해야 한다.
4. 내담자의 동의는 적절한 방식으로 문서화되어야 한다.

Corey 등(1998)은 치료자가 내담자에게 치료절차나 프로그램에 협조하도록 은근히 강요하지 않아야 한다고 강조한다.

접수양식은 부모들에게 정보를 제공할 뿐만 아니라 부모들로부터 정보를 얻기 위한 수단이 될 수 있다(부록 A와 C 참조). Corey 등(1998)은 치료동의는 서면으로 작성할 것을 권한다. 서면동의에는 치료자와 내담자의 성명, 동의한 날짜, 치료종결에 대한 내담자의 권리와 관련된 내용, 치료 내용, 비밀보장 이슈와 한계, 내담자가 해당 내용을 이해하고 있다는 문구, 그리고 내담자의 서명 등이 포함되어야 한다. 내담자에게 추가로 제공되어야 하는 정보들은 치료자의 이론적 배경, 상담 기록, 비용, 보험 환급, 보호관련 이슈 등이 포함될 수 있다. 치료자는 접수양식을 활용하여 특정 절차를 수행하거나 정보가 유출되지 않도록 하는 권한을 내담자로부터 받을 수 있다. 동의서는 치료 시작 시기에 내담자의 서명을 받아야 하며, 치료 과정 동안 내담자와 치료자 모두를 보호하게 된다.

Hartsell(1997)은 서명된 동의서의 활용을 권장하고는 있지만, 이런 형태의 보편적인 동의서는 공공 정책을 어기는 것이며 내담자의 이익을 잘 대변하지 못한다고 정책관련 변호사들이 주장하고 있음을 지적하고 있다. 또한 정책관련 변호사들은 이러한 형태의 동의양식을 존중하지 않을 것이라고 주장한다. 치료자가 동의서에 따라 기록을 쥐고 있거나 넘기는 것을 거부한다면, 변호사들은 이를 비윤리적인 일로 간주한다. 그러나 Hartsell은 치료자들이 동의서를 받아둘 것을 권장한다. 왜냐하면 동의서가 있는 경우에는 없는 경우에 비해 치료자가 보다 강력한 위치에 있을 수 있기 때문이다.

치료기록

Corey 등(1998)은 적절하고 철저한 그리고 세부적인 진료기록을 해야 하는데는 두 가지 목적이 있다고 주장한다. 첫째는 내담자에게 최상의 서비스를 제공하고, 내담자가 치료자를 바꾸었을 때에도 치료의 일관성을 유지할 수 있도록 하는 데 있다. 철저하고 정확한 치료기록을 남기지 못하는 것은 치료에 필요한 정보를 내담자로부터 빼앗는 행위일 수 있다. 또한 "치료자가 정확한 진료기록을 가지고 있어야 하는 것은 필수 사항이며, 법률에 의해서 진료기록은 검열관에게 제출하여야 한다"(p.125). 내담자를 보호하기 위한 노력에도 불구하고, 많은 상담자와 교육상담가들은 여전히 세부적인 기록을 남기는 것을 거부하고 있다. 그러한 행위를 하는 것은 기록을 세부적으로 남기지 않는 것이 비밀보장의 예외상황(법원 제출 명령 등)이 발생했을 때 안전장치가 될 수 있으며, 내담자에 대한 정보의 유출을 예방할 수 있다고 믿기 때문이다.

기록을 잘해야 하는 두 번째 목적은 법정 소송이나 징계위원회 회부 시에 치료자를 안전하게 지켜주기 때문이다(Corey 외, 1998). 많은 치료자들은 정확하고 세부적인 진료기록이 오진소송을 막아주는 우수한 방어책이라고 믿는다. Hartsell(1997)은 내담자의 불만으로부터 정신건강 전문가들을 보호해주는 일을 하고 있다. 그는 치료자들이 면허와 직업상의 미래를 유지하기 위해서는 정확하고 세부적인 기록을 남겨두어야 한다고 권고한다. 그는 "2년 동안의 치료 관련 자료가 예약 스케줄과 각 세션마다 단 한 줄의 기록뿐 이라면 치료자를 방어하기는 매우 어렵다. 이런 기록은 그 어떤 의미도 없다. 기록은 내담자의 항의에 대한 치료자의 대변인 것이다."고 말한다. Schaffer(1997)에 의하면, 정확한 치료기록을 하지 않은 치료자는 윤리적 · 법적으로 위험에 놓일 수 있다고 한다. 치료기록은 가장 효과적이면서 저렴한 책임보험이 될 수 있다. 철저하고 세부적인 기록이 없다는 것은 오진소송이나 징계위원회에서 치료자가 자신을 방어할 수 있는 증거를 빼앗긴 것이나 다름이 없다.

세부기록을 잘함으로써 치료자는 자신뿐만 아니라 내담자도 보호할 수 있다. 당연히 내담자를 보호하는 것은 치료자의 기본적인 의무이다. 치료 과정을 훌륭하게 기록하는 것을 배움으로써, 치료자는 내담자의 문제를 개념화하고, 치료 목적에 초점을 유지하며, 질 높은 서비스를 제공할 수 있게 된다(Corey 외, 1998). 치료기록에는 치료의 과정, 있는 그대로의 모습, 그에 대한 해석 등이 있어야 한다. 즉 다음과 같은 기록들이 포함되어야 한다.

1. 내담자에 대한 정보
2. 접수면접지
3. 담당 치료자 성명. 생략되었다면 그에 대한 이유
4. 내담자의 현재 주된 이슈
5. 이전과 현재까지의 심리 검사 정보
6. 내담자나 보호자가 서명한 치료 동의서
7. 구체적인 이슈와 목적을 포함한 치료 계획
8. 치료자 서명과 날짜가 적힌 치료 과정 기록
9. 제공한 서비스의 특성, 형식, 정당성
10. 치료 날짜 및 시간
11. 공개한 정보 형식
12. 치료 종결 시 요약

기록에 포함된 정보들은 내담자 것이며, 언제든지 요청 가능하다. 기록은 구체적인 행동에 대해 분명하게 묘사되어야 하며, 정직하고 빈틈없이 작성되어야 한다. 경멸적이거나 품위를 손상시키는 기록이 있어서는 안 된다. 마지막으로 치료기록은 차후에 변경되거나 수정되어서는 안 된다.

법정으로의 소환

부모들은 종종 양육권을 변경하거나 획득하기를 원한다. 이러한 과정은 법정을 통해서 이루어진다. 부모들은 자신이 바라는 바에 대한 전문가의 지지를 얻기 위해 자녀를 치료자에게 데려간다. 부모들은 자신이 자녀의 복지를 위해 필요한 존재라는 치료자의 지지를 얻게 되면 법정에서 더 유리한 입장에 서게 될 것이라는 희망을 가진다.

Hartsell(1997)은 치료자가 이런 상황이 일어나는 것을 예방할 수 있다고 한다. 접수 세션 시, 치료자는 **치료목적으로만** 아이들을 만나고 양육권 소송에는 연관되지 않는다는 문구가 포함된 동의서에 부모들이 서명하도록 할 수 있다. 이 동의서에는 부모들이 소송 시에 치료자 소환 권리를 포기한다는 것도 포함된다. 이러한 동의를 통해 치료자는 예방차원에서 보다 강력한 기반을 제공받게 된다. 왜냐하면 치료자는 아이를 돕는 것은 오로지 치료목적으로 만나는 것이지 부모의 소송을 돕기 위한 것이 아니기 때문이다. 하지만 이러한 예방책이 치료자의 법정소환에 절대적인 안전장치가 되지는 않는다. 왜냐하면, 이전에 부모가 그러한 동의를 했다 하더라도, 아이가 소송에 연루되어 있다면 판사는 치료자를 법정으로 불러 증언하도록 명령할 수 있기 때문이다.

Hartsell(1997)은 동의서에 누가 소송을 냈든지 간에 치료자가 법정에서 증언하고 각종 법정관련 기록을 만드는 데 소요된 시간에 대해 부모가 보상한다는 조항을 포함시키도록 권고한다. Hartsell은 이런 동의가 없다면 치료자는 단지 '부부 파탄의 목격자' 일 뿐이라고 한다. 남편이나 부인 모두 다 비용을 주는 위치에 있지 않으므로 치료자는 소중한 시간과 노력을 무료봉사할 수밖에 없다.

Epstein(1994)은 소송이 만연한 오늘날 환경에서는 새로운 공포가 생겨나고 있다고 한다. 아무리 깨끗하고 도덕적이고 윤리적인 상담자들도 불안정한 내담자나 상담자로부터 돈을 뜯어 내려는 목적을 가진 나쁜 내담자들이 만들어낸 거짓 진술 때문에 피해를 볼 수 있다는 불안을 가지게 된다. 치료자는 오진 비난의 결과로 경제적인 손실을 입거나 면허 정지 또는 취소를 당하기도 한다.

치료자는 이런 위험으로부터 자기를 보호하기 위해 대비해야 한다. 이전에 언급한 바와 같이 치료자들은 치료 지침에 대한 숙지, 다른 전문가의 자문, 내담자와의 명확한 경계 내에서의 의사소통, 치료기록 문서화 등의 노력을 기울여야 한다.

소환장

법정에 출두하라는 소환장을 받으면 치료자는 법정에 가야 한다. 비밀보장에 예외가 있을 수도 있고 없을 수도 있다. 치료자는 소환 사실을 내담자에 알려주고, 기록 공개나 증언, 소환자료를 만드는 데 동의한다는 서명을 요구할 것이다. 내담자가 동의하면, 비밀보장이나 권리 보호는 더이상 문제가 되지 않는다. Hartsell (1997)은 내담자가 동의하지 않거나 할 수 없다면, 치료자가 선택할 수 있는 대응책은 두 가지가 있다고 한다. 첫째, 소송을 걸고 소환을 하게 한 변호사를 만나는 것이다. 두 번째, 소송에 대항하고 내담자의 비밀보장 권리를 주장하기 위해 다른 변호사를 만나는 것이다. 작은 지역사회라면 판사와 전화로 비밀보장문제를 논의하는 것도 가능하다.

치료자는 결국에는 법정에 출두해서 증언을 해야 할 수도 있다. 어떤 경우에는 치료자가 법정에 가서 기록을 공개하지 말아야 한다. 치료자에 대한 일반적인 질문(성명, 치료기간, 면허, 치료방식, 치료실 주소)에만 답변을 해야 한다. 증언의 경우, 내담자에 대한 세부적인 질문을 받을 때에는 "나는 그 질문에 대한 답변을 거부한다. 이는 비밀보장 권리이기 때문이다."고 말하도록 Hartsell(1997)은 충고한다. 변호사들이 증언을 보다 더 많이 할 것을 요구하더라도, 치료자는 더 이상 증언을 해야 할 의무는 없다. 그러면 변호사는 치료자가 증언을 하도록 강제할 수 있는 요청을 할지 안할지에 대한 결정을 내려야 한다.

실제 법정 증언에서도 Hartsell(1997)은 "존경하는 재판장님, 저는 내담자에 대한 질문에 답변하기가 매우 난처합니다. 왜냐하면 내담자에 대한 비밀보장 의무 때문입니다."고 말하도록 권고한다. 판사가 이는 비밀보장의 예외 상황이라고 한다면 치료자는 질문에 대한 답변을 해야 한다. 이 시점에서 치료자는 비밀보장 의무에서 벗어나 법원 명령 하에 놓이게 된다. 치료자는 절대 자발적으로 정보를 노출해서는 안 된다. 예외 상황이 명시되거나 내담자의 동의 또는 판사의 명령이 있기 전까지는 절대로 내담자 정보를 법정에 노출해서는 안 된다.

자격 위원회에 접수된 불만사항에 대한 대처

대부분의 소송은 법원에서 요구하는 형식적인 절차가 필요한데, 이 경우 치료자는 변호사와 의논하게 된다. Hartsell(1997)은 자격 위원회의 결정이 내려지기 전에 변호사와 상의해 볼 것을 권고한다. 예를 들어 보자. 치료자는 불만사항이 접수되었다는 편지를 받는다. 불만을 제기한 사람이 누구인지 확인된다(때론 확인되지 않을 수도 있다). 위원회는 10일 이내에 구체적인 답변을 작성해서 보내줄 것을 요구한다. 변호사를 만나기 전에, 치료자는 위원회에서 요구하는 것보다 더 많은 정보를 매우 길게 작성해 둔다. 이러한 적극적인 대처는 치료자가 자신의 모든 치료행동(불만이 제기된 행동도 포함하여)에 대해 정당화하기 위한 노력이다.

비슷한 사례를 들어보자. 조사관은 치료자를 편하게 만나려고 한다. 조사관은 "당신을 만났으면 합니다. 별일 아니고 단지 형식일 뿐입니다. 우리는 이 문제를 분명히 해야 하는데… 오늘 근처에 가서 당신이 작성한 기록을 봤으면 합니다." 고 말한다. 조사관이 나타나면 치료자는 방어를 못하고 긴장해서 무심결에 자신의 잘못을 인정하게 되기도 한다. 치료자는 조사관을 만날 때 변호사를 동반할 권리가 있다. 변호사가 함께 있다는 걸 안다면, 조사관은 나오지 않을 것이다. Hartsell(1997)에 따르면, 치료자는 변호사 자문 없이는 자격 위원회에 접수된 불만사항이나 소환장에 응하지 말라고 한다. 잘못을 인정했다는 사실이 문서화되거나 조사관에게 전해지면, 치료자의 자격상실은 내담자 증언 없이도 가능해진다. 잘못을 인정한다는 치료자의 말 한마디면 충분한 것이다.

Hartsell(1997)은 자격이 상실되면 치료자는 자신의 입장을 호소하기 어렵게 된다고 한다. 일반적으로 한 번의 항소를 하기도 하는데, 치료자에게 그다지 도움이 되지는 않는다. 항소 법정에 의한 재심의는 매우 한정되어 있다. 자격 위원회의 목적은 내담자를 보호하는 것이고, 그들의 활동은 자격 취소와 관련된 통계치에 따라 얼마나 업무를 잘했는지 평가받게 된다. 법은 위원회의 해석에 따른 많은 조항들을 포함한다. 행정법 심의에서 치료자가 윤리지침을 어기지 않았다는 것을 입증했다 하더라도, 위원회는 치료자의 자격을 취소시킬 수 있다. 위원회 측에서는 윤리강령은 최소한의 기준을 나타내는 것이기 때문에, 이에 어긋난 행동을 하지는 않았지만 어쨌든 이런 상황을 만들었다는 것은 전문가로서의 자질이 부족하다는 것이라고 주장할 수 있다. 소환장과 불만사항에 대한 답변을 할 때는 아주 세심한 주의가 필요하다. 소환장을 받았다든가 법적 문제와 관련된 의문이 있으면 변호사를 만나볼 것을 권고한다.

비디오 또는 오디오 녹화 세션

오디오와 비디오 녹화는 부모의 서면 동의가 있을 때만 허용된다. AAMFT(1991)는 "치료자는 비디오 녹화, 오디오 녹화, 제3자의 관찰 시에는 내담자의 사전 동의를 구해야 한다."(1.8항)고 한다.

Hartsell(1997)에 따르면, 대부분의 주에서는 은밀한 오디오 녹화, 비디오 녹화, 관찰을 금지하고 있다고 한다. 금전적인 목적 또는 기타 다른 목적을 위해 치료자에게 죄를 뒤집어 씌우려 하는 내담자가 있는데, 그러한 동기나 계획을 찾아내기란 매우 어려운 일이다. Hartsell은 그런 음탕한 내담자가 있다면, 제3자의 관찰이나 녹화를 해두어야 한다고 한다. 치료 세션 동안 성학대나 부적절한 행동이 있었다고 치료자를 고소하는 경우에는 녹화를 해두는 것이 가장 안전한 방법이다.

내담자의 성적인 이용

전문가 협회와 자격 위원회에 고발된 사항 중 가장 많은 수가 내담자와의 성적인 관계와 관련된 것이다. ACA(1995)에 따르면, 치료자는 최근 2년 안에 성관계를 맺은 내담자와의 치료를 금하고, 정서적으로 치료자에게 의존하게 되는 어떠한 내담자와도 치료 종결 후 2년 안에 성관계를 가지는 것을 금한다. 따라서 치료자는 내담자로부터 이용당하지 않고 해를 입지 않으며 부정적인 영향을 받지 않도록 세심한 주의를 기울여야 한다.

Hartsell(1997)에 따르면, 다른 윤리강령들은 지켰지만 성관계 문제가 있다면 상담자는 자격을 상실하게 된다고 한다. 자격 위원회는 종종 비전문가적인 품행을 폭넓게 정의하고 치료자의 자격을 박탈한다. 위원회는 치료자는 현재는 물론 과거에도 어떠한 내담자와도 성적인 관계를 가져서는 안 된다고 주장한다. 내담자와의 성적인 관계는 피하기 쉽지만, 여전히 이와 관련된 불만사항 접수가 가장 많은 실정이다.

치료의 다른 요소

치료자와 부모는 여러 요인들이 치료적 관계와 치료결과에 어떤 영향을 미치는지에 대해 알아야 한다. 물론 문제가 발생하기 전에는 겉으로 드러나지 않는 미세한 요소들일 것이다. 그러나 세션의 시간, 빈도, 기대되는 치료의 지속기간 등의 요소들을 확인해 두는 것은 매우 중요하다. 이는 치료자가 세션을 구조화하는 감각을 익히는 데 도움이 되고, 부모에게는 치료에 대한 안정감을 느끼도록 할 수 있다.

부모와의 초기 면담에서 이러한 수많은 경계를 정해 두는 것이 좋다. 놀라게 하는 일들은 치료자와 부모 모두를 다소 불편하고 어색하게 할 수 있다. 예를 들어 가정해 보자. 치료자와 Jones 씨는 따뜻하고 친절한 치료적 관계를 맺고 있다. 3번째 세션이 끝날 때, Jones 씨는 딸의 상태가 호전되는 것을 보고 치료자에게 고마움을 느낀다. 그는 치료자를 포옹하려고 다가갔는데, 치료자는 두 손을 들고는 "치료관계로 맺어진 우리가 포옹한다는 건 그리 적절치 못한 것 같군요."라고 말한다. Jones 씨는 무척 당황할거고 치료자도 마찬가지일 것이다. 치료관계는 저해될 것이고 아마도 회복되기 어려울 것이다. 내담자를 포옹하지 않는다는 선택은 전적으로 치료자의 권한이다. 그러나 이 선택이 서로를 놀라게 한다면 치료 결과에는 좋지 않은 영향을 미칠 것이다. 만약 치료자가 포옹하는 것을 불편하게 느낀다면, Jones 씨가 가까이 다가와서 안으려 할 때 반사적으로 거부했을 것이다. Jones 씨는 치료자의 불편한 마음을 감지하게 되고, 다음 주에 아이를 데리고 오는 것을 주저하게 될 것이다. 치료자는 경계를 지키고 확고히 하지 않아서 생기는 감정적인 결과와 자기 비난을 견뎌내야 할 것이다. 이 경우, 무의식중에 갑작스럽게 일어난 단순한 포옹행위가 치료관계의 질과 역할을 흐려버린 것이다.

치료자 보수와 사례

부모와 치료자는 서비스 제공에 대한 비용 지불에 대해 자세히 협의해야 한다. 요즘처럼 보험이나 관리의료 서비스 환경에 속해 있거나, 치료자가 연동제 요금을 택할 경우에는 더 복잡해진다. 관리의료조합에서 지불금액과 절차를 정할 경우에는 논의할 것이 없다. 치료자가 연동제에 따라 요금을 정할 경우에는 이에 대한 동의를 구하기 위해서 분명한 대화가 이루어져야 한다. 할인요금을 정하거나 특정금액을 결정하는 경우의 어느 것이든지 간에 그것은 매우 복잡한 일이다. 내담자의 재정상태와 책임의식도 고려해 보아야 한다. 비용문제는 대부분의 사람들에게 민감한 사항이지만, 충분한 신뢰를 형성하기 전인 초기 면접이나 접수상담에서 반드시 정해져야 한다. 치료자는 이 문제를 부모에 대한 존중과 동시에 확고한 의사소통을 만드는 좋은 기회로 보아야 한다.

종종 치료자들은 접수면접지에 비용과 관련하여 두 가지 문구를 넣는다. 하나는 내담자는 보험 여부에 관계없이 치료비용을 책임져야 한다는 것이다. 이는 보험회사가 80%를 내면 내담자가 20%를 내는 것에 동의한다는 것이다. 만약 내담자가 가입한 보험이 이를 포함하지 않는 경우에는 본인이 전액을 지불해야 한다는 것이다. 또 하나 언급되는 문구는 예약을 취소한다는 것을 24시간 전에 연락하지 않으면 치료비용을 지불해야 한다는 것이다. 치료자는 이 문구를 언급할 때 신중해야 하며 내담자 특성을 고려해야 한다. 응급상황이나 질병으로 인해 치료에 올 수 없는 경우가 있다. 어떤 내담자의 경우는 구조화되거나 계획된 일들을 충실히 따르는 것에 취약할 수도 있다. 그리고 치료자와 내담자가 논쟁을 하게 되면 그것은 아동, 치료자, 부모 모두에게 부정적인 영향을 줄 수 있다.

치료에 오지 않은 데 대한 처벌의 목적이거나 내담자가 예약을 정하는 데 창피함을 느끼게 할 정도로 비용지불을 요구해서는 안 되며 관계의 경계를 존중한다는 의미로 사용되어야 한다. 예약은 치료를 받을 것이라고 가정하고 치료자의 시간을 확보해 놓는 계약이다. 치료자는 자신의 시간에 대한 보상을 받는 것이다. 예약 취소에 대해 사전에 연락하지 않으면 치료자는 다른 사람 예약을 잡을 수가 없다. 또한 치료자는 치료를 하러 왔지만 돈을 받을 수 없게 된다. 반복되는 예약 불참은 구조화, 계획성, 책임감의 부족뿐만 아니라 존중의 결여로 보일 수 있다. 치료의 중요한 목적 중 하나가 내담자가 정해진 시간에 정확히 참여하는 능력을 키워주는 것이다. 이것은 자기 조절, 책임감, 치료자에 대한 존중이 수반되어야 하는 것이다. 이러한 기술이 치료 세션 외의 내담자 일상생활에서도 일반화될 수 있도록 해야 한다.

Merriam-webster(1984)는 사례를 '한 가지 상품이나 서비스를 다른 것과 교환하는 것'이라고 하였다. 사례는 이중 관계 특성을 가진다. 비상담적인(이중 또는 다중) 관계를 통해 이미 알고 지내는 작은 시골 마을에서는 서로 너무나도 친숙한 사람에게 상담을 받을 수밖에 없다. ACA는 이중 관계를 가지는 것을 장려하지 않지만, 그것을 항상 피할 수는 없다는 것 또한 알고 있다. 예를 들면, ACA 윤리강령(1995)은 사례를 장려하진 않지만, 그것이 필요할 경우에는 다음과 같은 지침을 정하고 있다.

> 상담자는 상담서비스에 대한 보상으로 내담자로부터 물건이나 서비스를 받는 것을 삼간다. 왜냐하면 그로 인해 갈등이 생기고, 내담자로부터 이용을 당할 수도 있으며, 전문적인 관계가 왜곡되기 때문이다. 상담자가 사례를 받을 수 있는 경우는 관계를 이용하려는 상황이 아닐 때거나 대가를 요구하지 않고 분명한 계약이 성립된 경우라든가 전문가적인 행위로 이해가 될 때이다.(A.10.c항)

사례와 이중 관계 문제는 전적으로 피해야 하는 것이 아니라 힘의 차이를 의미한다. 정신건강 서비스를 제공하는 사람은 개인적인 이득을 위해 상담관계에서 일어나는 힘의 차이를 이용하는 것을 피해야 한다. 상담자는 전문적인 판단을 함에 있어서 책임을 가져야 하며, 내담자를 이용하거나 피해를 입히고 있지는 않는지 확인하면서 정해진 규준을 충실히 따라야 한다.

치료자는 치료를 시작할 때부터 부모에게 비용지불에 대한 이해를 구해야 한다. 미리 언급해 두는 것이 나중에 알게 되어서 상담관계를 손상시키거나 치료의 목적을 심각하게 침해할 수 있는 불쾌한 상황을 줄일 수 있는 방법이다. 부모가 일상생활에서 다른 사람과 논쟁을 일으키는 것과 마찬가지로, 부모가 치료자와 충돌하는 것은 아동에게 고통을 주는 결과를 가져올 수 있으며 이는 반드시 피해야 한다.

가정이나 치료실 외에서의 치료

치료실이 아닌 장소에서 치료를 하는 경우에는 전문적인 환경과 사적인 환경이 섞여버려서 치료의 목적을 모호하게 할 수 있다. 치료자의 집이나 내담자의 집, 또는 그 외의 사적인 공간보다는 치료자의 개인 치료실이나 전문적인 장소에서 치료가 이루어져야 한다. 공식적인 장소는 치료관계의 본질과 목적을 분명하게 하는 데 도움을 준다. 물론 예외도 있다. 치료실까지 가는 것이 어려운 내담자도 있다. 이 경우 치료 장소를 옮기는 것이 필요하다. 그러나 전문적인 치료실이 아닌 내담자의 집 등의 다른 장소에서 치료가 이루어진다면, 치료자는 자신의 전문성을 유지해야 하는 책임이 더욱 가중될 수 있다.

치료자가 자신의 집에 치료실을 만들어 성공한 경우가 많이 있다. 이 경우에 치료자는 적절한 경계를 더욱 강하게 고수해야 한다. 모든 치료자가 수준 높은 전문가적 행동을 해야 하고 건강하고 전문적인 경계를 유지해야 한다는 점은 논쟁거리로 남아 있다. 그러나 치료실이 아닌 공간에서 전문적인 행위와 사적인 행위가 섞여버릴 가능성이 커지기 때문에, 부정이 일어날 가능성에 주의를 기울이고 의심하게 된다. 따라서 치료 에너지와 관심이 치료의 구체적인 목적보다는 치료관계의 성격을 보호하는 데 더 기울어지게 될 것이다. 비전통적인 치료환경에서는 부모와의 구체적인 대화나 명확한 설명을 해두는 것이 치료의 효과를 극대화하는 데 아주 중요하다.

치료시간

첫 번째 세션에서나 처음 예약할 때 치료자는 부모와 치료시간을 정확히 정해야 하고, 내담자가 이 시간을 지키도록 하는 것이 중요하다. 정확한 시간에 세션을 시작하고 정확한 시간에 세션을 끝냄으로써 치료자는 부모나 아동의 스케줄을 존중해 주는 것이다. 또한 치료자의 스케줄을 존중해주는 것이기도 하다. 치료자는 자기 존중, 타인 존중, 그리고 시간에 대한 책임을 모델링하는 것이다. 예를 들어, 접수면담에서 치료의 요소들을 얘기하는 중에 치료자는 “매주 세션은 50분간 진행될 것입니다. 오늘은 2시에 시작해서 2시 50분에 끝날 것입니다. 2시 45분이 되면 세션을 정리할 것입니다.”고 말할 수 있다. 치료자는 세션의 시간에 대한 경계를 확인시켜 줌으로써 세션이 어떻게 진행될 것인지에 대해 친절하게 안내할 수 있다. 비록 구조화는 치료 과정에 있어서 유익한 요소이긴 하지만 내담자의 욕구를 고려하지 않고 치료자가 거기에 지나치게 집착해서는 안 된다. 위기상황이라면, 치료자는 부모와 아동의 신체적 · 정서적 복지를 보호하기 위해 세션의 길이를 바꿀 필요가 있다.

껴안기

치료자가 부모와 아동을 껴안는 것은 매우 주의를 요하는 요소다. 이는 다른 사람을 안는 것과는 매우 다른 의미를 가진다. 껴안기는 매우 다양한 관계에서 나타난다. 친구, 친척, 배우자, 연인들이 그들의 애정을 표현하기 위해서 서로 껴안는다. 껴안기는 어떤 관계에서는 매우 혼란을 가져올 수 있다. 치료적 관계는 극히 개인적인 관계이며 부모와 아동을 진심으로 돌봐야 하는 것이다. 또한 치료자가 진심으로 자신들을 돌본다는 느낌이 들도록 하는 것이 중요하다.

그러나 껴안기는 적절하지 않은 의사소통 방식일 수 있다. Hartsell(1997)에 의하면, 껴안기는 성적 관계나 성학대의 요소로서 해석되며, 법정에서는 비윤리적 행위 또는 잘못된 치료행위의 예로 사용된다고 한다. 그는 치료자에게 모든 내담자, 특히 아동을 껴안는 것을 금하도록 권고한다. 왜냐하면 법적으로 위험할 수 있기 때문이다.

Landreth(1991)는 아동이 갑자기 치료자를 껴안는다면 "위원회에서 규정하듯이 단호하게 그것은 적절치 못한 행동이라고 말해주어야 한다."고 말하고 있다(p.247). 치료자가 아동을 성학대 했다고 의심되는 상황에서는 아동에게 어떤 반응을 했느냐가 영향을 미치게 된다. 예를 들어, 여자 아이가 남자 치료자의 무릎위에 앉아 몸을 흔들어 댄다면 어떻게 되겠는가? 당연히, 치료자는 그러한 행동의 가능성을 인지하고 이렇게 말해줘야 한다. "넌 이 놀이가 재미있구나, 그런데 난 네가 무릎 위에 앉아서 놀지 않아도 너가 날 좋아한다는 걸 안단다."고 말이다(pp.247~248). 그러나 껴안기는 많은 상황에서 치료적으로 사용되기도 한다. 치료자는 신중하고 전문적인 판단을 하고 아동의 관심사에 집중해야 한다.

치료자에게 전화하는 것

치료관계라는 전문적인 특성을 보호하기 위해서는 가능한 치료 세션 동안에는 의사소통의 제한이 있어야 한다. 내담자들이 전화를 하는 것은 예약을 변경하거나 위급상황에 한하여 제한하여야 한다. 어떤 내담자들은 치료에 오는 것보다 전화로 자신의 문제를 해결하는 것을 더 선호한다. 왜냐하면 그것이 더 편하고 비용이 적게 들기 때문이다. 내담자가 너무 빈번하게 제한 없이 전화를 하는 것은 치료자에게 의존하게 되는 결과를 낳는다. 결정을 내려야 할 때 치료자의 의견을 필요로 하는 내담자의 경우에는 특히 더 그렇다. 많은 치료자들은 위급상황을 알려주는 호출기를 가지고 다닌다(물론, 이런 호출을 받으면 치료자는 서비스를 제공하게 된다). 내담자를 치료실 밖에서나 치료실 외의 장소에서 만나는 것과 마찬가지로, 과도한 전화는 관계의 목적이나 서로의 역할에 대한 오해를 낳을 수 있다. 전문적인 관계는 다른 관계들과는 다르다는 점과 접촉은 치료 세션 동안에 이루어져야 한다는 점을 명심해야 한다.

선물을 주고받는 것

선물을 주거나 받게 되면 사적인 관계와 전문적인 관계 간의 경계가 쉽게 혼동되고 흐려진다. 선물을 주고받는 것은 치료관계에 있어서 정신적 또는 물질적으로 호의가 돌아올 것이라는 조건을 만드는 경향이 있다. 또한, 치료자가 내담자에게 좋은 선물을 받기를 기대한다면 주된 관심이 구체적인 목적에서 벗어날 수 있다. 치료자는 내담자를 기쁘게 하고 행복하게 하는 데 초점을 맞추게 될 수 있다. Hartsell(1997)은 의심을 살 수 있는 선물은 받지 말라고 권고한다. 특히 치료자가 성인내담자로부터 선물을 받으면 법적인 의혹이 생길 우려가 더 많다. 치료하는 아동으로부터 쿠키나 그림을 받는 정도는 괜찮다. 이타주의는 정상적인 아동발달의 과업이며(Van der Zande, 1996), 자연스럽고 진심어린 선물을 받아보지 못하는 것은 아동의 성장에 해를 끼칠 수 있다. 그러나 아동을 치료에 참여시키고 매주 오고 싶도록 하거나 치료자를 좋아하게 만들거나 치료자의 욕구를 만족시키기 위해서 선물을 주는 것은 적절치 못하다. 마찬가지로, 돈이나 귀중품, 비싼 선물을 아동의 부모로부터(아이가 대신 전달해준다 하더라도) 받는 것도 적절치 않다. ACA 윤리강령(1995)은 "상담자는 내담자의 비용으로 자신의 사적인 욕구를 충족시키는 것을 삼가라."고 한다.

요 약

치료의 요소는 치료자-부모 관계와 치료자-아동 관계의 특성을 규정하는 경계로 보일 수 있다. 이러한 경계를 정하고 보호하는 것이 치료 과정을 방해하는 것처럼 보이지만, 실제로는 치료 목표에 더욱 초점을 맞추게 한다. 때로 치료자는 부모의 감정을 상하지 않게 하면서 이러한 경계가 가지는 이점을 알게끔 하는 데 특별한 노력을 기울여야 한다.

이러한 요소들을 언급한 후에 부모와 라포를 형성하는 건 어려운 일이다. 예를 들어, 부모들은 아동보호 서비스에 보고되는 것이 두렵거나 당황스럽고 부적절한 느낌이 든다는 이유로 정보가 노출되는 것이 꺼려진다고 얘기할 수 있다. 그러나 경계를 규정함으로써 치료자는 이후 치료관계에 더 큰 해를 입히는 상황을 예방하게 된다. 또한, 치료자는 부모들에게 적절한 의사소통 기술과 경계를 규정하는 모델이 될 수 있다. 이러한 요소들은 부모와 아동 관계를 온전히 보호하게 한다. 적절한 경계가 있다는 안전감을 느끼면서 부모와 아동은 치료자에게 더 깊은 신뢰를 가질 수 있다. 또한 그들은 자신을 드러내고 표현하는데 자유로워지고 자신의 내적 힘을 깨닫고 자신에 대한 신뢰를 쌓아간다.

치료관계와 관련된 많은 경계와 구조화는 치료자 전문성의 기반이 되는 법적·윤리적 규준을 토대로 규정짓게 된다. 이러한 규율과 규정은 오진으로부터 내담자를 보호하고자 하는 노력을 통해 발전되며, 높은 수준의 전문적 도움을 받을 수 있도록 보장한다. 어떠한 경우라도, 치료자는 내담자의 복지를 보호하는 데 초점을 두어야 한다. 게다가, 치료자는 일반적으로 인정되는 규준 내에서 일관성있게 관찰하고 행동해야 한다. 때론, 내담자뿐 아니라 치료자의 가장 큰 관심사는 다른 정신건강 전문가와 상담하는 것이다.

법적 · 윤리적 이슈의 열쇠는 비밀보장, 비밀보장의 예외, 알려야 할 의무, 성(性)적 위법행위, 이중 관계, 아동 비밀보장, 치료 동의, 양육권 확인, 치료 기록, 그리고 그 외의 치료적 요소들을 포함한다.

치료자는 또한 자기 자신을 보호해야 한다. 치료자는 정신건강을 관리하는 직업의 특성상 수많은 위험에 처할 수 있다. 당연히, 많은 치료자들은 일반적인 두려움을 가지게 된다. 치료자에게 제기된 불만사항이나 소송에 대처하기 위해서는 기술과 전략이 필요하다. 또한, 치료자는 관리기관을 이해하고 법적 · 윤리적 불만사항과 관련된 모든 과정에 대한 통찰을 하는 것이 큰 도움이 될 수 있다.

제 4 장

치료의 의료적 이슈

Medical Issues in Therapy

아동의 행동은 아동이 느끼는 감정을 암시하며, 아동이 기능하는 방식을 측정하는 기준이 된다. 소아 정신과 의사인 Ross Tatum 박사(1997)에 따르면, 약물치료를 요하는 주요한 특성들은 다루기 힘든 문제 행동들을 수반한다고 한다. 다루기 힘든 행동들은 예기치 않은 패턴으로 나타나기 때문에 주의와 관심을 요하게 된다. 예상되는 행동패턴은 일반적인 기준일 수도 있고 아동 개인의 특정한 기준일 수도 있다. 아동의 행동은 더 활동적으로 나타나기도 하고 덜 활동적으로 나타나기도 하는 등 일반적인 기준에서 벗어날 수 있다. 예를 들어, 주의력결핍 및 과잉행동장애(ADHD)는 적절한 수준의 기능을 방해할 정도로 지나치게 활동적인 모습(파괴적이거나 과도한 행동)을 보인다. 기준에 미치지 못할 정도로 비활동적인 경우는 불안이나 우울로 인한 위축을 의미할 수도 있다.

외현화 행동은 외부로 명백히 표출되며 전형적으로 눈으로 관찰 가능하며 빨리 주의를 끌 수 있는 행동들이다(Albano, Chorpita, & Barlow, 1996). 외현화 문제 행동의 예로는 공격성, 과잉활동, 충동성, 부적절하게 뛰거나 떠드는 것, 소음, 산만함, 부주의를 들 수 있다. 내재화 행동은 아이의 감정과 연관되어 아동 내부에서 일어나는 것들이다. 내재화 문제 행동의 예로는 우울, 두려움 및 공포, 신체화 문제, 위축, 불안을 들 수 있다.

다시 말해, 때때로 외현화 행동의 문제들은 통제되지 못한 행동으로 보이고, 내재화 행동의 문제들은 지나치게 통제되거나 억제된 것으로 언급된다. 주로 치료는 외현화 행동 문제들을 더 많이 다루게 되는데, 그 이유는 눈에 쉽게 띄고 부모를 매우 좌절스럽게 하기 때문이다. 불행히도, 억압된 행동과 내재화 행동은 눈에 잘 띄지 않고 오히려 이런 행동을 환영하고 보상까지 하기 때문에 치료를 받지 않는 경우가 많다. 그러나 어린 아동의 억압 행동은 이후에 불안, 회피, 고립, 위축, 광장 공포증, 공황 장애로 발전된다(Mash & Dozois, 1996).

Olweus(1979)는 모든 문화권에서 여아보다는 남아에게 외현화 행동(충동성, 싸움 등)이 더 많이 나타나는 경향이 있다고 한다. Achenbach, Howell, Quay, Conners(1991)는 내재화 행동은 남아에 비해 여아에게서 더 많이 나타난다고 한다. 또한, Achenbach와 그의 동료들에 따르면, 치료에 의뢰된 아동들은 내재화 문제에 비해 외현화 행동이 나이가 들어감에 따라 감소하는 경향이 있다고 한다. Mash와 Dozois(1996)는 초기와 중기 아동기 동안 여아에 비해 남아에게서 행동 문제가 더 많이 나타나며, 특히 파괴적인 행동장애의 경우에 더욱 그렇다고 한다. 우울이나 불쾌한 기분과 같은 소녀들의 문제는 사춘기 동안 증가하는 경향이 있으며 중기 사춘기에서 성인기까지 높은 유병률을 보인다.

아동기 장애와 행동 문제는 반드시 다각적인 치료 양식이 필요하다. 예를 들어, 아동은 약물치료도 필요하며 정서적 · 발달적 지지를 위한 놀이치료도 요구된다. 게다가, 부모들에게는 일반적 또는 구체적인 양육기술도 제공할 필요가 있다. Tatum(1997)에 의하면, 우울이나 불안, ADHD로 진단받은 아동은 정신과 약물치료를 통해 호전된다고 한다. 부모들은 자녀의 약물 복용과 관련하여 그 필요성, 안전성, 효과에 대해서 의문을 가지기도 한다. 비록 약물 사용이 안전하고 적절하다는 조사와 연구결과가 나와 있다고는 하지만, 여전히 부모들은 그에 대한 염려를 할 것이다. 정신과 의사가 약을 처방하긴 하지만, 부모들은 대부분 치료자를 더 자주 만날 것이다. 부모는 약을 받고 관리해야 하는 책임이 있기 때문에, 자녀와 놀이치료를 하는 치료자와 걱정되는 것들에 관해 얘기를 나눌 수도 있다. 그러므로 치료자는 정신과 약물에 대한 지식이 있어야 하며, 부모들이 가지는 걱정에 대해 잘 상담할 수 있어야 한다.

다음 단락에서는 진단을 포함한 다양한 아동기 장애와 관련된 정보들을 제공하고자 한다. 이는 치료적 지식과 통찰을 위한 것이지 진단을 목적으로 하는 것이 아니다. 진단을 언제 어떻게 내려야 하는지와 관련된 문제는 매우 복잡하다. 진단을 내리는 데는 많은 요소들을 고려해야 한다. 즉 신경학적, 생물학적, 화학적, 발달적, 지적, 사회적, 환경적, 윤리적, 문화적, 가족사적, 현상학적 요소들이 고려되어야 한다. 게다가, 진단을 내릴 때 사용되는 정보들을 검증하고 확인하는 데도 주의를 기울여야 한다. 치료자, 정신건강 전문가, 그 외의 임상가들은 충분한 훈련과 슈퍼비전을 받은 후에 진단을 내려야만 한다. 왜냐하면, 진단이 부적절하거나 비윤리적이고 불명확하게 사용될 수 있기 때문에, 진단 결과를 말해주거나 평가서를 쓰거나 전산으로 입력할 때에는 세심한 주의가 필요하다.

주의력 결핍 및 과잉행동장애(ADHD)

Barkley(1996)가 말했듯이, 어린 아동은 에너지가 많고 활동적이며 주변의 많은 새로운 것들을 경험하고 탐구하기 때문에 한 활동에서 다른 활동으로 왔다갔다 하는 것이 일반적인 현상이다. 어린 아동들은 활동을 통해 즐거움과 보상을 받게 되는 기회가 늘어나는데, 이로 인해 그들은 큰 아이들에 비해 절제나 자기 조절 없이 행동하기도 한다. 그러나 과도한 활동 수준을 지속적으로 보인다든지, 주어진 과제를 수행할 때 주의집중이 떨어지거나 무능한 수행을 한다든지, 자기 조절과 충동 조절이 결핍되어 있는 경우에는 심각하게 위험한 상태일 수 있다. 이러한 아동은 정서적, 인지적, 가족적, 사회적 그리고 학업적 발달에서 어려움을 경험하는 것으로 보인다. 이 시기에는 매일매일 익혀야 하는 수많은 것들이 있는데, 이들은 또래에 비해 적응상 뒤쳐지게 된다. 또한 그들은 게으르고 사려깊지 못하며 미숙하며 무책임한 것으로 보여지기 때문에 가혹한 처벌과 사회적 거절, 배척, 인격 모독을 경험할 수 있다. Jacobs(1998)에 의하면, ADHD 아동은 자신의 행동에 대해 부정적인 메시지를 자주 받게 된다고 한다. 그 메시지에는 아이의 행동이 부모를 좌절하게 하고 부부문제나 가족 내 갈등을 유발했다는 내용을 담고 있다.

진단과 사정

ADHD를 진단하는데는 적절한 평가가 이루어져야 한다(Ogan, 1994). 발달 · 행동학 전공 소아과 의사인 Robert Blalock 박사(1997)는 ADHD를 진단내리는 것은 단순히 *DSM-Ⅳ* 기준을 적용시키는 것 이상의 것이라고 한다(DSM-Ⅳ, APA, 1994). DSM-Ⅳ가 도움이 되긴 하지만, ADHD는 DSM-Ⅳ 기준뿐만 아니라 행동 관찰도 기본으로 이루어져야 한다. 증상행동은 한 가지 이상의 원인에 기인할 수 있다. 충동성, 욕구불만, 주의산만과 같은 ADHD 증상들뿐만 아니라 다른 증상들도 나타날 수 있다. ADHD를 평가할 때는 세 가지 영역이 고려된다. 의학적 상태, 학습능력, 정서적 · 환경적 원인에 기인한 문제가 그것이다. 평가자는 행동을 설명할 수 있는 다양한 이상행동에 대해 신중히 검토해야 하며, 미리 ADHD라는 전제하에 평가를 시작해서는 안 된다.

R.Blalock(1997)은 ADHD라는 용어로 진단을 내리는 것은 잘못된 판단을 하게 할 수도 있다고 한다. 예를 들어, ADHD 아동의 행동 특성은 주의력 결핍이라고 언급되는데, 오히려 주의력 과다인 경우도 종종 있다. 한 번에 모든 것에 주의를 기울이지만, 가장 우선이 되는 것에 선별적인 초점을 적절히 기울이지 못하는 것이다. 그는 이러한 문제를 주의집중을 관리하는 기능상의 문제라고 설명한다. 즉 자극에 대해 주의를 기울이고 선별하고 불필요한 자극은 걸러내는 등의 높은 수준의 기술이 부족하다는 것이다. 이는 **자기 통제** 기술의 결핍이라고 언급된다.

이 아동들은 정신적 에너지를 조절할 수 없어서 한 번에 너무 많은 정신 에너지를 써버리든가 반대로 너무 적게 쓰게 된다. Blalock은 ADHD 평가 시 아동의 발달적 측면도 고려해야 한다고 강조한다. 그는 "때때로 아동의 행동은 생각하는 만큼 그렇게 부적절하지는 않다."고 한다.

Fallone(1998)은 ADHD는 아동에게 적용되는 가장 일반적인 정신과적 진단이며, 정신건강 서비스에 의뢰되는 주된 이유라고 한다. Barkley(1996)에 의하면, '과도한 활동, 지속적인 주의 유지의 어려움, 충동 조절의 결핍 등이 발달 수준에 비해 떨어진다면' ADHD로 진단내려진다고 한다(p.64). 그러나 단순히 주의력 결핍 문제만으로 이 장애를 진단내리는 것은 삼가야 한다고 지적한다. 오히려 'ADHD는 자기 조절과 순차적인 행동 조직화에 어려움이 있는 발달적인 장애이다' (p.64).

소아 정신과 의사인 Ross Tatum(1997)은 ADHD를 사정할 때 첫 평가 시에는 DSM-Ⅳ 기준을 따르고, 그 외의 장애들은 제외시키라고 한다. 두 번째 평가는 한달 뒤에 동일한 체크리스트를 사용하여 실시하라고 한다. 또한 똑같은 질문지를 학교와 부모에게 각각 나누어주고 아동을 관찰하고 체크하도록 한다. 종종 부모들은 아동의 증상을 구체적으로 알지 못하는 경우가 있다. 따라서 체크리스트에 있는 증상들은 아동의 태도와 관련된 것이므로 아동의 증상에 대해서 부모들이 제대로 모르고 있는 것들을 알게끔 도와준다.

핵심 증상

DSM-Ⅳ(APA, 1994)에 나와 있듯이, ADHD는 부주의와 탈억제라는 두 가지 주요 증상이 있다. 부주의는 동일 연령의 아동에 비해 일이나 놀이에 반응하거나 주의를 유지하는 데 어려움이 있는 것이다(Barkley, 1996). 또한 산만하고 혼란스럽고 잘 잊어버리는 특성을 보인다. 이런 아동은 백일몽을 꾸거나 잘 듣지 못하고 주어진 일이나 과제를 완성하지 못하며 자주 활동을 바꾸는 경향이 있다. 또한 반복적이거나 일상적인 활동 또는 원치 않는 일에 집중하는 데 어려움이 있다. 과잉행동-충동성 또는 탈억제 증상은 안절부절 못하고, 착석을 유지하기 어렵고, 시끄럽게 놀거나, 타인의 대화를 방해하며, 지나치게 빨리 또는 자주 반응하고, 타인의 활동을 방해하고, 참을성이 없으며, 줄서서 기다리는 게 어렵고, 행동을 멈추기 힘들며, 만족을 지연시키기 힘들고, 즉각적인 유혹을 참기가 힘들다는 특성을 보인다. 충동성은 생각하기 전에 행동하는 경향을 말한다. 이는 비정상적인 사고를 뜻하는 것이 아니라, 오히려 사고하기 전에 행동해 버리는 경향을 말하는 것이다. 즉 행동을 억제하는 능력의 부족인 것이다(Jacobs, 1998).

ADHD 아동은 규칙을 따르는 데 많은 어려움이 있다(Jacobs, 1998). 보상이나 만족은 제공될 수도 있고 그렇지 않을 수도 있는데, 규칙을 따른다는 것은 그러한 추상적인 지침을 따라야 한다는 점을 이해하고 즉시적인 만족을 지연시키고 타인의 기대에 순응하는 기술을 의미한다. ADHD 아동은 오랫동안 주의를 유지하는 데 어려움이 있으며 규칙을 따르는 데 변덕스러운 경향이 있다. 또한 가장 중요한 정보에 선택적으로 초점을 기울이는 데 어려움이 있다. 즉 정해진 규칙이 있다는 걸 인식하지 못할 수도 있고 그 규칙을 행동에 적용시키는 방법을 이해하지 못할 수도 있다.

Jacobs(1998)에 의하면, 보상과 강화는 "더 강하게 구체적인 행동에 즉각적으로 이루어져야 한다. ADHD 아동에게 있어서 보상과 강화는 그 영향력이 빨리 소멸되기 때문에 더 자주 바꾸어 주어야 한다."(p.36)고 한다.

Barkley(1996)에 의하면, 탈억제와 관련된 증상은 주로 만 3~4세 사이에 처음으로 나타난다고 한다. 주 문제가 부주의인 경우는 만 5~7세 경부터 학교 입학이나 초등학교 고학년 시기 사이에 나타난다. 탈억제 증상은 연령이 증가함에 따라 줄어드는 경향이 있지만, 부주의 증상은 초등학교 시기 동안 계속적으로 유지된다.

사정과 관련된 관리의료 문제

Tatum(1997)에 따르면, ADHD 평가를 원하는 부모들은 치료자와 초기 면접을 가진다. 어떤 관리의료협회에서는 치료자의 초기 사정을 요구하며, 아동 평가와 관련된 다양한 정책들을 가지고 있다. 예를 들어, 관리의료협회는 정신과 의사에게 평가를 의뢰해야 하는 경우에 그것을 결정하기 위해 우선 치료자에게 아동을 먼저 볼 것을 요구할 수도 있다. 이 경우, 치료자는 '문지기' 역할을 하는 것이다. 다른 협회는 우선적으로 정신과 의사를 만나라고 할 수도 있다. 이 경우, 정신과 의사가 문지기가 되며, 치료를 받아야 하는지의 여부를 결정하게 된다. 어떤 부모들은 임의대로 특정 전문가에게 평가를 의뢰하고 그에 대한 요금을 지불하기도 한다. 보험회사 측에서는 처음에는 다른 전문가를 만나야 한다고 요구하고, 부모가 임의대로 지불한 경비는 변상해주지 않는다. 이를 예방하기 위해서, 부모는 보험회사에 문의하여 평가나 치료 보장 부분을 명확히 해두어야 한다.

아동평가를 부모가 선택하든 보험회사가 지원해주든 간에, 치료자는 ADHD평가를 위해 소아과의사나 정신과 의사, 정신건강전문가에게 아동을 의뢰하게 된다. 그러나 Tatum(1997)에 의하면, 치료자는 가족 역동과 환경적 요인에 관한 정보와 증상행동이 나타나는 방식을 알기 때문에 아동과 관련된 평가를 하는 데 있어서 치료자의 사정과 의견은 매우 중요하다고 한다.

치료와 약물 고려

Blalock 박사(1997)는 아동 치료에 대한 부모의 참여와 수용이 필요하다고 강조한다. 그는 ADHD로 진단되고 가족의 동의가 있다면, 약물치료가 시도되어야 한다고 한다. 부모들이 약물치료에 관해 더 알게 될수록 걱정은 그만큼 더 줄어들게 된다. 그가 말하기를

> 개인 부담금이 없는 경우라면, 가장 효과를 보는 치료는 약물치료이다… 약물치

> 료의 효과는 분명히 나타난다. 그러나 가족들이 진단결과를 받아들이거나 이해하지 못하고 약물치료에 강한 두려움과 거부감을 가진다면, 다른 치료들을 우선적으로 시행해야 한다.

Blalock(1997)은 ADHD 약물에는 세 가지 종류가 있다고 한다 : 자극제, 항우울제, 그리고 그 외. 그는 약물의 효과와 처방에 관해서도 언급한다. 예를 들어, 아동이 ADHD로 진단되고 자극제 약물치료에 반응하지 않는다면 항우울제를 시도하게 된다. ADHD의 경우, 자극제(예, 아데랄, 리탈린, 덱세드린)는 70~80% 아동에게 효과가 있고, 신체 부작용은 아주 적게 일어난다. 약물은 비마약성분이고 비중독성이며 단시간 내에 효과가 나타나고 몇 시간 동안 지속된다. 자극제는 항우울제에 비해 빨리 작용한다. 이는 약물남용의 소지가 있으므로 약을 구하기 어렵고 엄격하게 규제된다. 최근 Texas에서는 처방전을 3통 작성해야 하고 재발급이 안 되며 전화 통화로 발급할 수 없으며 반드시 7일치 이내로 처방해야 한다고 규정하고 있다. 항우울제는 다양한 경우에 사용되며 30~50%의 효과가 있다. 항우울제의 반응이 나타나는 데는 몇 주가 걸리고 부작용은 거의 없다. 약물치료는 갑자기 중단해서는 안 된다. 조금씩 줄여나가지 않으면 부작용이 생길 수 있기 때문이다. 그러나 항우울제 복용을 한 번 안 했다고 해서 문제가 생기는 것은 아니다. 자극제 복용을 한 번 놓치게 되면 그 반응은 즉시적이고 눈에 띄게 두드러진다. 이 세 가지 종류를 독립적으로 사용하여 다양한 약물치료 효과를 보고 있다.

종종 부모들은 리탈린이 아동의 성장발육을 방해한다는 두려움을 호소한다. Tatum(1997)에 의하면, 그 문제 자체보다는 그것에 대한 논쟁의 문제가 더 심각하다고 한다. 다시 말해, 의학적으로 약물에 의한 성장 지연은 주말이나 방학 등의 기간 동안 약을 끊었을 때 회복가능하다고 한다. "신장이 작다는 것은 의학적으로 중요한 것은 아니다. 약물로 인한 이득이 위험보다는 더 많다. 약물치료가 없으면 아동의 자신감이 손상받게 된다." 또한 부모들은 '중독' 효과에 대해 걱정한다. Tatum은 ADHD를 치료하기 위해 사용하는 자극제는 중독성을 느끼게 하지는 않는다고 한다. 자극제는 진정작용을 하는 것이 아니며 물질남용을 일으키는 것도 아니다.

Blalock(1997)에 의하면, 성공적인 치료는 약만 먹어서는 안 되며, 치료의 모든 요소들을 고려하는 것이 중요하다. ADHD 아동의 70~80%만이 약물치료에 효과적으로 반응한다. 부모들은 치료의 모든 요소들을 평가하는 데 참여할 필요가 있다. 진단은 무엇인가, 아동에게 영향을 미치기 쉬운 상황은 어떤 것인가, 기대되는 생활 패턴은 어떤 것인가, 약물치료에 필요한 생활양식과 구조, 생활습관에서의 변화는 어떤 것인가, 어떤 개입이 도움이 될 것인가 등을 함께 따져보아야 한다. 진단과 치료 과정에 부모가 참여하는 것은 치료의 성공 가능성을 극대화시킨다. 부모가 약물치료를 반대하더라도, 다른 요소들은 수행되어야 한다. 우선적으로 약물치료는 치료의 효과를 더욱 높여주기 때문에 도움이 된다.

과제 수행, 충동성 조절, 자기 조절, 생산성 등의 능력에 영향을 주는 몇 가지 요인들이 있다. Barkley(1996)에 의하면, 그 요인에는 피로감, 낮 시간, 자극수준, 일의 복잡성, 주어진 과업에 요구되는 억제량, 감독, 즉시적인 결과 등이 포함된다고 한다. ADHD 아동은 지속적인 과제수행이나 행동 억제가 요구되거나 다른 사람에게 검사를 받아야 할 때(예, 학교, 교회, 식당에서 또는 부모가 통화 중일 때) 어려움을 더 느낀다. 자유놀이 시간이나 자기 조절이 별로 필요하지 않을 때는 문제가 덜 생긴다. 부모와 치료자는 ADHD 아동을 훈육할 때 이점을 신중히 고려해야 한다.

Blalock(1997)이 보고하기를 부모가 약물치료만 받기를 원할 때는 치료 결과가 비관적이고 염려스럽다고 한다. 모든 치료 요소들을 함께 진행하면 아동은 정상적인 생활을 더 잘 유지해 나갈 수 있다. 다른 요소들을 배제하고 약물치료만 진행하면 긍정적인 치료효과가 감소된다. Blalock은 ADHD 치료를 당뇨병에 비유해서 설명한다. 질병, 위험 요소, 식이요법과 생활습관을 바꾸는 것에 관한 지식을 충분히 배워서 정상적인 생활을 유지하도록 노력하는 것은 중요하다. 그러나 약물치료 없이 다른 것만 한다면 별 도움이 안 된다. 부모는 자녀에게 필요한 치료를 확실히 알고 그에 따라야 한다. 부모가 약물치료를 정말 원하지만, 자녀가 약물에 반응하지 않는 20%에 속할 수도 있다. 그럴 경우에는 다른 치료 양식을 택해야 한다. 부모의 긍정적인 태도는 결정적인 역할을 한다. 만약 치료에 긍정적으로 참여하지 않는다면, 치료의 효과를 최대화시키는 것은 불가능하다.

Tatum(1997)에 따르면, ADHD의 장기 반응은 1/3씩 구분된다. 대략 1/3은 성인기에 증상이 해결된다. 두 번째 1/3은 성인기 동안에 유지되지만, 정도가 약해진다(예, 부주의 증상은 가장 오래 지속된다). 이 경우 약물치료의 효과는 지속적으로 유지된다. 마지막 1/3은 아동기에도 조절되지 않고 성인기에도 조절되지 않는다. 이 경우에는 계속 어려움이 있고 종종 물질남용이나 반사회적 행동으로 발전된다. 처음으로 호소하는 증상은 충동성과 과잉행동이고, 가장 오랫동안 호소하는 증상은 부주의다.

ADHD 아동을 돕기 위한 부모양육기술과 기법

자녀가 ADHD 진단을 받게 되면 부모는 특별한 도전에 직면하게 된다. ADHD 아동이 표현하는 행동은 가족을 압도하고 불행하게 만든다. 어머니는 항상 매일 매일 아이를 돌봐야 할 책임을 지게 되고 어려움과 곤란을 아주 많이 겪게 된다. 어머니는 주로 ADHD 증상을 가장 먼저 알아채는 사람이지만, 자녀가 정말 ADHD인지 아닌지 그 여부를 가려내는 데는 수년이 걸릴 수 있다(Friedman & Doyal, 1992). 아버지는 종종 상담자의 제안을 잘 받아들이지 않고 의심을 하며 뭔가 함정이 있을거라고 여긴다(Jacobs, 1998). 부모들 간에 의견 차이가 있거나 각자 다른 입장에 서 있다면, 치료자는 어머니와 아버지 모두에게 민감해져야 한다. 치료자는 부모 모두의 감정을 알아차리고 그것을 인정해주어야 한다.

Blalock(1997)은 아동이 ADHD 진단을 받으면 가족 전체가 영향을 받는다고 강조한다. 부모들은 아동의 행동과 문제에 대처하기 위한 지지, 이해, 격려가 필요하다. 부모들은 ADHD 자녀를 양육하는 데 오랫동안 어려움을 겪기 때문에 스트레스 기간을 경험한다.

ADHD 진단은 부모로 하여금 아동에 대한 이해와 부모로서의 능력에 갈등을 일으키게 한다. 부모들은 진단에 대해서 세 가지 중 한 가지 반응을 한다. 부인, 허용, 수용이 그것이다.(Whitman & Smith, 1991). '부인은 두 가지 방식으로 나타날 수 있다 : (a) 진단이 의미하는 것이 무엇인지 완전하게 받아들이지 못하고 아동의 욕구에 반응하지 못하는 것, (b) 화 내고 방어하는 것' (p.206). 화 내고 방어하는 부모는 신경학적인 차이를 인식하지 못하고, 아이가 자신의 행동을 통제할 수 있는데 하지 않는다고 여긴다. 진단 자체에만 몰두하는 부모들은 아동의 욕구에 반응하지 않고 오히려 무관심하거나 무시해 버린다. 그들은 아동이 보이는 행동에 대해 학교 등의 주변 환경을 비난하는 경향이 있다. Gupta(1999)에 의하면, 자녀가 ADHD라는 것을 부인하는 부모들은 다음과 같은 얘기를 한다고 한다 : "우리 아이는 2시간 동안 컴퓨터를 할 수 있고 TV도 볼 수 있어요." "우리 아이는 진료실에서 20분 동안 앉아 있기도 해요", "우리 아이는 집에선 괜찮아요", "아마도 담임 선생님이 우리 아이를 좋아하지 않아서 그런거 같아요."

ADHD 아동은 자신의 관심사에 주의를 기울이는 것이 가능하며, 관심수준과 주의집중요구에 따라 잘못된 행동, 부주의, 활동 수준이 달라진다(Woods & Ploof, 1997). 집에서는 구조화된 요구가 없기 때문에 어떤 부모들은 ADHD 증상들을 보지 못하는 경우도 있다. 종종, 이런 아이들에게 있어서 학교에서의 생활은 집에서의 생활만큼 즐겁지가 않다. 학교는 별로 흥미롭지 않을 뿐더러 더 많은 주의를 요구하기 때문이다. Blalock(1997)은 "이들은 실격자가 아니라 특성을 가진 존재다. 이들은 몇 시간 동안 외부 세계를 차단하고 자신이 선택한 자극을 조용히 흡수하는 데 과도하게 집중하는 행동을 자주 보인다."고 강조한다.

진단을 허용하는 부모는 아동에게 무엇이 잘못되었는지를 밝혀내어 자신의 부담을 덜려고 한다. 그러나 이러한 부모들은 아동의 행동과 욕구와 관련하여 진단이 의미하는 것이 무엇인지에 대한 인식이 없다. 따라서 부모들은 아동에 대한 기대와 반응에 일관성을 보이지 못한다. 아동은 자신이 수용받는지 아닌지 혼동을 느끼고, 자신의 행동과 관련한 제한 요소들이 명확하지 않다고 여기게 된다(Whitman & Smith, 1991).

ADHD 진단을 수용하는 부모들은 치료를 통해 자녀의 삶이 향상될 것이라는 희망을 가지고 자신을 위로한다. 진단이 정식으로 이루어진다면 수용하는 부모들은 자녀가 뭔가 다르다는 점을 알고 그 사실을 인정한다(Whitman & Smith, 1991). 또한 수용하는 부모는 진단이 변하지 않을 것이라는 점과 치료가 계속 이루어져야 한다는 점을 깨닫는다. 이들은 아이를 비난하지 않고 진단에 초점을 맞춘다.

Whitman과 Smith(1991)에 의하면, “부모가 ADHD 진단을 수용하는 수준에 따라 자녀의 행동에 대한 자신의 감정과 가족의 반응에 끼치는 영향이 달라진다.”고 한다(P.207). 수용하는 부모도 어려운 시기를 겪게 되며 ADHD를 관리하는 것이 계속되는 과정임을 느끼게 된다. 치료자는 ADHD 진단을 부인하거나 허용하는 부모를 수용하는 부모가 되도록 도와주는 도구로서의 역할을 할 수 있다. 부모들은 ADHD 증상행동을 다루는 방법에 대해 배우고 진단에 대해 합리적인 감정을 가짐으로써 큰 도움을 받게 된다.

Tatum(1997)은 치료자는 ADHD 아동의 부모와 밀접하게 작업하는 것이 중요하다고 강조한다. “치료자가 부모와 밀접하게 작업하지 못하고 주의를 기울이지 못한다면, 나는 그 치료자에게 ADHD 환자를 의뢰하지 않을 것이다.”고 말한다. Tatum은 치료자가 부모들에게 부모기술과 부모를 통한 치료(filial therapy)를 가르칠 것을 권한다. 그는 ADHD 아동 치료에 부모가 참여함으로써 얻게 되는 이점을 다음의 예를 들어 보여준다. 한 아버지가 ADHD와 우울증 진단을 받은 아들에게 매주 30분씩 2회의 치료를 받게 하라는 지시를 받았다. 이후 아버지는 아이의 행동이 향상되지 않았다는 불평을 했고 좌절감을 더욱 크게 느꼈다. 치료자는 놀이 세션을 상세하게 관찰하면서 아버지에게 아들을 무릎에 앉히고 함께 놀이 세션에 관한 TV를 보게 한다든가 치료작업에 직접 참여하도록 하였다. 그리고 난 후 치료자는 아버지에게 치료 세션을 진행하는 방법에 대해 가르쳐 주었다. 몇 주 후, 아들의 행동과 자녀와의 관계가 너무 좋아졌다고 보고하였다. Whitman과 Smith(1991)는 "부모의 관점과 반응은 자녀의 치료 효과와 결과에 큰 영향을 미친다."고 한다.

개 입

부모와 치료자에게 있어서 가장 큰 도전이 되는 일은 ADHD 아동의 내적 통제의 발달을 도와주는 것이다. 그러나 주변에서 받아들일 수 있는 행동을 유지하는 데 필요한 내적 통제를 발달시키고 숙달하도록 돕기 위한 효과적인 개입방법이 몇 가지 있다.

개입 1 : 약물학

ADHD 아동의 70~80%가 약물치료를 필요로 한다. 약물치료는 사회적 행동을 향상시키고 충동성을 감소시키며 침착하게 해주며 학업수행을 향상시키는 데 간접적인 영향을 준다(Gupta, 1999). 약물치료에 관한 정보는 앞에서 언급한 **치료와 약물 고려** 단락을 참조하라.

개입 2 : 행동 이전의 상태

문제 행동이 일어나기 직전에 무슨 일이 있었는지 관찰하고 인식하게 되면, 부모는 자녀의 문제 행동을 개선시킬 수 있는 기회를 더 많이 가지게 된다. 행동 이전의 상태를 파악함으로써 부모와 아동 모두가 점진적으로 그 행동에 대한 해결방법을 모색할 수 있게 되고, 그뿐만 아니라 분노와 좌절감 같은 감정이 일어나지 않도록 예방할 수 있다. 부모들이 아동 행동의 진행 과정을 세심하게 관찰하는 방법을 배우게 되면 그 행동의 패턴과 유발자극들을 이해할 수 있게 된다. 아동의 행동에 대한 이해 특히 그 행동의 촉매에 대한 충분한 이해를 하게 되면, 부모는 자녀를 더욱 수용하게 되며 빠르고 효과적인 개입 기회를 가지게 된다(Braswell & Bloomquist, 1991).

만 6세인 Clayton은 1학년에 들어와서 ADHD 진단을 받았다. Clayton의 엄마는 장시간 진료를 봐야 하는 의사다. 그녀는 저녁이나 주말에 집에서의 Clayton의 행동을 보고 당황하고 좌절했다. 치료자는 어머니를 좌절시키는 Clayton의 행동이 무엇인지 그 목록을 적어보도록 했다. 그 중 가장 좌절스러운 것은 세 살짜리 남동생과 싸우고 때리는 것이라고 했다. 치료자는 어머니에게 다음주까지 Clayton의 행동을 주의깊게 관찰하도록 하고, 특히 동생과의 싸움 직전에 일어나는 일들에 대해서 살펴보고 기록하도록 하였다. 다음 주에, Clayton의 엄마는 싸움이 일어나기 전에 유사한 패턴이 있다는 것에 놀랐다. 그녀는 세 가지 유발자극을 발견하였다. Clayton은 아빠 없이 '외로운 시간'을 보내는 것에 지쳐 있었고, 엄마의 관심을 더 원했다. 치료자는 Clayton과 엄마에게 둘만의 특별한 데이트를 계획하고 행동과 유발자극에 관해 얘기를 나누어 보도록 하였다. 또한 유발자극이 무엇인지 그리고 그에 대한 개입은 어떤 것이 있을지 써 보도록 하였다. 예를 들자면 Clayton이 지쳐 있을 때는 동생과 떨어져 있다든가, 저녁식사 후 또는 주말에 특정한 시간에는 아빠와의 시간을 가진다든가, 엄마와 단 둘만의 시간을 계획해 보는 것이다.

정해진 규칙에 따라 개입을 시도하는 동안, Clayton과 엄마는 Clayton이 화나고 좌절스러울 때가 언제인지 더 알아보도록 노력해 보기로 하였다. 그들은 그때라고 여겨질 때면, 개입목록을 보고 그 중 하나를 선택하여 시도해 보았다. 2주 후 Clayton의 엄마는 싸움이 급격히 줄었다고 보고하였다. 또 다른 효과는 '엄마가 항상 동생 곁에만 있지는 않구나' 라는 사실에 더 행복감을 느낀다고 Clayton이 말한다는 것이다. 엄마는 아이들이 싸울 때 단지 아이가 형이라는 이유로 Clayton을 혼냈다는 점을 깨달았으며 아이에게 더 친밀감을 느끼게 되었다고 한다.

개입 3 : 구조화, 일상, 일관성

ADHD 아동을 위한 비의료적 치료 중의 하나가 구조화다(Reif, 1997). 자녀가 ADHD 진단을 받으면 부모는 구조화의 중요성을 깨닫게 된다. 약물치료를 하건 안 하건 간에, ADHD 아동은 자신의 기능을 최대화시키고 좌절은 최소화시키기 위한 실질적인 구조화가 필요하다. 예를 들어, 구조화가 없다면, 숙제를 잊어버리거나 다 마치지 않게 되고 부정적인 결과를 낳아서 이후 학교에서의 수행에 나쁜 영향을 미치게 된다. 반복적인 실패를 경험하면 아동은 노력을 접어버리게 된다(Blalock, 1997).

자녀를 위해 구조화를 계획하고 실행하는 것이 부모에게는 만만치 않은 일이다. Ogan(1994)은 자녀를 위한 효과적인 구조화 계획을 다음과 같이 제안한다.

과제 구조화

아동에게 과제를 줄 때 확인할 것 :

- 끝마치는 데 무엇이 필요한지 이해시키기
- 과제의 양과 복잡함에 압도되지 않도록 하기
- 좌절을 최소화시키도록 충분한 단서를 주기
- 성취감과 자존감을 느낄 수 있도록 과제를 성공적으로 완성할 수 있도록 하기

성취하게 하는 방법 :

- 과제를 선택할 때, 아동이 수행해 낼 수 있는 범위 내에 있는 것 혹은 그보다 약간 어려운 과제를 고른다.
- 과제를 설명하기 전에 아동의 주의를 확실하게 유도한다. 시선을 맞추든가 과제에 주의를 기울이도록 한다.
- 천천히 쉬운 단어와 짧은 문장으로 설명한다. 필요하다면 침착하게 반복해서 설명한다. 청각능력이 떨어지는 아동도 있다.

- 그림 단서나 실제적인 시범을 함께 사용하여 설명한다. 시범을 보일 때는 천천히 단계적으로 진행한다.
- 복잡한 과제는 순차적인 부분 부분으로 나누어 분류한다. 다음 과제를 주기 전에 아동이 각 부분을 이해하도록 한다.
- 필요하다면 아동이 과제를 수행하는 데 실제적인 도움을 준다. 예를 들어, 여러 도형 그리기를 배울 때, 도형을 그리는 손의 움직임을 지도한다.
- 아동이 주의집중이나 동기가 감소할 때면 격려한다.
- 아동의 수행을 모니터한다. 비판적인 언급을 하지 않고 과제를 성공적으로 완성시키는 노력을 하도록 안내한다.
- 과제를 성공하지 못하면, 노력했다는 점을 격려하고 다시 시도하도록 기회를 제공한다.
- 반복하고 연습하는 것이 중요하지만, 한 번에 과도하게 요구하지 않는다.
- 목표에 도달하기 위해서는 한 가지 이상의 방법이 있다는 점을 명심하라. 사회적 혹은 교육적 기술과 같은 대부분의 기술들은 다양한 방식으로 가르칠 수 있다. 좌절이나 실패, 힘겨루기를 만드는 과제나 방법은 지속하지 말라. 같은 기술을 익힐 수 있는 다른 대안적인 과제나 방법을 선택하여 준비하라. 조화로운 방식으로 익힐 수 있도록 하라.

● **숙제 다하도록 도와주기** 전형적으로 ADHD 아동은 주의집중과 행동 지속에 결핍이 있다(Jacobs, 1998). 다시 말해, 이런 아동은 흥미 없고 비자극적이며 반복적인 과제(예를 들어, 숙제)를 어려워하고 하고자 하는 동기가 낮은 경향이 있다. 숙제는 ADHD 아동이 감당하기에는 과한 조직능력을 필요로 한다. 어릴 때는 실패와 수치심을 경험하지 않으려고 과제를 피해 다닌다. 따라서 숙제를 끝마치지 못하고, 어른의 도움 없이는 시작도 하지 않는다. 이는 자녀에게 지적인 능력이 있다고 알고 있는 부모를 혼란스럽고 짜증나게 할 수 있다. 부모를 더 혼란

스럽게 하는 것은 아동이 숙제를 다 해놓고는 제출하지 않고 오는 것이다. 부모는 ADHD 특성에 초점을 맞추어야 하며, 아동의 행동을 비난하거나 아동과 힘겨루기를 해서는 안 된다.

ADHD 아동은 새로운 과제는 잘 해낼 수 있다. 하지만 그 새롭다는 것의 효과가 아주 짧다. 이런 아동을 위해 Jacobs(1998)는 10~15분 동안 과제를 하고 잠시 휴식을 가지도록 하라고 권한다. 지루하고 산만해지거나 지칠 때까지 계속하면 그 과제에 대해 부정적인 감정을 가지게 되고 다시 그 일을 하려하지 않는다. "숙제에 대한 언급은 아동으로 하여금 부정적인 심리 · 생리적 반응을 일으키게 한다"(p.141). 그러나 잠깐의 휴식을 통해 집중하고 에너지를 충전하고 생산적으로 만들어준다면, 다시 과제를 수행하고자 하는 동기를 키워줄 수 있다. 휴식이라는 보상을 받는 것뿐만 아니라 해냈다는 긍정적인 감정을 경험하게 된다. 아동은 일을 조직하는 데 도움이 필요하다. 특히 숙제시간을 초기에 구조화할 때는 더욱 그렇다. 또한 장기간의 책임이 요구되는 큰 과제를 작게 분류하고 그와 관련된 스케줄을 세울 때 부모의 도움이 필요하다. 목록들을 복사하고 수정하고 다시 사용하는 것은 ADHD 아동이 일을 조직화하고 성공적으로 마치는 데 도움이 될 수 있다. 숙제시간은 잘 분배시켜야 하며, 일을 효과적으로 끝마치기 위해서 보상으로 오락활동을 제공할 수도 있다. 이를 통해 아동은 오락시간보다 숙제시간이 우선이라는 점을 깨닫게 된다.

● **숙제 제출하도록 도와주기** ADHD 아동은 숙제를 모두 마쳤지만, 그것을 제출하는 걸 잊어 버린다. 이럴 때 부모들은 매우 화가 나게 되고, 이것이 ADHD의 특성이며 고의적으로 반항하는 게 아니라는 점을 도저히 이해하지 못한다. 숙제를 제출하는 빈도를 늘리도록 돕기 위해서는 구체적으로 원하는 활동이나 혜택, 보상을 주기로 약속해 보아라(McCarney, 1992). 그리고 언어적 보상(칭찬)도 해주어라. 성공하면 할수록 보상을 받는 시간도 점차 늘려 나가라. 또한, 제출하지 않고

왔을 때는 자연적인 결과를 받아들이도록 하라(예를 들어, 원하는 활동을 하지 못하는 것).

● **상기시키지 않아도 과제를 지속하도록 도와주기** McCarney와 Bauer(1990)에 의하면, 여러 번 상기시켜 주어야 아동이 과제를 끝마칠 수 있다면, 지시에 따르는 규칙을 세워 보라고 한다. 이 규칙들은 집안의 모든 사람에게 적용되어야 한다. 규칙의 예를 보면 지시사항을 주의깊게 듣고 이해가 안될 경우엔 질문하고 상기시켜 주지 않아도 지시사항을 따르는 것이다. 각자 다른 방에 있으면서 지시해서는 안 된다. 부모는 자녀에게 가서 주의를 기울이도록 한 뒤 지시사항에 대해 얘기해야 한다. 상기시켜 주지 않아도 지시사항을 따랐을 때는 보상을 준다. 보상은 언어적인 칭찬(예, "고마워, 일을 끝마치는걸 알아냈구나. 해냈구나"), 원하는 활동(예, 좋아하는 비디오 보기, 놀이터 가기, 친구랑 놀기 등), 안아주기, 뽀뽀하기 등이 모두 가능하다. 지시는 미리 내리는 것이 아니라 일을 완수해야 할 때 내려야 한다. 반복되는 과제에 대해서는 과제와 보상에 대한 구체적인 내용이 담긴 계약서를 쓸 수 있다. 계약서는 아동이 이해할 수 있는 수준의 말로 써야 하며 한 번에 하나의 과제만 정해야 한다. 아동이 숙제나 방청소를 시작하도록 도와주는 것이 부모에게도 도움이 될 수 있다. 만약 아동이 그것을 잊어버리거나 그만 두더라도 벌을 주지는 말아야 한다. 그러나 자연스럽게 일어나는 결과(예, 길에 떨어뜨린 장난감을 지나가는 차가 망가뜨리게 되는 것)를 경험하도록 하거나, 필연적으로 일어나게 되는 결과를 미리 관리(예, 1분 뒤에 잠자리에 들어야 한다는 것)해주어야 한다. 일관성이 중요하다. 아동이 한 번에 지시를 잘 따를 것이라는 기대를 하면 안 되며, 다음 번에 지시를 따르지 못할 것이라는 점을 이해해야 한다. 또한, 아동에 대한 기대는 아동의 발달수준에 맞도록 해야 한다.

● **자신의 행동을 모니터링하도록 도와주기** 아동은 자신이 속한 환경이 요구하는 반응을 효과적으로 할 수 있어야 한다(Jacobs, 1998). 아동은 선택과 결과에

대해 배우는 것을 통해 자신의 행동을 모니터링하는 데 큰 도움이 되는 가치, 규칙, 제한, 행동 체크리스트들을 내재화한다. 아동은 행동 체크리스트를 구조화하는 과정에 함께 참여해야 한다(Reif, 1997). 그리고 과제를 완수했을 때나 그렇지 못했을 때와 관련하여 보상과 결과를 구체적으로 정해야 한다. 예를 들면, 아이의 방에 다음과 같은 내용의 '아침 체크리스트'를 붙여둘 수 있다 : (1) 정해진 시간에 침대에서 일어나기, (2) 세수하기, (3) 머리 빗기, (4) 옷 입기, (5) 가방에 준비물 챙기기, (6) 아침식사하기, (7) 이 닦기. 그 내용을 복사해 두고 매일 ×를 하거나 좋아하는 펜으로 체크할 수 있도록 한다. 자기 모니터링 기술은 구체적인 행동을 기록으로 남겨야 한다. ADHD 아동에게는 이미 정해진 체크리스트를 구조화하고 일관성 있게 유지할 수 있도록 해야 한다.

개입 4 : 상황에 따른 구조화

Ogan(1994)에 따르면, 예상되는 행동이 일어날 수 있는 상황에 대한 요소들이 잘 정의되어야 한다.

- 실패가 예상되는 상황에 주의력 결핍 아동을 노출시키지 말라.
- 일상적으로 반복되는 생활 외의 모든 상황은 미리미리 준비시켜라.
- 어떤 상황이 일어날지 명확하게 설명하라.
- 예상되는 행동, 제한, 결과에 대해서 지지적이고 비위협적이면서도 단호한 태도로 설명하라.
- 경험의 지속기간은 아동이 견딜 수 있는 한도 내에서 결정하라.
- 행동에 대한 적절한 보상을 제공하라.
- 비현실적이거나 애매모호하거나 적용 불가능한 목표는 세우지 말라.
- 아동의 선택에 제한을 두어라.
- 정해진 절차에 따라 구조화하라.
- 집과 학교에서의 매일의 스케줄을 일관성 있게 따르도록 하라.

• 각 상황마다 아동의 행동을 모니터링하라.

● **순차적인 처리 기술을 가지도록 돕기** 순차적인 처리는 일련의 일들에 대해 논리적(원인과 결과)으로 생각하고 미래에 대한 적응을 발달시키는 능력을 말한다. 순차적인 처리기술의 발달은 ADHD 아동에게 아주 필요한 것이다(Jacobs, 1998). 변화에 대한 대처를 배우는 것은 순차적인 처리기술을 습득하는 데 도움이 된다. 그러나 ADHD 아동은 주변 환경이나 일상생활에서 변화가 일어나면 큰 어려움을 느낀다. 변화는 끊임없이 일어나는 보편적인 현상이다. 아동이 자신이 속한 세계에 효율적으로 대처하는 것을 배우기 위해서는 일어나는 사건의 흐름에 적응하는 기술을 익혀야 한다. 그들은 변화를 예측하고 받아들여야 하며, 예상되는 변화와 규칙 그리고 결과에 맞게 자신의 행동을 수정해야 한다. 어떤 변화는 기초적이고 명백한 반면, 사회적 규범이나 관습과 같은 변화는 구별해 내기가 어려울 수 있다.

● **조절 능력을 가지도록 하기** 아이러니하게도, 조절이 불가능해 보이는 아동에게 문제를 조절하게끔 하는 것은 종종 도움이 된다. 이는 부모와 아동 간의 다툼을 줄일 수 있다. Jacobs(1998)가 제안한 이 기술은 아이에게 목표를 정해주긴 하지만 그 목표를 위해 노력하는 것은 아동의 자유와 선택이라고 한다. 예를 들어 목표를 정해줄 때 아동에게 "난 너와 네 부모님이 많이 싸우는 걸 안단다. 그 싸움이 아주 많이 일어나는 것 같더구나. 부모님과 얼마나 많이 싸우는지 차트에 적어 줬으면 좋겠구나. 네 목표는 이전에 싸웠던 것보다 싸우는 횟수를 줄이는 거란다. 싸우는 횟수가 많아진다고 걱정하진 않아도 된단다. 단 네 목표가 싸움을 좀 더 줄이는 거라는 점을 기억하렴. 싸움을 줄이기 위해 필요한 것은 무엇이든 해보렴."이라고 말할 수 있다. 아이가 방어하거나 저항하는 경우에는 아무도 아이를 비난하지 않을 것이라는 점을 확신시켜 주어라. 또한 부모에게도 과제가 있다는

점과 아동의 판단과 관점을 존중한다는 점을 확신시켜 주어라.

Jacobs(1998)는 특히 구체적인 행동 개입 경험이 없었던 아동은 구체적인 행동을 정해주지 않아도 목표를 명확히 알고 이에 잘 반응할 수 있다고 한다. 이 방법은 싸움의 탓을 아동에게 돌리지 않고, 아동 자신과 목표 추구에 도움이 되는 것들을 제공해 줌으로써 행동을 향상시킨다. 문제행동과 행동개선을 아동의 탓으로 귀인시키지 않도록 구체적인 행동에 대한 규정을 두는 것을 제한한다.

개입 5 : 관계 구조화

아동이 신뢰하고 믿는 대상에 의해서 행동과 그로 인한 결과를 볼 기회를 가지게 되면, 관계 구조화는 더 잘 이해되고 수용된다.

- 아동이 감정과 욕구에 성공적으로 대처할 수 있도록 하는 행동을 제시하거나 모델이 되어라.
- 아동을 세심히 관찰하여 감정이 동요되는 초기 단계를 감지하는 것을 배워라. 재빨리 개입하라.
- 아동과 신뢰로운 관계를 형성하기 위해서는 진솔함, 공평함, 일관성, 그리고 비지시적 개입을 사용하라.
- 치료자 자신의 삶 중에 겪었던 어려움이나 두려움에 대해 아동과 함께 나누어라.
- 아동에게 적절한 행동 모델이 되어라.
- 아동에게 원인-결과 관계를 언어적으로 표현하라.
- 아동의 노력과 그 과정을 인정하고 격려하라.
- 아동에게 조율의 어려움이 있음을 설명하라(TV를 예로 사용하라. 안테나를 조정하는건 어렵다는 것처럼 말이다)(Ogan, 1994, P.103).

● **충동성을 조절하도록 돕기** Silver(1999)는 충동성을 '말하거나 행동하기 전

에 멈추지 못하고 반사적으로 행하는 것' 이라고 묘사한다. 어떤 아동들은 말하기 전에 잠시 멈추고 생각하는 데 어려움이 있고, 또 다른 아동들은 행동하기 전에 잠시 멈추고 생각하는 데 어려움이 있다. 대부분의 아동들은 이 두 가지 문제를 모두 가지고 있다(P.55). ADHD 아동은 종종 해야 하는 것과 하지 말아야 하는 것을 알고 있다. 문제는 알고 있는 것을 실천하지 못한다는 것이다. 그들은 숙제를 하지 않으면 곤란해질거라는 점이나 차에 뛰어 들면 다칠거라는 것을 안다. 해야 할 것을 알아내는 데 실패한 것이 아니라, 알고 있는 것을 실천하는 데 실패한 것이다. 문제는 생각없이 차에 뛰어들거나 숙제를 잊어버리고 버스에 놓고 내린다는 것이다. 그들은 금방 후회한다. 그리고 혼나기도 하고 점수도 매겨지게 된다. 이때는 무엇을 하기엔 이미 너무 늦어 버린 것이다. ADHD 아동이 전형적으로 하는 말이 "난 정말 잘 하고 싶어요. 하지만 잘할 수가 없어요."이다. 부모는 아동이 이를 충분히 숙지하도록 더 훈육하게 된다. 그러나 이미 아동은 부모가 가르치려 하는 것이 무언지 알고 있다. 문제는 그것을 잊지 않고 하느냐이다(Blalock, 1997). Barkley는 ADHD 아동을 다루는 것은 해야 하는 것을 아느냐의 문제가 아니다. 오히려, 이미 알고 있는 것을 하느냐의 문제이다. 행동관리는 우선 아동이 그것을 잊지 않도록 돕고, 그 다음에는 알고 있는 것을 수행하는 기술을 길러주는 데 초점을 맞추어야 한다고 한다. Ogan(1994)은 다음과 같이 말한다.

> 자신이 한 행동이 잘못된 것이었다고 말하는 아이조차도, 내가 또 그 행동을 하고 있구나라고 깨닫기 전에 이미 똑같은 행동을 하고 있을 수도 있다. 이후에 어떤 결과가 벌어질지에 대한 생각이 없는 것이다. '어떤 사람' 이 그런 행동을 하면 그와 같은 결과가 벌어질거라는 것에 대해서는 말할 수 있지만, 자신이 그 행동을 하는 순간에는 그런 결과가 일어날 것이라는 점을 잊어버리는 것이다. 그와 같은 예로, 그들은 자신의 반응이 부적절했다는 점을 인식하지 못한다. 그들은 부모들이 원하는 대로 하지 못했다고 말할 것이다… 이는 더 큰 좌절을 주는 것이다!(p.113).

● **제한, 선택, 결과의 일관성** ADHD 아동은 지금-현재 상태에 따라 움직인다. 만족을 지연시키거나 앞으로 주어질 보상이나 결과를 기다리지 못한다(Jacobs, 1998). 따라서 아동과 문제에 대해 이야기 나누거나 행동 변화를 위해 언어적으로 접근하는 것으로는 별 효과를 보지 못한다. 말을 할때는 왜 그러한 결과가 일어났는지, 그 행동과 결과가 어떻게 연관된 것인지에 대해 아주 간결하게 해야 한다. ADHD 아동은 부모의 말보다는 현실 세계의 결과에 더 많은 영향을 받는다.

ADHD 아동이 결과와 관련된 선택을 할 때는, 보상과 같은 긍정적인 결과든 부정적인 결과든 간에 그것은 즉시, 자주, 구체적으로 일관성 있게 제공되어야 한다(Barkley, 1997). Nelsen(1981)은 결과는 관련성이 있고, 정중하고, 합리적인 것이 중요하다고 강조한다. ADHD 아동은 오랫동안 충동조절에 어려움을 가지지만, 결정을 내리는 기술을 향상시키는 것은 배울 수 있다. 그러나 ADHD 아동은 부주의와 탈억제 문제를 가지기 때문에, 선택에 따른 보상이나 결과를 지연시키는 능력에 한계가 있다(Rief, 1997).

Jacobs(1998)와 Barkley(1995)는 부모가 결과에 대해 얘기할 때는 감정을 싣거나 길게 설명하거나 정당화시키지 말라고 당부한다. 부모와의 애착과 정서발달과 관련하여 변화가 생긴다 해도, 부모는 자녀의 환경을 구조화하고 조절을 유지하는 것이 중요하다. Nelsen(1981)은 부모가 자녀에게 화내거나 비난하지 않고 제한과 결과에 대해 대화(제한을 어기는 걸 선택했다면 그건 그 결과를 선택했다는 의미라는 점을 강조)한다면, 아동은 부모로부터 수용받고 이해받고 존중받는다고 느낄 것이라고 말한다. 부모는 단지 자신이 원하는 것을 아이에게 강요하지 말고, 자녀와 함께 원하는 것을 찾아봐야 한다는 시각을 가져야 한다. 이런 방식을 통해, 부모-자녀 관계가 상처받기보다는 개선된다.

특히 ADHD 아동을 위해 필요한 부모기술은 때론 일반적으로 부모가 이런게 좋은 부모행동이라고 여기는 것과는 다른 상반된 것일 수도 있다(Jacobs, 1998). 예를 들어, 공공장소에서 다른 사람의 이목에 신경을 쓰는 부모는 식당이나 백화점에서 타임아웃시키는 걸 어려워할 수 있다. 또한 아이의 감정을 이해하고 충분히 설명해주는 것이 중요하다고 믿는 부모는 권위적이고 딱딱한 제한을 주는 데 어려움을 느낄 수 있다. 그럼에도 불구하고, 부모는 아동이 세상을 어떻게 보는지, 자신에 대해 어떻게 여기는지에 대해 이해해야 한다. 또한, 부모는 아동을 위해 환경을 구조화하고 일관성 있게 유지하는 것이 꼭 필요하다.

● **양육에 있어서 팀 개념** 아이에게 두 명(또는 그 이상)의 보호자가 있다면, 그 보호자들은 양육팀으로서 역할을 해야 한다. 서로 다른 양육방식으로 인해 종종 부모들 간의 힘겨루기가 일어나기도 한다(Jacobs, 1998). 예를 들어, 남자아이의 부모들은 학교에서 자신을 괴롭히는 친구에게 대처하는 방식에 어떻게 대처해야 하는지에 대해 각자 다른 의견을 가질 수 있다. 한쪽은 상대 친구와 싸우는 게 최선이라고 생각하고, 다른 한쪽은 선생님께 가서 말해야 한다고 생각할 수 있다. 이러한 의견차이는 양육에 대한 부부간 관계를 무너뜨리고, 가족체계의 역기능을 초래하며, 아들의 정서적 안녕도 해칠 수 있다. 부부가 서로를 지지하면 각자의 양육 역할이 강화된다. 즉 제한을 정할 때나 그 결과를 따르게 할 때 부모가 자기 확신을 가지고 더 효율적으로 제시하게 되며, 자녀에게는 건강한 역할 모델이 되기도 한다. 아동(그리고 가족체계)은 양육의 일관성이 유지되어서 심리적 안정감을 갖는 것이 필요하다. 부모는 권위자이자 보호자의 역할을 해야 하며, 아버지와 어머니가 함께 그 역할을 담당해야 한다(Woods & Ploof, 1997).

부부간에 관점이나 의견, 기대가 다르면 아동에게 큰 영향을 끼치게 되며, 이는 결혼생활이나 가족 전체에도 엄청난 영향을 주게 된다(Jacobs, 1998). 의견차이가 있다는 것은 성격과 가치관이 서로 다르다고 볼 수 있다. 그러나 부모는 이러한 차이로 인해 서로를 해치기보다는 부족한 점을 서로 보완해주어야 한다.

● **논쟁과 싸움 줄이기** 논쟁하고 싸우고 말다툼하는 것은 ADHD 아동 가족에게서 종종 볼 수 있는 특징이다(Jacobs, 1998). 반복적으로 비난이나 벌, 모욕,

조롱 당한 아동(그리고 성인)은 논쟁적이고 적대적이며 반항적인 행동 패턴을 가지게 된다. Jacobs는 논쟁 자체에 대해서 언급하기를, 시간이 지남에 따라 '긴장감이 생기고, 서로 간 상호작용을 하고, 논쟁이 발생하고, 더 강하게 논쟁을 한 후 사그러드는' 식의 패턴을 보이는 경향이 있다고 한다(p.131). 비록 가족 구성원들은 구체적인 문제(예, 취침시간, 집안일, 생활습관 길들이기)에 대해 구체적으로 논쟁을 하였다고 여기지만, 그 패턴을 살펴보면 서로를 통제하려는 힘겨루기로 보인다. 따라서 부모와 치료자는 **단순히 논쟁의 내용**을 보기보다는 과정을 살펴봐야 한다. 늘 똑같은 함정에 빠지지 않기 위해서 부모는 이러한 패턴을 짚어봐야 한다. 부모는 자녀 또는 배우자와 서로를 통제하기 위한 힘겨루기를 시작하고 유지하고 있지는 않는지 자신을 돌아봐야 한다. 예를 들어, 부모가 자녀에게 자기-모니터링 기술을 익히도록 원한다면, 부모 자신도 그 기술을 배우고 시범을 보여야 한다.

● **아이와의 특별 놀이시간** Barkley(1997)는 ADHD 아동과 부모가 특별한 놀이시간을 함께 가지는 것이 중요하다고 강조한다. 놀이시간은 10~15분 정도의 짧은 시간 동안 지속적으로 이루어져야 하며, 놀이 활동은 아이가 선택하고 가능한 제한은 적게 사용하라고 한다. 이 시간 동안, 부모는 아동에게 집중하고 적절한 행동에 대해서 격려해주어야 한다.

● **부모자조집단 모임** 부모자조집단은 부모에게 사회적 · 정서적 지지망을 제공할 수 있다. ADHD 아동 부모를 위한 국제협회 중 잘 알려져 있는 하나가 CHADD (Children and Adults with Attention-Deficit Disorders)이다. CHADD는 매달 정기적으로 부모와 전문가 모임을 가진다. 이 외의 자조집단과 지원기관목록은 부록 F를 참조하라.

● **용서하기** ADHD 아동을 용서해야 한다는 원칙은 중요하지만, 그것을 부모가 실천하기란 정말 어렵다. Barkley(1995)는 용서하는 데에는 세 가지 단계가

있다고 말한다. 첫째, 하루를 마무리하는 시간에, 부모는 그날 하루를 돌이켜보는 시간을 가지고 나서 아동이 위반한 것을 용서해주어야 한다. 그들은 하루 동안 경험한 화, 분노와 같은 부정적 감정들을 해소하는 노력을 해야 한다. 아동은 자신의 행동을 조절할 수 없으며 용서해 주어야 하는 존재임을 명심해야 한다. 둘째, 부모는 아동의 부적절한 행동을 잘못 이해하고 공격적으로 반응한 사람들을 용서하는 데도 주의를 기울여야 한다. 셋째, ADHD 아동과 관련된 실수에 대해서 용서하는 것은 그날그날하는 것이 중요하다.

우울증

Tatum(1997)의 보고에 의하면, 어린 아동은 우울증을 가질 수 없다는 일반적인 견해가 수년 동안 유지되어 왔다고 한다. 아동의 자아가 아직 충분히 구조화되지 않았다는 점이 이러한 견해를 지지해준다. 반면, 최근에는 아동의 생물학적 성숙이 성인과 유사하다고 보고하고 있으며, 성인과 마찬가지로 아동도 우울증을 가질 수 있다고 한다. Green(1980)에 의하면, 어린 아동들은 자신이 경험한 것을 이해하거나 언어적으로 표현하는 기술이 발달되지 않았다고 한다. 따라서 행동패턴의 변화와 신체적 증상을 보고 치료가 필요한지에 대한 의심을 해보아야 한다.

진단과 사정

우울증을 진단하는 데 있어서는 성인과 같은 기준을 적용할 수 있다. 까다롭고 민감한 정서 등의 몇 가지 증상들은 성인 우울증에서 보다 아동 우울증에 더 많이 나타난다. 또한 아동은 성인에 비해 신체화 증상, 분리불안, 공포증, 행동 문제를 더 많이 보인다. 아동은 청소년이나 성인에 비해 무쾌감증을 덜 경험하는 것으로 보이며, 생장증상이 나타난다. 우울증의 증상은 외로움, 잦은 울음, 집착, 사랑받지 못한다는 느낌, 학대받는 느낌, 무가치감, 자극공포, 자기 의식, 의심, 불행한 느낌, 신경질, 죄책감, 잦은 걱정이다(Hammen & Rudolph, 1996).

우울증의 신체적 증상이나 행동들은 다른 장애를 가지는 아동에게서도 볼 수 있는 전형적인 모습이기 때문에, 그 모습이 나타난다고 해서 아동이 꼭 우울하다는 의미는 아니다. Tatum(1997)에 의하면, 행동과 증상이 우울증과 관련 있다는 판단을 내리는 열쇠는 행동과 신체적 증상에 변화가 있는지 살펴보는 것이다. 관찰된 행동의 강도, 빈도, 지속기간 또한 진단을 돕는 기준이 된다.

DSM-Ⅳ(APA, 1994)에 의하면, 주요 우울장애 진단은 최소 2주 동안 9가지 중 5가지 이상의 증상을 보일 때 내려진다. 필수 증상은 우울한 기분 또는 흥미나 즐거움의 상실이다. 아동을 진단 내릴 때는 우울한 기분 대신에 민감하거나 까다로운 기분이 고려될 수 있다. 9가지 증상은 우울한 기분; 모든 활동에서 흥미나 즐거움의 급격한 감소; 급격한 체중감소나 증가, 식욕감소(아동의 경우는 예상된 체중증가가 나타나지 않기도 함); 수면과다 또는 불면; 정신운동의 초조 또는 지체; 에너지 저하 또는 피곤함; 과도한 죄책감이나 무가치감; 집중이나 결정을 내리는데 어려움; 죽음이나 자살에 대한 반복적인 생각이다. 아동에게 최소 일 년 동안 세 가지 증상이 지속되면 기분부전을 의미한다. Tatum에 의하면, 기분부전은 낮은 수준으로 장기간 지속되는 우울장애라고 한다. 주요 우울장애와 기분부전장애는 둘 다 태도의 변화, 까다로워짐, 철회, 자기 존중감의 감소가 두드러지게 나타난다. 예를 들어, 아동이 "난 아무것도 할 수 없어", "난 좋은 애가 아니야" 라고 한다면 이를 의심해 봐야 한다.

Blatt와 Homann(1992)에 의하면 아동에게 나타나는 우울증의 형태는 불쾌한 기분, 수면장애, 자살 생각이 포함될 수 있다고 한다. 뿐만 아니라 아동 특히 청소년에게는 우울증에 대해서 부인, 조증, 전이 등과 같은 '다양한 형태의 방어' 도 나타난다(p.82). 아동 우울증에 큰 영향을 미치고 진단을 내릴 때 고려되는 또 하나의 측면이 가족력이다. Green(1980)은 아동이 우울증의 유전적 기질을 가질 수 있고 가족력이 있다면 우울증이 나타날 소지가 많다고 한다. 또한 우울증은 어린 연령에 나타날 가능성이 더 크다.

Tatum(1997)은 정신과 의사들은 우울증 진단을 내리는 데 있어서 의학용어에 기초를 둔 상징기호인 **SIG E CAPSS**를 사용한다. 이것은 우울증의 신경생장 징후로 언급되는 증상들을 상징한다. **S**는 수면(sleep)패턴의 변화를 나타내는 것이다. 과다수면, 불면 등 세 가지 형태의 수면장애로 나타난다. 수면장애의 초기에는 잠들기가 어렵고, 중기에는 밤에 깨고, 말기에는 깨고 나서 다시 잠들지 못한다. **I**는 즐겨하던 일들에 관심(interest)이 없어지는 것을 말하며, 이는 종종 무쾌감증(anhedonia)이라고 언급된다. **G**는 무기력과 절망감을 동반한 죄책감(feeling of guilt)을 의미한다. **E CAP**는 우울 증상인 것으로 여겨지는 에너지(energy)수준 · 주의집중(concentration) · 식욕(appetite)의 증가나 감소 그리고 정신운동(psychomotor)이나 신체활동 수준의 변화를 의미한다. **S**는 성(sex)에 대한 관심이나 리비도의 감소를 나타낸다. 이것은 성인 우울의 경우 강력한 징후지만, 어린 아동에게는 중요하지 않다. 그 다음에 나오는 **S**는 죽음, 임종, 자살(suicide)에 대한 생각이 많아지는 것을 나타낸다. 이런 생각들은 매우 심각하고 신중하게 고려되어야 한다.

약물 고려

우울증 치료와 관련하여 Tatum(1997)은 임상경험으로 볼 때 약물치료가 상당한 도움이 된다고 한다. 또한 새로 나오는 항우울제들은 부작용이 거의 없거나 약해서 사용상 안전하다. 이에 대한 연구는 많지 않지만, 임상적으로 항우울제가 아동에게 매우 효과적이라고 한다. 부모들은 자녀가 임상적 연구 대상이 되는 걸 원치 않기 때문에 아동과 관련된 연구를 진행하는 것은 매우 어려운 것이다.

Tatum(1997)은 분리불안과 우울증을 동반한 심각한 증상을 가지고 있었던 4세 6개월난 여자아이에 대해 기술하였다. 그 아이는 치료를 받았지만, 진전이 없었다. Tatum은 아주 소량의 푸로작을 처방하였는데 '매우 탁월한' 효과를 보았다고 한다. 6개월 만에 아이는 아주 좋아졌다. 그러나 아이의 엄마는 아이에게 푸로작을 먹이는 끔찍한 엄마라는 주변의 얘기와 루머에 시달려서 너무 지쳐버렸다. 그녀는 의사와 의논 없이 약을 끊었다. 일주일 후 아이는 흥분상태로 물건을 찢고 소리지르고 동생을 할퀴었으며, 부모의 개입에도 순응하지 않고 반응을 보이지 않았다. 다시 푸로작을 먹으면서 마치 마법처럼 다시 침착해졌다고 한다. 놀이방 교사들은 아이의 이런 갑작스럽고 엄청난 변화에 놀라움을 표현했다. Tatum은 9개월 동안 처방하였으며, 이후 복용량을 줄여나갔다. 증상이 나타나면 다시 복용량을 늘였고 행동은 점차 좋아지게 되었다. 이는 항우울제의 효과를 보여주는 많은 예들 중의 하나라고 Tatum은 말한다.

부모역할과 치료적 고려

Kennedy, Spence, Hensley(1989)에 의하면, 우울증을 가진 아동은 우울하지 않은 아동에 비해 자신을 사회적 기술이 부족하고 상대에게 복종하며 자기 주장이 약하다고 여긴다고 한다. Hammen과 Rudolph(1996)는 우울증을 가진 아동은 학교 친구들에게 거부당하고 인기가 없으며 고립되는 경향이 있다고 보고한다. 그들의 대처기술은 소극적이고 문제해결에 초점을 잘 맞추지 못하며, 보다 더 회피적이고 수동적이며 감정에 초점을 맞추는 경향이 있다. 대인관계와 학업적 어려움에 대해서, 우울한 아동은 대처하는 데 무기력이 증가하는 경향이 있다. 학업적 성취는 우울증에 의해서 부정적인 영향을 받지만, 실제적인 지적 잠재력에는 별 영향을 주지 않는다. 즉 우울증은 아동이 자신의 잠재력을 충분히 발휘하는 능력이나 동기를 방해한다.

● **사회성이 좋아지도록 도와주기** Cole과 Cole(1996)은 아동이 성공 경험을 할 수 있는 자신감 있는 영역을 가질 필요가 있다고 한다. 작은 성공은 용기를 주고 자신감은 더 큰 성공으로 이끈다. McCarney(1992)는 아동에게 다양한 사회적 상

황을 경험하고 다양한 또래그룹을 가지는 기회가 주어져야 한다고 제안한다. 이를 통해 부모와 교사는 어떤 것이 아동에게 가장 편안한 사람과 장소인지를 파악할 수 있다. 가능하다면, 아동이 스트레스와 좌절을 경험하지 않도록 환경을 조성해야 한다. 예를 들어, 갑작스런 기분 변화를 보이는 친구와는 분리시켜야 한다. 또한 적절한 자기 표현, 사회적으로 수용되는 감정표현에 관해서 조언해주는 것이 필요하다.

● **학업성취 도와주기** 규칙적인 일상은 아동으로 하여금 안정감을 느끼도록 해준다. 아동에게 일상적인 활동의 종결, 새로운 활동의 시작, 특별한 이벤트와 같은 앞으로 일어날 변화를 알아차릴 수 있도록 해야 한다. 조용하고 기분 좋은 환경은 갑작스런 기분 변화의 가능성을 줄여준다. 아동이 기분 변화를 보이면, 과제를 완수하는 데 있어서 다소의 융통성을 보여야 한다(McCarney, 1992).

● **갈등에 대처하는 방법 배우도록 도와주기** 우울한 아동은 갈등 없이 성공적으로 상황을 다루는 방법(예, 갈등으로부터 벗어나기, 활동 변화 시키기, 도움 구하기; McCarney, 1992)에 대해 성인과 이야기를 나누면서 따뜻하고 양육적인 안전감을 경험해야 한다. 우울한 아동은 전형적으로 생각하기 전에 감정에 따라 충동적으로 행동한다. McCarney는 아동이 "내가 뭘 하고 있지?", "무슨 일이 일어나고 있지?", "최선의 선택은 뭐지?"라는 질문을 마음 속으로 해보는 연습을 할 필요가 있다고 한다. Barkley(1997)와 Nelsen(1981)에 의하면, 즉각적이고 존중적이며 합리적인 결과를 경험함으로써 아동이 충동적으로 행동하기 전에 자신을 조절하는 방법을 배우게 된다고 한다.

불 안

진단과 사정

Albano, Chorpita, Barlow(1996)는 불안장애가 아동기와 청소년기에 빈발하는 정신과적 장애의 범주에 들어가야 한다고 주장한다. 그러나 정신건강 서비스가 필요한 아동의 20% 이하만이 치료를 받는다. 불안과 같은 내재화 장애를 가진 아동은 대부분 말 없이 고통을 겪고 있으며 문제를 일으키지 않기 때문에 치료에 오지 않는 것이다. 불안으로 인해 생기는 문제들은 등교거부, 사회성 결여, 자율활동거부 등의 형태로 나타난다. 불안장애는 종종 아동기에 일찍 발병하며 성인기까지 만성화된다. 아동기 불안은 종종 ADHD와 우울증과 같은 다른 장애와 동반해서 생기며, 학습과 사회성에 부정적인 영향을 미치는 경향이 있다.

DSM-Ⅳ(APA, 1994)에 따르면, 아동에게 진단내릴 수 있는 불안장애는 9가지가 있다. 범불안장애(아동과 청소년의 경우에는 지나친 걱정을 하는 걸로 언급됨), 분리불안장애, 사회공포증, 공황장애, 강박장애, 광장공포증, 급성 스트레스장애, 외상후 스트레스장애이다. 이 장에서는 9가지를 모두 세부적으로 다루지는 않고, 일반화된 불안장애와 분리불안장애, 사회공포증, 강박장애에 대해서 다루고자 한다.

● **범불안장애** DSM-Ⅳ(APA, 1994)에서 GAD는 수많은 활동과 사건에 관해 지나치게 불안하고 걱정하는 것으로 특징지어진다. 과도한 불안과 걱정이 조절되기 어렵고 최소 6개월 동안 한 번에 며칠이상 나타난다. 아래에 나열된 생리증상 중 최소 1개가 나타난다.

1. 안절부절. 긴장이 고조되거나 가장자리에 선 느낌
2. 과민한 기분 상태
3. 집중의 어려움

4. 쉽게 피로함
5. 수면장해
6. 근육긴장

걱정과 불안에 대한 초점은 다른 장애에서 나타나는 측면들과 구분되어야 한다. 즉 사회공포증에서 보이는 어쩔 줄 모르는 불안이라든가, 분리불안에서 집을 떠날 때의 불안이나 강박장애에서 나타나는 감염된다는 불안 등과는 구분되어야 한다. 걱정, 불안, 신체 증상들이 임상적으로 볼 때 유의한 손상이거나 사회적, 학업적 또는 기타 기능적으로 중요한 영역에 심한 어려움을 겪는 경우 이 진단이 내려진다.

● **분리불안장애** DSM-Ⅳ(APA, 1994)에 의하면, 아동을 SAD로 진단내리기 위해서는 집 또는 애착 대상과의 분리에 대한 불안이 심하고 부적절하게 4주 이상 지속되어야 한다. 분리에 대한 불안은 다음 중 최소 세 가지가 보인다.

1. 집 또는 주된 애착 대상과 분리되거나 분리가 예상될 때 반복적으로 심한 불안을 느낀다.
2. 주된 애착 대상을 잃거나 그에게 해로운 일이 일어날 거라고 계속적으로 심한 걱정을 한다.
3. 분리에 대한 불안으로 인해 학교나 그 외의 장소에 지속적으로 가기 싫어하거나 거부한다.
4. 납치나 길을 잃는 것과 같은 사고가 생겨 애착대상과 분리될 거라는 걱정을 심하게 지속적으로 한다.
5. 혼자 있거나 주된 애착 대상 없이 지내는 데 대해 지속적이고 과도하게 두려움을 느끼거나 거부한다.
6. 주된 애착 대상이 가까이 있지 않은 상황이나 집을 떠나는 상황에서는 잠자기

를 지속적으로 싫어하거나 거부한다.

7. 주된 애착 대상과의 분리가 예상될 때 반복적인 신체증상을 호소한다(예, 구토, 두통).
8. 분리의 주제와 연관되는 반복적인 악몽을 꾼다.

이 장애는 18세 이전에 발병하여 최소 4주 이상 지속되며 사회적 · 학업적 · 직업적 · 기타 다른 중요한 기능 영역에서 임상적으로 심각한 고통이나 장해를 일으킨다. 이는 정신분열증이나 광범위성 발달장애 기간 중에는 나타나지 않는 것이어야 하며, 청소년과 성인에서는 광장공포증이 있는 공황장애로 잘 설명되지 않아야 한다. 조발성인 경우 6세 이전에 시작된다.

● **사회공포증** Vesey(1995)는 사회공포증은 대부분 청소년에게 진단내려지며, 10세 이하의 아동에서는 드물게 진단된다고 한다. DSM-Ⅳ(APA, 1994)에 의하면, 사회공포증은 사회적 상황 또는 활동 상황에서 사람들이 자신을 주시하고 있을때나 친숙하지 않은 사람을 만날 때 지속적이며 현저한 두려움을 보인다. 또한 자신이 당혹스럽고 창피스러운 방식으로 행동할까봐 두려워한다. 아동의 경우, 친한 사람들과는 발달적으로 적절한 관계를 맺을 수 있는 능력이 입증되어야 하며, 불안은 성인과의 관계에서뿐만 아니라 또래와의 관계에서도 일어나야 한다. 두려운 상황에의 노출은 언제나 예외 없이 불안을 유발시키며 이는 상황과 관계가 있거나 상황이 소인이 되는 공황발작으로 나타난다. 아동의 경우, 불안은 몸이 꽁꽁 얼어버림, 울음, 떼깡, 숨어버리기 등으로 표현된다. 공포스러운 사회적 상황이나 활동 상황을 회피하려 하고, 그렇지 못할 경우 강한 불안과 고통을 경험한다. 공포스러운 상황에 대한 회피, 예기불안, 이로 인한 고통이 사회적 · 학업적 · 직업적 · 기타 다른 중요한 기능을 저해한다. 공포나 회피는 18세 이하에서는 최소 6개월 이상 지속되어야 하며, 다른 정신 장애에 의해 설명되지 않아야 한다.

● **강박장애** DSM-Ⅳ(APA, 1994)에 의하면, 강박장애는 부적절하고 침입적인 충동이나 심상, 사고가 반복적이고 지속적으로 나타나며, 현저한 불안고통을 일으킨다. 이러한 충동이나 심상, 사고는 단순히 실생활 문제를 지나치게 걱정하는 것은 아니다. 개인은 이러한 충동이나 심상, 사고를 무시하거나 억압하려고 시도한다. 개인은 이러한 충동이나 심상, 사고가 자신의 마음 속에서 나온 것임(사고의 주입처럼 외부에서 강요된 것이 아닌)을 인정한다.

소아신경학자인 Lloyd Mercer(1997. 9. 30. personal communication에서)는 아동기를 포함한 어느 연령에서든 나타날 수 있으나, 아동 연령에 따라 행동에 미치는 영향은 다양하다고 한다. 현실적으로 위협적이지 않거나 아주 경미한 위협만 있는 상황에서 쉽게 불안이 생긴다. 유아기를 벗어난 어린 아동의 경우, 대소변 가리기나 언어, 놀이행동 등에서 발달적 퇴행을 보이는 식으로 불안이 나타난다. 더 나이든 아동의 경우에는 사회적 위축, 과도한 사고의 몰두, 백일몽, 비현실적 공포 그리고 때때로 피해의식까지도 나타난다. 아동의 경우, 부모나 보호자의 안전에 대한 과도한 걱정까지 하게 된다. 불안과 관련하여 과잉행동, 반복적 행동, 쉽게 산만해짐, 정서적 과잉 반응이 나타날 수 있다.

DSM-Ⅳ(APA, 1994)에는 다음의 불안 증상이 포함된다 : 다양한 활동이나 사건에 관해 며칠씩 과도하게 불안해하고 걱정함, 걱정과 불안을 조절하기 어려움, 피로감, 주의집중의 어려움, 과민한 기분상태, 근육긴장, 수면장해. 이 증상들은 대체로 치료 목표로 쉽게 정할 수 있으며, 치료에 대한 반응도 쉽게 측정될 수 있다. Tatum(1997)은 불안은 아동에게서 보이는 가장 일반적인 장애라고 주장한다. 그러나 ADHD와 같은 장애가 이보다 더 치료적 주목을 받는다. 왜냐하면, 사람들은 '삐걱거리는 바퀴에 기름을 치기' 때문이며, ADHD 증상은 불안증상보다 분명하게 드러나기 때문이다. Tatum은 아동은 생물학적으로 성인과 같으며, 따라서 불안한 아동을 치료하는 데 있어서 약물치료가 매우 도움이 될 것이라고 강조한다.

약물치료 고려

Mercer(1997)에 의하면, 성인의 불안과 우울증에 사용되는 수많은 약물치료들은 아동에게도 똑같은 효과가 있다고 한다. 그러나 약물처방에 있어서 복용량과 복용법이 조정되어야 한다. 하이드록시진[아타락스(Atarax)]과 같은 약물은 부모들에게 잘 알려져 있다. 왜냐하면, 다른 목적으로 사용(예, 항히스타민제)해 보았거나 이미 아동 조제약으로 사용 가능하기 때문이다. 하이드록시진의 경우처럼 다른 항히스타민제들도 불안을 감소시키는 효과가 있지만, 대개 밤에만 사용하거나 적은 용량을 복용해야 한다. 왜냐하면 아동에게는 진정제 작용을 하기 때문이다.

또한 Mercer(1997)는 아동기 불안과 우울증에 오랫동안 쓰이고 있는 약물로 삼환계 항우울제가 있다고 한다. 친숙한 용어로는 이미프라민(Tofranil), 아미트리프탈린(Elavil), 도세핀(Sinequen)이 있다. 이 약물들 또한 수면 향상이나 두통 치료, 유뇨증 감소와 같은 다른 목적으로 사용된다. 도세핀을 제외하고는 시럽이나 씹어먹는 형태로 복용할 수 없으므로 아동이 복용하기에는 어려울 수 있다. 항히스타민과 같은 진정제가 이 장애에 사용되는데, 주로 처음 시작할 때는 취침시간에 복용한다. 진정작용을 줄일려면 낮 시간에는 용량을 낮추어 복용할 수 있다.

Mercer(1997)에 따르면, 일반적으로 성인에게 사용되며, 아동에게는 덜 사용되는 약물로 디아제팜(Valium)이 있다고 한다. 이 약물군은 벤조디아제핀이라고 불리고, 트랭신(Tranxene), 클로노핀(klonopin), 싸낙스(Xanax) 그 외 불안과 불면증 치료에 사용되는 수많은 약들이 이에 포함된다. 아동이 복용했을 때 나타나는 문제는 생리적 의존이 일어날 수 있다는 것이다. 따라서 임상적으로 같은 효과를 보기 위해 복용량을 늘렸을 경우 그 약물의 지속적인 사용을 서서히 줄여 나가는 경향이 있다. 만약 장기복용한 약을 갑자기 끊어버리면, 금단 증상이 일어나기도 한다. 이런 이유로 벤조디아제핀은 다른 약물처럼 아동기 불안 치료에 자주 사용되지는 않는다. 그러나 다른 약물에 효과를 보지 못하면 이 약물을 처방하는 것이 필요하다.

Mercer(1997)은 벤조디아제핀을 대신해서 부스파(Buspar)가 사용된다고 한다. 부스파는 지속적인 복용으로 인한 생리적 의존이나 금단 증상의 위험이 보고되지 않았다. 하루 1회 복용으로도 효과가 있으며, 시간이 지나도 복용량을 늘릴 필요가 없다. 부스파는 시럽이나 씹어먹는 형태는 아니지만, 알약의 크기가 작고 잘 부숴진다.

Mercer(1997)은 불안과 우울증에 사용되는 약물로 리스페리돈(Risperdal), 토리다이진(Mellaril), 할로페리돌(Haldol)과 같은 강한 진정제군이 있다고 보고한다. 이것은 난치의 경우에만 사용된다고 하는데, 그 이유는 평생 복용해야 하거나 약물 부작용의 위험이 있기 때문이다. 이 약물을 사용할 경우에는 짧은 기간 동안 적은 용량만 복용하는 것이 안전하다.

Mercer(1997)는 아동 우울증과 불안에 새롭게 쓰이는 약물군이 선택적 세로토닌 재흡수 차단제(SSRI)라고 한다. 이 계열에서 가장 보편적으로 쓰이는 약물로는 푸로작(Prozac), 졸로프트(Zoloft), 픽실(Paxil), 루복스(Luvox)가 있다. 이 약물들에 대한 새로운 연구들이 나오고 있는데, 그 결과는 아동기 기분장애 치료에 대한 FDA 승인을 얻을 수 있을 정도다. 이 약물들은 부작용을 최소화하여 약에 잘 적응하도록 되어 있고 모두 진정작용을 한다. 또한 학령기 아동에게 특히 도움이 된다.

양육과 치료적 고려

De' Amico와 Friedman에 의하면, 불안과 낮은 자기 존중감을 가진 아동은 두려움과 불안에 취약하며 적응적인 대처기술들이 줄어든다고 한다. 이러한 이차적(또는 일차적) 결핍들에 대해서도 (놀이)치료 시에 언급해야 한다. 즉 그 영향은 어떤 것인지, 어떻게 형성되었는지 등에 대해서 살펴봐야 한다.

● **놀이** 놀이는 아동이 그들의 활동, 기술, 행동, 공포, 그 외의 전반적인 모든

것들과 관련하여 어떤 상태인지를 의미하는 기본적인 수단이다. Landreth, Homeyer, Glover, Sweeney(1996)는 분리불안을 경험한 어린 아동에 대한 놀이치료 연구를 위해 Milos와 Reiss(1982)의 연구를 따랐다. 이 연구의 결과는 판단적이지 않은 성인과 함께 적절한 놀잇감으로 놀이를 경험한 아동에게서 불안이 극적으로 감소되었다는 것이다. 또한, 아동 개인의 정서적 어려움의 양이 불안 수준과 관련되어 있었다. 따라서 놀이의 수준이나 질이 높다는 것은 직접적으로 불안의 수준이 낮다는 것을 의미했다.

● **공포 유발자극에 서서히 노출하기** 부모와 치료자가 아동의 공포와 불안을 극복하도록 도와줄 때, 불안—그리고 공포—유발 자극을 회피하도록 하는 것은 오히려 공포 행동을 지속시키는 경향이 있다(De' Amico & Friedman, 1998). 가장 효과적인 치료법은 공포-유발 자극에 노출시켜서 공포스러워했던 일이 실제로 일어나지는 않는다는 것을 확신시켜 주는 것이다. 이것은 공포위계의 점진적인 노출 계획에 따라 이루어져야 한다. "복잡하고 구체적인 공포상황을 그다지 공포스럽지 않은 것에서부터 매우 공포스러운 것까지를 연속선상으로 확인하여, 매우 공포스러워하는 것을 체계적으로 소멸시키는 과정을 경험하도록 돕는다"(p.56). 또한, 아동에게는 이완, 타인의 관찰, 정서적 심상화, 상황 속에서의 자신 인지하기와 같은 대처 기술을 가르쳐 줄 수 있다.

● **치료 조력자로서의 부모, 교사, 또래들** 공포와 불안을 가진 아동은 공포-유발자극을 자연적으로 피할 것이다. De' Amico와 Friedman(1998)은 문제 행동의 가능성을 감소시키기 위한 시도를 할 때에는 어떤 목표개입이든지 간에 앞으로 일어날 환경적 상황에 대해서 언급되어야 한다고 말한다. 부모들은 아동의 자연적인 환경에 대해 언급하여 도움을 줄 수 있다. 그러고 난 후 점차적으로 적절한 자극에 노출 시키고, 적응적인 자기 통제와 대처기술의 발달이 이루어질 수 있도록 한다. McCarney(1992)는 주어진 활동을 수행하는 데 어려움이나 공포가 있

는 아동에게는 대안 활동이 제공되어야 한다고 제안한다. 그러나 대안활동을 차츰 소멸시킬 때에는 공포는 줄이고 성공 경험을 늘리면서 진행해야 한다. 또한, 반친구, 친구, 형제들은 큰 지지가 될 수 있고 불안에 대한 적절한 모델링이 되어줄 수 있다. (안전하고 긍정적인 결과가 나오는 상황에서) 다른 친구가 공포스런 상황에 노출된 것을 직접적으로 관찰하는 것은 불안-야기 자극의 위협을 소멸시키고 공포를 줄이는 데 도움이 된다.

약물에 대한 부모의 저항

Mercer(1997)에 의하면, 약물치료를 할지 안 할지에 대한 결정은 궁극적으로 부모에게 달려 있다고 한다. 약물 사용에 대한 부모의 이해를 돕는 것은 때때로 약물치료를 결정하는 데 도움이 된다. 부모들은 약물치료의 장단점에 대해 고려해볼 기회를 가져야 하며, 아동에게 가장 안전하다고 여겨지는 결정을 내려야 한다. Mercer(1997)는 다음과 같이 설명한다.

> 관련된 지식이 없는 것은 그에 대해 알고 있는 것에 비해 더 위협적으로 여겨진다. 약물에 대해 부모에게 정보를 더 많이 제공할수록, 약물 사용에 대해 부모들이 더 편안하게 받아들일 것이다. 부모들은 약물의 장기적 영향에 대해 고려하는데, 이때에는 약물 사용 후에 대한 내용에 대해서 설명해주는 것이 도움이 된다. 치료란 개인의 행동과 적응의 영구적인 변화에 영향을 끼치는 기회를 주는 것이기는 하지만, 약물치료는 '완전한 치유'로서가 아니라 감정 스펙트럼의 일시적인 변화를 위한 도구로서 보아야 한다고 부모에게 강조하는 것이 도움이 된다.

Mercer(1997)는 아동기 기분장애의 치료를 위해 처방하는 약물에 대해서 중요한 사항을 언급하였다. 아동기 기분장애 치료를 위해서는 신약개발이 필요하지만 이에 투자하는 제약회사가 거의 없다는 것이다. 신약개발연구에는 막대한 돈과 자원이 필요하다. 또한 장기복용 약물들은 FDA 승인을 얻기 위해서 돈을 투자해야 하기 때문에 제약회사의 입장에서는 경제적으로 그다지 이득이 되지 않는다. 결과적으로, 불안과 우울증 치료에 효과가 있는 대부분의 약물들은 아동이 사용가능하다는 승인이 없는 대신에, '인가되지 않는 약품' 사용으로서 의사의 처방이 있어야 사용 가능하다. FDA 승인이 없다는 것은 아동에게 안전하지 않고 효과도 입증되지 않았다고 여겨지기 때문에 부모들로 하여금 약물 사용에 혼란을 주게 된다. 부모들은 FDA승인은 단지 제약회사가 약물을 판매하는 데 있어서의 법적인 요구를 충족시킨 것뿐이라는 점을 이해해야 한다. 약물은 그 사용법을 알고 있는 의사의 경험에 달려 있는 것이다.

부모가 우울증 또는 그 외의 장애를 가진 경우

Fallone(1998)은 또 하나의 어려움을 직면할 수 있다고 한다. ADHD 아동의 친가족 구성원 중에 ADHD가 있다는 것은 그렇지 않은 경우에 비해서 더 의미가 있다. 따라서 치료자는 ADHD 부모와 함께 작업하는 경우를 대비해야 한다. 또한 ADHD 아동의 친가족 구성원이 기분 장애와 같은 다른 형태의 정신 병리를 가지는 경우가 많다.

성인 장애는 아동기 문제와 같은 패턴인 경우도 있고 그 반대인 경우도 있다(Mash & Dozois, 1996). ADHD, 우울증, 불안을 가진 아동의 부모들은 극심한 스트레스, 좌절, 죄책감, 반복된 실패감, 무기력을 경험하는 것으로 보인다. 이러한 요소들에 지속적으로 노출되면 정서적인 어려움 또는 우울증까지 겪게 된다. 한편, 우울증이나 불안을 가진 아동이 ADHD 증상을 보이기도 한다. ADHD 진단을 받은 아동이지만 조롱, 수치, 벌, 또래로부터의 거부를 지속적으로 경험하게 되면, 실패감, 부적절감, 부끄러움, 죄책감, 고립감, 무력감이 발달(예, 우울증)하게 된다. 한편, ADHD, 우울증, 불안 등의 문제가 있는 아동을 둔 부모 자신이 우울증이 진행되고 있거나 이미 그 상태일 가능성이 있다. 부모가 ADHD, 우울증, 불안, 기타 다른 장애일 경우, 이미 증상을 경험하고 그에 대처하며 지내온 경험을 토대로 효과적인 부모역할을 할 수 있도록 요구할 수 있다. 따라서 부모의 우울증과 부모역할에 미치는 영향이 중요한 문제로 논의된다.

우울증이 가족에게 전이되는 경향이 있음을 분명히 보여주는 연구들이 있다(Hammen, 1991). 그러나 각 사례마다 그것이 세대 간 전이되는 것이 유전인지 심리사회적 영향인지 아니면 둘 다의 영향으로 인한 것인지에 대해서는 결정을 내리기 어렵다. 우울증은 영향을 미치는 요인이 다양하고 일정하지 않아서 구체적인 원인을 결정하는 데 어려움이 있다(Hammen & Rudolph, 1996). 우울증 환자의 가족들은 가족 안에서 분열을 경험하는 것으로 보인다. 따라서 그러한 가족안에 속해 있는 아동은 유전적인 요소뿐만 아니라 환경적으로도 위험한 상태이다.

아동기 발달은 매우 복잡한 현상임이 분명하다. 아동은 적응적인 발달을 위해 직면해야 하는 많은 요구들이 있다. 반면, 부모는 효과적인 부모역할과 관련하여 많은 책임을 가진다. 부모에게는 기술, 힘, 인내, 참을성이 엄청나게 많이 요구된다. 불행히도, 우울한 부모는 아동에게 기울여야 할 관심과 에너지가 없다. 이로 인해 정서, 행동, 장애로 다양하게 표현되는 부적응적 발달이 생기게 된다. 부모의 일관성과 긍정적인 반응은 적응적인 아동발달에 필수적이다. 우울증은 에피소드적인 특성이 있기 때문에 일관성을 방해한다. 아동은 비일관적이며 예상치 못한 행동을 하는 우울한 부모를 경험하게 된다. 부모의 우울증상으로 인해 혼란과 편견을 가진 아동은 자신의 부모를 반응이 없는 사람으로 경험하기도 하고, 신체적 · 정서적으로 도움을 주지 못하는 대상으로 경험하기도 한다(Radke-Yarrow, Cummings, Kuczynski, & Chapman, 1985). Bowlby(1969, 1980)에 의하면, 의미 있는 대상과 사회적 · 정서적 안정애착을 발달시키지 못한 아동은 정신건강 문제뿐 아니라 정서 · 행동 · 인격 · 관계 장애를 가지게 되는 경향이 있다고 한다.

우울한 부모는 자녀의 발달에 있어서 기본적인 환경요소이다. 부모역할의 상태는 장애의 구성요소가 되는 증상과 손상(예, 슬픔, 감정기복, 정서적 교류의 부재, 절망, 혼란)에 영향을 미친다(Radke-Yarrow 외, 1985).

Davenport, Zahn-Waxler, Adland, Mayfield(1984)는 양극성 장애를 가진 부모에게서 자란 아동의 8가지 패턴에 대해 다음과 같이 언급한다.

1. 상실, 슬픔, 화, 애정에 대한 감정을 회피하려는 노력으로 강한 부인을 한다.
2. 친밀한 관계에 의존하고 무기력하다.
3. 자기-예상과 관습수용에 있어서의 기준이 비현실적이다.
4. 부모의 낮은 자존감이 아동에게로 옮겨간다.
5. 고립된 경향이 있으며, 가족 외의 대상과 관계를 맺지 못한다.
6. 질병이 유전될까봐 두려워한다.
7. 약물치료에도 불구하고 에피소드가 다시 나타날까봐 두려워한다.
8. 수동적이다. 또는 이끌어주는 어른의 존재가 없다.

아동이 정상적으로 건강한 발달을 하는 데 필요한 부모역할의 요소는 정서적 따뜻함, 반응가능함, 안정적 부모-자녀 관계, 관대함이다. 이러한 부모역할은 아동이 분노, 좌절불안, 슬픔과 같은 감정을 다루는 데 도움을 준다. 양극성 장애를 가진 부모는 전형적으로 비일관적인 양육 행동을 보여준다. 이러한 환경 속에서 아동은 무슨 일이 일어날지 자신의 욕구가 무엇인지 알지 못하며 삶은 위험한 것이라고 지각한다(Davenport 외, 1984).

우울한 부모는 자녀의 발달적 요구에 민감하지 못한 경향이 있다. 이러한 부모들은 자녀의 활동에 거의 참여하지 않으며, 자녀가 느끼는 억압, 고민, 고통에 대한 표현을 민감하게 감지하지 못한다. 그들은 자녀와 부정적이고 적대적 또는 철수되어 상호작용하는 경향이 있다. 우울한 부모의 양육 행동에는 자녀를 격려하는 것이 부족하다. 즉 자녀가 환경을 탐색하거나 새로운 사람과 상호작용하는 것을 격려하지 못하고, 비판적인 태도로 화를 낸다. 부모의 우울이 심각해질수록 자녀와의 상호작용 시 화를 내는 경우가 더 많아진다. 부모는 자녀 행동의 모델이다. 우울한 부모는 종종 무쾌감적이고 수동적이며 철수되고 불안한 행동의 모델이 된다(Kochanska, 1991).

Zahn-Waxler, Cummings, McKnew, Radke-Yarrow(1984)는 양극성 장애 환자가 있는 가족은 아동의 건강한 발달을 해치는 '환경적 박탈' 상태를 만든다고 한다. 양극성 장애 부모의 부모역할에서의 결점은 다음과 같다. 타인인식이 부족함, 공감능력이 부족함, 받기만하고 주지 못함, 적개심을 다루기 어려움, 사회적 관계를 친밀하게 유지하기 어려움, 기분을 안정적으로 유지하기 어려움, 부모 자신의 의존 욕구로 인해 자녀와 안정적인 애착을 형성하는 능력이 부족함. 이러한 결점들은 자녀의 우울이나 정서적 사회적 문제를 발전시킬 위험을 증가시킨다.

아동에게 미치는 영향

애정적인 양육이 방해받는 환경에서 자란 아동은 정서적 문제가 발달할 소지가 많다. 우울증으로 인해 무리한 요구를 하는 부모를 가진 아동은 자신이 양육자로서의 역할을 발달시키게 되며, 우울증, 불안, 고립, 수면문제, 과도한 화, 공격성, 그 외의 정신병리적 증상의 위험이 높아진다. 과잉행동, 혼란, 공격성, 적개심, 비협조, 주의가 필요하고 통제불능한 행동 또한 양극성 장애 부모를 둔 아동의 특성이다. 또 다른 문제 행동으로는 얕은 대인관계, 공감 능력의 부족, 받기만 하고 주지 못함, 갈등 다루기가 어려움, 스트레스에 과도한 반응, 정신불안, 무쾌감 등이 있다. 아동은 양육자의 정서적 표현을 주시하고 그에 따르는 경향이 있으므로, 양극성 장애 부모를 둔 아동은 정서적으로 불안정한 상태가 발달된다(Zahn-Waxler 외, 1984). 그러나 Kochanska(1991)는 드물게 나타나는 사례로 양극성 장애 부모의 자녀들은 '과도한 능력'이 생기는 경우가 있다고 한다(p.251). Zahn-Waxler와 그의 동료들(1984)은 양극성 장애 환자의 2살 난 자녀의 경우 남자 아이가 여자 아이에 비해 비목적적 공격성을 더 많이 보이는 반면, 엄마에 대한 이타적인 행동은 더 많이 보이는 경향이 있다고 한다.

Blatt과 Homann(1992)은 생물적 · 유전적 · 환경적 요소들이 상호작용하여 발달에 영향을 미치고 우울증에 취약해진다고 한다. 이러한 취약 요소들은 스트레스 경험으로 인한 충격(예, 부모의 죽음)뿐 아니라 아동 특성과 부모, 가족, 사회적 환경 특성까지 포함한다. 그들은 "정상적인 유아는 반응적인 엄마와의 지속적인 상호작용을 통하여 자신을 능력 있고 논리적이며 긍정적인 존재로 인식하게 된다."고 말한다(p.77). "부모의 보호, 양육, 지지가 부족한 상태에서 과도하게 부모의 권위를 내세우고 통제하고 비판하고 비난하면 이후에 우울증으로 발달된다."고 한다(p.76). 우울한 부모가 비반응적이거나 통제적이면, 아동은 부모에 대한 분노가 발달하게 된다. 이는 죄책감, 수치심, 부적절감을 느끼게 하여 부정적인 자기인식을 가지게 할 수 있다.

아동은 어려움에 처했을 때 양육자에게 가서 안내와 정보를 구하고 위안받는다. 교사이자 공감자이며 모델로서의 양육자의 반응은 아동의 정서발달에 주축이 된다. 부모가 역기능적이면, 아동은 부모를 안내자로 볼 수 없다는 것을 배우게 된다. 따라서 정서발달과 관련된 학습과 상황에 정서적으로 대처하는 데 필요한 중요한 자원이 박탈된다(Zahn-Waxler 외, 1984).

세대 간 전이

Radke-Yarrow와 동료들(1985)은 "우울증은 한 세대에서 다음 세대로 전이되는 가족력이 있는 것으로 보인다. 정상 부모의 자녀에 비해 정서장애 부모를 둔 아동에게서 정신병리의 빈도가 의미 있게 높게 나타난다."고 한다(p.884).

양극성 장애 부모의 자녀는 갈등이나 고통에 대한 선입견이 있으며 괴로움의 정도가 증가되는 것으로 보인다. 그들은 친구를 돕거나 함께 나누고 사회적 상호작용을 친밀하게 유지하는 데 어려움이 있으며, 또래와 성인에게 공격적인 부적응적 패턴을 보인다. 양극성 장애와 유사한 이러한 특성들은 장애가 부모로부터 아동에게 전이될 수 있다는 점을 의미한다(Zahn-Waxler 외, 1984).

Radke-Yarrow와 동료들(1985)은 행동문제도 한 세대에서 다음 세대로 전이

되는 가족력이 있다고 한다. 문제가 없는 가족의 아동에 비해 기분장애와 행동장애를 가진 가족의 아동에게서 정신병리의 빈도가 의미 있게 높게 나타난다고 보고하고 있다. 따라서 행동 문제와 기분장애는 세대간 전이가 된다. 수용, 온정, 관심, 사랑, 허용, 적절한 제한에 대한 기본적인 욕구를 경험하지 못한 아동은 성장해서 자신의 문제를 자녀에게 물려주게 된다.

애 착

우울한 부모의 행동과 정신상태는 양육자로서의 기능과 책임뿐만 아니라 부모–자녀 간 정서적 애착의 건강한 발달을 방해한다(Radke-Yarrow 외, 1985). 아동의 생물학적 · 기질적인 특성들은 부모의 특성과 자녀 양육 능력에 영향을 받기 때문에 불안정 애착이 발달할 위험이 증가할 수 있다(Blatt & Homann, 1992). 아동에게 발달하는 이러한 특성은 자녀를 향한 부모의 수용과 애착을 방해한다. 우울증 또는 다른 장애들은 가족에게 전이되는 경향이 있기 때문에, 부모와 자녀는 둘 다 부모–자녀 관계를 방해하는 증상을 가질 가능성이 매우 크다.

불안정 애착된 아동은 사회적 철수, 불안, 또래와 성인과의 관계의 어려움, 성인에게 지나친 의존 등의 행동문제를 보이는 경향이 있다. 또한 불안정 애착된 아동은 자신을 사랑스럽지 않은 존재로 보며, 타인에 대해서는 거부적이며 둔감한 대상으로 여기게 된다. 우울한 부모의 자녀에게서 보이는 다른 행동들로는 슬픔, 극도의 회피, 고민, 냉정함, 우울증상이 있다. 어린 아동은 종종 부모의 애정과 반응을 따라하고 비슷하게 행동한다. 우울한 부모는 자기 비난을 하기 때문에, 자녀의 자기 지각에도 영향을 미칠 가능성이 있다(Blatt & Homann, 1992).

Mash와 Dozois(1996)에 의하면, 대부분의 성인 장애들은 아동기의 문제와 상태, 경험들로부터 찾아볼 수 있다고 한다. Bowlby(1969, 1980)는 안정적인 사회적 · 정서적 유대를 맺지 못한 아동은 성격적, 정서적, 행동적, 신체적 건강과 관계의 문제를 가질 가능성이 크다고 주장한다.

사회화

Barber와 Olsen(1997)은 (a) 의미 있는 대상과 안정되고 긍정적인 정서적 유대를 맺고, (b) 행동조절을 위해 일관적이고 적절한 제한을 받으며, (c) 자신의 생각과 정서를 느끼고 표현하고 존중받은 아동은 안정된 자기감과 정체감을 형성하게 되어 건강한 발달이 이루어진다고 한다. 즉 관계, 조절, 자율성을 경험한 아동은 건강한 인간발달을 위해 기본적으로 필요한 조건들을 갖출 수 있게 된다 — 사회화. 사회화 조건들은 다양한 아동기 기능과 가족관계 경험과 관련되며, 우울증을 포함한 정신건강 상태를 예측한다.

우울한 부모는 아동의 탐색이나 놀이활동을 격려하거나 촉진시키지 못하는 경향이 있다. 또한 이들은 아동과 말을 거의 안하고 사회적 활동에 노력을 기울이지 않는 경향이 있다(Kochanska, 1991).

Zahn-Waxler와 그의 동료들(1984)은 양극성 장애 부모의 자녀는 어린 시절에 놀이친구들과 어울리는 빈도가 줄어든다고 한다. 만 1~2세 사이의 자녀들에게도 사회적 상호작용과 친밀감 형성의 어려움, 공격적이고 대립적인 행동, 이타적인 사회화 행동의 결손, 불안정 애착패턴의 발달이 나타난다고 한다.

억 압

Kochanska에 의하면(1991), 부모의 우울증으로 인해 자녀가 억압적이고 소심하며 겁이 많은 성격 유형으로 발전하는 경향이 많다고 한다. 아동이 극도로 자신을 억압하면 철수, 긴장, 불안, 우울 등의 부적응적 발달이 생기게 된다. 대부분의 양육자들은 아동이 새로운 사람과 환경을 탐색하고 긍정적인 반응을 하기 위해서는 아동의 능력과 의지가 사회적 · 정서적 발달에 중요하다는 것을 알고 있다. 자녀가 철수되거나 억압되어 있다는 걸 알게 되면, 부모는 그 행동을 감소시키려 하고 양육에 불편함을 느끼고 사회적 상호작용과 탐색적인 활동을 하도록 부추기게 된다.

우울한 부모의 자녀가 부적응적 발달인 억압 수준이 높아지는 데는 수많은 이유들이 있다. Kochanska에 의하면(1991), 우울한 엄마는 "매일매일 양육을 담당하는 데 어려움이 있다. 즉 어린 자녀에게 적절한 자극, 놀이, 새로운 환경을 탐색하는 기회를 제공하는 데 필요한 에너지와 긍정적인 정서를 유지하기가 어렵다."고 한다(p.251). 또한 이들은 활동, 대화, 자발적 행동의 수준이 낮은 경향이 있다.

Kochanska(1991)는 우울한 부모의 자녀 중 남자 아이가 새로운 환경에 직면했을 때 더 억압적이라고 보고한다. 반대로, 여자 아이는 새로운 사람을 만났을 때 더 억압적이라고 한다. 분명한 것은 정신건강, 행동적 · 생물학적 장애는 한 세대에서 다음 세대로 전이된다는 것이다. 부모들은 자녀의 수많은 욕구를 충족시켜주어야 한다는 막중한 책임감을 느낀다. 이러한 요구들은 부모 자신의 문제에 따라 복잡해진다. 결과적으로, 아동은 부모와의 문제로 인하여 병이 든다.

요 약

우울증, 불안, ADHD로 진단받은 아동에게는 종종 다각적인 치료 전략들이 요구되어 진다. 예를 들어, 아동은 향정신성 약물치료를 받으면서 정서적 · 사회적 지지와 놀이치료를 병행하기도 한다. 그러나 부모들은 약물치료를 해야 하는지 의문을 가지게 되고 놀이치료자에게 그런 걱정들에 대해 종종 언급한다. 약물이 유일한 치료 양식으로 쓰이는 경우는 드물다. 약물은 주로 타 치료와 부모의 양육 전략을 촉진하기 위해 사용된다. 결과적으로, 내담자에게 최상의 서비스를 제공하기 위해서, 치료자는 관계적 · 지지적 · 구조적 · 행동적 치료기법들뿐 아니라 향정신성 약물에 대해서도 숙지해 두어야 한다.

치료자는 아동의 문제를 규정하기보다는 자녀의 장애가 지니는 특성에 초점을 맞추도록 부모를 도와야 한다. 아동의 특성을 문제라고 보게 되면, 부모는 자녀의 행동을 통제하려고만 한다. 이런 경우에는 도전을 받게 되어 부모뿐 아니라 아동의 상태도 악화된다. 부모들은 자녀의 행동 문제를 게으르고 고집스럽고 반항적이며 버릇없다고 보는 경우가 많다. 이런 시각들은 부모와 자녀가 힘겨루기를 하게 만든다. 힘겨루기를 하게 되면 장애와 관련된 특성을 수용하고 그에 대처하기보다는 오히려 그것 자체가 문제의 초점이 된다. 부모들은 아동이 하고 싶지만 못하는구나라는 수용을 하기보다는 할 수 있으면서 하고 싶어하지 않는다라고 믿어버리는 경우가 종종 있다.

이 장에서는 몇 가지 장애와 관련한 진단 기준과 특성에 대한 정보를 제공해준다. 실제 인물에게 진단을 내릴 때는 특히 아동일 경우에는 신중해야 한다. 진단이 아동의 정체감 발달에 위험 요소가 될 수 있기 때문이다(예, 자기 성취 예언). 또한 아동은 연령상 진단을 내리기엔 명확하지 않다. 불행히도, 때때로 진단이 오용되어서 이미 충분히 힘든 상태에 있는 사람들에게 불필요한 해를 끼치고 걱정을 하게 만들 수도 있다.

이 장에서는 ADHD, 우울증, 불안과 관련한 구체적인 정보를 제공한다. 부모들이 고민하는 약물개입과 관련된 세부 사항들을 다루며, 양육전략에 관한 치료개입들도 제시한다. 예를 들어, 선행 행동을 선택한 것은 그 결과를 선택한 것이라는 점을 아동에게 강조하기 위해서 부모는 즉시적인 결과와 보상을 지속적으로 제공해야 한다는 것이다. 부모가 아동의 어려움을 수용할지라도, 아동은 자신의 행동에 대해 책임지는 것을 배워야 한다. 부모는 자녀에게 '책임면제' 를 하지는 말아야 한다. 그러나 아동을 감정에 따라 대하거나 수치심을 느끼게 해서는 안되며, 예상했던 대로 합리적이고 이성적인 결과를 경험하도록 해야 한다. 또한 본장에서는 또래, 학교, 아동 자신을 포함하는 다양한 방식에 대한 제안들이 나와 있다.

치료자는 정서적인 욕구와 장애를 가진 부모와 함께 일하는 것에 대비해야 한다. 최근 연구에 의하면 정신건강, 발달 · 행동장애는 분명히 세대 간 전이가 이루어진다고 한다. 따라서 ADHD, 우울증, 불안의 생물학적 · 유전적 · 행동적 · 성격적 요소들은 가족력이 있다. 여하튼, 부모는 아동과의 관계, 상호작용, 양육기술에 상당한 영향을 미치는 문제를 가지고 있는 경우가 많다. 결과적으로 부모의 문제는 아동발달에 엄청난 영향을 미치게 된다. 자녀가 이미 환자(또는 문제가 있는 사람)로 진단받고 치료에 온 부모들은 종종 자신의 문제에 대해 다루는 것을 꺼린다. 그런 경우, 치료자는 양육 결손을 다루는 방식을 재구조화하고 특정 아동에게 필요한 구체적인 양육방식에 대해서만 언급하는 것이 필요하다.

제 5 장
부모 프로파일
Parent Profiles

치료자의 부모이해는 치료 과정에서 꼭 필요하다. 부모에게 반영과 문제에 대해 질문하는 것은 부모에게 동기 부여와 부모의 영향력에 대한 깊은 이해를 이끌어 낼 수 있다. 이 장에서는 부모 특성에 대하여 보다 잘 이해함으로써 치료자를 보다 발전적으로 도울 수 있는 다양한 부모 프로파일을 제시한다. 이 프로파일은 특정한 부모의 특성을 반영하여 이를 견주어 볼 수 있도록 하는 부모에 대한 일반적 아웃라인을 제공한다. 상담에서 이 부분은 개인적인 성격을 고려하여 가정하더라도 항상 주의를 기울여 훈련해야만 하는 부분이다. 치료자에게 직관과 추론은 소중한 자산일 수 있지만 한편으론 현실과는 동떨어진 이해를 야기하고, 왜곡시키는 영향을 줄 수 있다. 따라서 이 프로파일은 아동을 놀이치료에 의뢰하는 부모를 더 잘 이해하기 위해서 치료자의 전문적인 판단과 함께 사용하도록 추천한다. 이해는 보다 깊은 관계 형성을 돕고, 보다 큰 신뢰를 형성하게 하며, 치료적 관계를 최대한 활용하도록 한다.

이 장에 분류된 부모 프로파일의 다양한 영역 속에서 부모와 관계 형성의 전략을 찾을 수 있다. 이것은 특별한 성격 유형의 부모와 함께 작업할 때 효과적인 도구로 제안될 수도 있다. 이러한 구분은 기술을 설명하는 데 적절한 근거를 제공하며 전략들은 일반화되어 다양한 부모 프로파일의 도구가 되기도 한다.

저항적인 부모

저항하는 부모는 치료를 반대하는 부모들 중의 하나이다. 현재 이러한 프로파일을 보이는 부모들의 경우, 대부분 아버지가 이 역할을 하고 있다. 이것은 편견이 아니라, 놀이치료 내담자의 많은 아버지들 행동에서 관찰된다. 아버지는 전형적으로 어머니보다 자신의 내면의 감정과 신념을 드러내지 않는다. 아버지는 특히, 모르는 사람에게 자신의 생각과 감정을 드러내는 것을 불편해한다. 그러나 때때로 어머니가 치료의 많은 측면에서 보다 더 저항적이기도 하다. 치료는 가족에 대한 상세하고도 예민한 정보를 나누는 것까지 필요로한다. 저항적인 부모는 치료가 필요 없다고 믿으며, 이런 아버지 또는 어머니는 치료자가 아마도 세션을 '오래 끌 것' 이며, 가족에 대해서는 '더러운 세탁물'쯤으로 여길 것이라는 두려움을 가지고 있다. 확실히 이런 저항적인 부모들은 잘 모르는 사람으로부터 충고를 받는 것이 탐탁지 않을 수 있다. 치료자는 다음과 같은 말에 주의를 기울여야 한다. '우리는 우리 문제를 해결할 수 있어요', '어느 누구도 내 아이를 키우는 방법에 대해 나에게 말할 수 없어요', '우리는 단지 개인적인 문제를 가지고 있을 뿐이에요', '우리 아이는 단지 훈육이 좀 더 필요할 뿐이라구요.'

반영의 힘은 아무리 강조해도 지나치지 않다. 반영은 치료자가 부모와 힘겨루기 할 기회를 줄여 줄 것이다. 치료자는 저항적인 부모로부터 들은 초기 진술에 대해 동의하든 동의하지 않든 간에 그에 대한 표현을 자제할 필요가 있다. 예를 들면, 치료자는 다음과 같이 반영할 수 있다. "당신은 당신이 생각할 수 있는 다양한 방법으로 노력해 보았지만, 일이 잘 되지 않았다는 거군요. 또한 가족이 아닌 다른 사람으로부터 도움을 청한다는 것이 당황스럽기도 하구요."

치료자는 의사소통을 적절하게 구성해야만 한다. 다시 말해서, 치료자의 정보

전달 방법은 매우 중요하며, 특히 충고를 할 때는 더욱 그렇다. 더욱이 반영에서, **뒷문기술**(back door technique)은 저항적인 부모에게 정보를 제공하고자 할 때 매우 유익할 수 있다. 이것은 치료자가 충고를 부드럽고도 간접적인 방법으로 하도록 하는 것이다. 이것은 메시지의 중요성을 최소화시키거나 조작한다든지 기만하기 위해서 사용되지는 않는다. 반대로, 이것은 치료에 대한 부모의 입장과 수용 정도에 주의를 기울이면서 적절한 의사소통을 만들어가는 것이다.

혼란기술(confused technique)은 치료자가 부모의 이해를 높이는 데 도움을 준다. 예를 들면, 치료자는 "나는 당신이 지금 말하는 것이 조금 혼란스럽군요. 내가 이해할 수 있도록 날 도와 줄 수 있나요?"라고 말할 수 있다. 이러한 표현과 질문의 조화는 이해하는 문제가 치료자에게 책임이 있으며, 부 또는 모 자신이 표현하는 부모의 능력을 말하는 것은 아니라는 의미이다. 또한 도움을 주기 위해 질문하는 것은 부모가 비난받는다고 느낄 수 있는 기회를 줄여준다.

이러한 전략을 사용할 때는 목소리의 톤이 중요하다. 치료자는 부모에게 진심어린 연민과 관심을 표현해야 한다. 드러내 놓고 선심 쓰는 체하거나 또는 수치심을 느끼게 하는 톤은 치료자에 대한 부모의 신뢰에 해로울 수 있다. 만약 필요하다면, 치료자는 진심어린 관심과 이해하려는 마음일 뿐이라는 점을 간단명료하게 설명할 수 있다. 하지만, 만약 치료자가 부모에 대한 진심어린 관심과 동정을 가지고 있다면, 설명은 필요하지 않다.

한 예로 학교에서 다른 아동을 때리고 미는 행동으로 치료에 의뢰된 6세 소년이 있다고 생각해 보자. 아버지는 치료자가 초기 면접 세션을 하는 동안 그의 아내에게 거친 언어를 사용했는데 거의 욕설에 가까웠다. 그는 소년의 행동에 대한 책임으로 그의 아내를 비난했고, 아내가 항상 너무 관대하다고 했다. 그는 아들에게 더 많은 훈육이 필요할 뿐이라고 했다. 그러고 나서 치료자를 향해 그는 냉소적으로 "난 당신 생각에 동의하지 않아요. 단지, 훈육이 중요할 뿐이라구요. Kyle은 더 많은 체벌이 필요해요. Dobson 박사도 체벌이 필요하다고 말했어요."라고 했다.

이 시점에서 그의 아내는 "하지만 우리는 노력했어요. 물론 도움은 되지 않았지만요."라고 말했다. 아버지는 갑작스럽게 "아들은 체벌이 더 필요해요. 우리는 충분히 아들을 체벌하지 않았을 뿐이라구요."라며 아내의 말을 가로막았다.

치료자는 아버지를 향해 약간 상체를 숙이며 조용히 말했다. "이것에 대해 조금 더 저에게 말씀해주시겠어요? Alex, 당신은 얼마나 자주 체벌을 하나요?"라고 묻자, "최근에 Kyle는 아마도 일주일에 3~4번 정도 체벌을 받았죠. 아들은 매일 한 번씩 체벌이 필요해요. Dobson 박사도 이것이 잘못됐다고 나에게 말하지 않았어요."라고 말했다.

치료자는 다음과 같이 대답했다. "저는 조금 당황스럽군요. 나도 Dobson 박사의 책을 몇 권 읽었지만 다시 가서 책을 보아야 겠네요. 저도 Dobson 박사가 체벌의 가치를 알고 있다고 봐요. 하지만 그가 이 정도로 체벌을 권장했다고 생각하지는 않아요." 이러한 대답은 아버지가 과장하고 있다는 것을 치료자가 깨달았다는 것이다. 또한 이것은 아버지를 코너에 몰지 않고, 힘겨루기의 원인이 되지 않도록 하기 위한 방법이기도 하다. 이 방법은 보다 많은 정보를 얻어야 하는 치료자의 책임이기도 하다. 이 시점에서, 치료자는 나중에 이 주제에 대해 이야기할 의도로 더 이상 언급하지 않았다.

세션의 끝 무렵 치료자는 말했다. "우리는 아마도 Kyle과 함께 하는 동안 몇 가지 다른 훈육 기술을 찾을 수 있을 거예요. 만약 이것이 안 되면, 당신은 체벌 같이 그 동안 해 왔던 방식으로 할 수도 있어요. 그러나 치료하는 동안 체벌은 사용하지 않을 것 같군요." 치료자는 아버지가 여전히 저항하고 있더라도 어머니는 현재의 훈육 전략을 변화시키기를 원하고 있다는 것을 알아차렸다. '잠시 동안' 다른 전략을 제안하여, 아버지가 협력함으로써 위협감을 느끼지 않게 했다.

반영, 공감 그리고 힘겨루기를 피하는 것(reflecting, empathizing, avoiding power struggles)은 저항적인 부모에게 지속적으로 사용해 온 방법이다. 전형적으로 저항적인 부모는 다른 사람을 수용하지 못하고, 신뢰하는 능력도 부족하다.

반영과 감정이입은 수용하고 이해하고 있음을 표현함으로써 신뢰를 형성하게 한다. 이것은 저항적인 부모에게 가장 필요한 것이다.

하나의 직업으로서의 부모역할

집 밖에서 일하지 않는 부모들은 대개 직업이 있는 부모들과 차이가 있다. 그리고 많은 어머니들이 이 프로파일에 속한다. 이런 부모는 만약 가족에게 또는 특히 아동에게 문제가 생긴다면, 실패한 것처럼 느낀다. 행복과 조화를 성취하고 유지하는 건강한 가정은 다른 사람들의 직업(career)처럼 이런 사람들에게는 일(job)이 된다. 부모역할은 이런 일들 중 제일 큰 의무다. 종종 부모라는 존재는 그 또는 그녀의 다른 역할이나 직업인으로서의 책임감보다 그 사람의 핵심 정체성(core identity)을 의미한다. 이런 부모는 믿기지 않을 정도로 의기소침하고, 아동을 도와 줄 외부전문가에게 연락하길 어려워한다.

이런 프로파일을 가진 부모는 더 많은 확신이 필요하다. 치료자는 감정을 반영하고 감정이입을 보여주어야 한다. 또한 이런 부모에게는 첫 세션에서 여러 번 칭찬을 할 필요가 있다. 치료자는 부모역할 노력이 중요함을 강조하고, 한 사람으로서 정체성과 부모라는 존재감을 만들어가는 노력도 중요하다고 격려해주어야 한다. 이런 부모는 이것이 가장 중요하면서 가장 어렵지만 누구나 할 수 있는 일이라는 확신이 필요하다 — 또한 부모는 치료자도 이것을 이해하고 있음을 확신할 필요가 있다.

예를 들어, Shay는 7세이고, 2학년 담임으로부터 치료에 의뢰되었다. Shay는 학교에서 철수되어 있고, 매우 외로워 보였다고 한다. Shay의 부모는 초기 면접 세션에 함께 참석하였다. Shay의 어머니 Donna는 자신의 딸이 보여준 변화에 대해 설명하면서 눈물을 글썽였다. 잠시 후, 그녀는 눈물 때문에 말을 할 수 없을 정도였다. 치료자는 말했다. “Donna, Shay의 행복은 당신에게 너무나 중요하죠. 당신은 이 일이 왜 일어났는지 이해할 수 없고 책임감도 느낄 거예요. 이것은 당신이 하루 종일 집에서 가족을 위해 일하기 때문에 더 어려운 거죠. 당신처럼 집에만 있는 엄마들도 밖에서 일하는 사람들의 일처럼 하나의 직업이에요. 은행에서 일하는 당신 남편의 직업처럼 말이에요." 눈물 때문에 그녀는 작은 목소리로 "그래요. 남편은 부점장이 되기 위해서 상담을 받으러 다니지는 않는데, 나는 엄마역할을 하기 위해서 이렇게 상담을 받아야 해요."라고 말했다. 이것은 치료자가 그녀의 보다 더 많은 감정을 반영하고, 그녀와 Shay와의 관계를 탐색한 것에 대해 실제적으로 언급할 수 있는 기회를 주었다. "오늘 여기까지 오기 위해 많은 용기가 필요했을 거예요. 나는 Shay가 행복하고, 학교와 집에서 잘 적응하는 것이 당신에게 매우 중요하다는 것을 알겠군요. 당신은 Shay와 좋은 시간을 보내기 위해 어렵지만 노력도 했죠." Donna는 치료자와의 관계의 중요성을 나타내듯이 얼마간 고개를 숙이고 있다가 끄덕였다. 치료자는 말했다. "이 직업(엄마역할)은 다른 어떤 것보다 많은 기술을 필요로 해요. 이 직업(엄마역할)은 안전한 안내자, 요리사, 교사, 회계사, 관리인, 간호사, 목수, 경찰, 비서, 자가용 운전사 등보다 더 많은 능력을 요구해요." 그녀는 머리를 들기 시작했고, 등을 천천히 똑바로 세웠다. Donna의 남편은 아내가 Shay를 양육하는 데 어려움을 겪고 있음을 깨닫지 못하고 있었다. 그는 아내의 감정을 더 많이 인식하게 되었고, 결과적으로 보다 더 지지해줄 수 있게 되었다.

맞벌이 부모

부모 모두가 전문적으로 하루 종일 일을 하는 경우, 그들은 맞벌이 부모 프로파일에 속한다. 그들은 모두 일하기를 원하고, 주당 40시간 이상 일하기도 한다. 부모 모두 그들의 직업을 유지하기 위해 꽤 많은 시간과 교육, 에너지와 돈을 투자한다. 치료자는 부모에게서 두 가지 반응을 발견할 수 있다. 첫째, 이런 부모들은 종종 자녀가 경험하고 있는 문제를 다루어야 한다는 것에 당황해한다. 이런 부모들은 그들 자신을 성공적인 시각으로 보기 때문에 자녀의 문제에 둔감하다. 둘째, 이런 부모들은 자녀가 경험하고 있는 어려움에 대해 죄책감과 책임감을 느낄 수도 있다. 그들은 스스로를 비난한다.

당황하는 경우에 대한 좋은 반응의 예다. "저는 놀이치료가 매우 도움이 된다고 생각해요. 저는 당신의 일상 생활양식을 바꾸지 않고, 동시에 도움이 될 만한 몇 가지 방법을 제안 하려고 해요. 작은 변화를 이끄는 방법으로 많은 변화가 있다는 사실에 놀랄 거예요." **작은 변화 기술**(The small change technique)은 너무 바빠서 부담스러워하는 부모에게 그들의 스케줄에 추가 항목을 더하게 하여 효과를 보게 하는 것이다. 작은 변화는 다음과 같은 것을 포함한다 : 부모는 일주일에 15분간 자녀와 특별한 '데이트' 시간을 갖는다, 부모는 자녀에게 '30초 간 관심 기울이기' 를 충분히 한다, 두 사람이 함께 껴안기, 치료자는 최소한의 노력으로 효과를 볼 수 있는 다른 부모역할 기술들을 제안한다. 작은 변화는 사람들의 생활을 변화시킬 수 있고, 변화를 위해 현재 처한 입장을 바꾸기보다는 개인적으로 남는 시간을 다르게 보는 시각의 차이를 가지는 것이 중요하다. 또한 이것은 즉시 결과를 확인할 수 있다. 실제로 긍정적인 변화의 시작을 위해 많은 격려, 영감, 힘 그리고 추가적으로 더 변화를 만들어 낼 수 있는 용기가 필요하다. 자신의 직업에 많은 투자를 하는 일부의 부모들은 그들의 생활양식이 변화하는 것을 원하지 않는다. 그들은 그들의 직업으로 형성된 모든 것을 잃거나 그들의 직업으로 인해 유지되는 '좋은 생활' 이 위태롭게 될까봐 두려워할 수도 있다. 사실 그들은 변화가 실제로는 불가능하다고 믿을지도 모른다.

다음은 죄책감에 대한 효과적인 반응의 예다. "모든 것에 균형을 맞추는 것은 어렵지요. 당신에게 자녀와 직업은 둘 다 매우 중요하죠. 나는 당신의 스케줄을 크게 방해하지 않으면서 작은 변화를 시도하여 당신을 돕도록 노력할 거예요." 치료자는 그들의 부모역할 기술 또는 부모-자녀 관계에 대해서 무엇이든지 적극적으로 강조하고 격려해야 한다. 만약 치료자가 부모를 설득할 수 있고, 작은 변화를 시도할 수 있도록 도울 수만 있다면, 그 노력의 결과로 부모들은 자녀에게 긍정적인 영향을 미칠 것이다. 이것은 전형적으로 그들을 격려하고, 더 많은 노력과 더 큰 변화를 가능하게 한다.

예를 들면, 외과 의사인 Todd의 어머니는 Todd가 성적이 떨어져서 치료에 데리고 왔다. Todd는 지쳐 있었고, 나중에 집에서 외롭게 지내는 것에 대해 이야기했다. Todd는 베이비시터와 같이 있지만 실제로는 부모를 그리워하고 부모와 더 많은 시간을 함께 하길 원했다. 치료자는 어머니에게 밤에 Todd가 숙제 하는 동안 어머니 또는 아버지가 그의 옆에 앉아 있는지 물었다. Todd 어머니는 남편의 하루 일과뿐만 아니라 그녀 자신의 하루 일과를 자세히 이야기하기 시작했고, 하루 12시간 일이 끝나고 얼마나 피곤한지를 호소했다. 치료자는 공감하며, 할 수 있는 한 밤에 단 15분 동안만 Todd 옆에 앉아 있기를 제안했다. 어머니는 보통 Todd가 얼마나 숙제가 많은지 설명했고, 15분은 그것을 시작하고 끝내기에는 부족한 시간이라고 했다. 하지만 치료자는 이것을 계속 해야 하고, 이것은 Todd에게 작은 격려를 주는 것이며, 그를 도울 수 있는 놀랄 만한 방법이라고 말했다. 어머니는 노력하는 것에 동의했다. 2주 후에, 어머니는 Todd가 학교에서 보다 잘 지내고 있으며 부모 모두가 함께 숙제하는 시간을 기다리고 있다고 보고했다. Todd는 어려운 주제를 베이비시터에게 도와 줄 것을 부탁했고, 그 결과 어머니가 옆에 앉아 있을 때 쉬운 숙제를 하며 시간을 절약할 수 있었다. 결과적으로 Todd는 어머니가 집에 도착하기 전에 많은 숙제를 끝내도록 동기 부여가 되었고, 어머니와 아들 관계는 보다 더 강한 애착을 형성하게 되었다. 어머니는 아들과 진심으로 즐겁게 생활하고 있다는 것을 깨닫고 놀랐다. 이 모든 것은 그녀가 만든 '작은 변화' 의 결과다.

한 부모

한 부모는 항상 압도당하는 느낌과 부적절감을 느끼고 있다. 치료에 아동을 데리고 온 사람이 어머니든 아버지든 한 부모는 매우 높은 수준의 불안을 가지기 쉽다. 또한 불안은 아동에게 전달되기 쉽다. 치료자는 가장 먼저 일차적인 보호자 또는 단 한 사람의 부양자로서 책임감과 압박감을 느끼는 부모를 안심시켜야 한다. 이런 경우에도 작은 변화 기술이 요구된다. 왜냐하면 한 부모는 많은 과제를 해 낼 수 없을 뿐더러 또 다른 활동을 하는 것이 힘들기 때문이다. 치료자는 한 부모가 더 이상 압도당하지 않도록 시도해야 한다. 다음은 좋은 반응의 예다. "우리는 Sarah와 함께 지속적으로 할 수 있는 방법에 대해 더 이해하도록 노력하고, 큰 차이를 느끼도록 작은 변화를 이끌어 나갈 거예요." 이 말은 부모의 시행방법 중에서 변화를 요하거나 또는 현재 스케줄을 방해하려는 것은 아니다. 만약, 부모가 실제로 작은 변화를 시작할 수만 있다면, 그때서야 비로소 부모는 보다 크고 쉽게 더 많은 변화를 도모할 수 있다.

치료자는 그 또는 그녀 자신을 돌보도록 부모에게 부탁해야 한다. 이것은 또한 작은 변화를 포함한다. 치료자는 부모가 단지 자신만을 위한 특별한 시간을 가지도록 조언해야 한다. 15분이라는 시간은 부모가 이완할 수 있도록 돕고, 자신감을 증진시키며, 자신을 위해 시간을 사용하는 것에 대한 죄책감 없이 작은 보상을 느끼기에 충분한 시간이다. 부모는 잡지 읽기, 거품 목욕하기, 명상하기 또는 그 외에 어떤 것도 선택할 수 있고, 부모는 방해물로부터 이 시간을 보호해야 한다. 기대할 수 있고 좋아하는 시간은 그 시간을 실제로 갖지 않더라도 그 자체만으로 치료적 가치가 있다. 만약 아동이 깨어 있을 때 특별한 15분을 사용할 수 있다면, 이러한 부모 행동은 또한 불안한 아동을 위해 좋은 모델이 될 수 있다. 이것은 부모의 확신과 자신의 중요성을 깨닫게 한다. 또한 아동은 그 또는 그녀가 가진 특별한 자기 특권을 위해 이 시간을 사용할 수 있다.

한 부모는 아동과 함께 많은 시간을 보내야 한다는 생각으로 무력감과 함께 죄책감을 경험할 수 있다. 치료자는 부모가 아동과 함께 시간을 보낼 때 분위기에 초점을 두도록 도와야 한다. 어린 아동들은 처음에 인지보다는 감정에 따라 더 동기화 되어 감정적인 수준에서 생활을 경험한다. 아동은 실제적으로 많은 시간을 함께 보낸 것보다는 부모와 함께 경험 했던 기분(mood)을 기억할 것이다.

최근 별거나 이혼한 부모

최근 별거나 이혼한 부모는 전형적으로 높은 수준의 불안을 경험한다. 이 사람들의 생활은 매우 혼란스러운 것 같다. 만약 부모가 이해할 수 없는 것으로 느낀다면, 아마도 아동 또한 그렇게 느낄 것이다. 치료자는 별거나 이혼의 초기 단계가 실제로 결정적 위기라는 사실을 강조해야 한다. 일반적으로 큰 손실은 동시에 경험하게 된다. 절도나 죽음과 같이 즉각적이고 완전한 상실과는 달리, 이러한 상실은 영원히 이해해야 하는 과정이므로 계속적으로 영향을 미친다. 부모는 충격, 고통, 우울, 불안, 그리고 슬픔의 원인이 되는 또 다른 감정을 경험하고 있다. 이러한 감정들은 치료자에 의해 반영되고 인정되고 수용되어야 한다. 부모는 상실로 인한 두려움과 불확실성에 대해 생각하게 되고, 그로 인해 부모가 가보지 않은 새로운 영역을 경험하게 된다.

부모는 초기에 절망감과 무력감을 느끼기 때문에, 실제로 삶을 개선시킬 수 있다는 확신이 결정적인 역할을 한다. 치료자는 "저는 당신이 당신과 아이의 생활이 더 좋아질 수 있다고 스스로 믿을 수 있을 때까지 당신을 믿을 거예요."라고 말해 줄 필요가 있다. 치료자는 부모와 자녀 모두 다루기 쉬운 이 기간에 즉시 도움을 줄 수 있는 제안을 제시해야 한다. 이 기간이 시작과 끝이 공존하는 때라는 사실을 강조해야 한다.

아동은 부모의 행동에 따른 변화된 정서적 결과를 편안하게 표현할 기회가 필요하다. 비록 아동이 그것을 믿는 데 시간이 필요할지라도, 아동은 부모의 이혼으로 무거워진 책임감에 대해 확신을 가져야 한다. 아동은 부모가 이혼이나 별거를 하게 된다면 자신을 스스로 충분히 '좋은(good)' 아이라고 여기지 않으며 전형적으로 스스로를 비난하게 될 것이다. 놀이치료는 적어도 일부분, 안전에 대한 이러한 욕구를 표현할 장을 제공해줄 것이다. 또한 부모들은 자녀들이 편안하게 자기표현을 하도록 도와야 한다. 치료자들은 그 책임이 아동 자신에게 있지 않다는 것을 강조하고, 부모가 아동을 직접 격려하도록 도와야만 한다.

최근에 이혼한 부모는 스트레스를 겪으며 감정의 폭풍을 경험하기 쉽다. 이 경우 특별히 주의해야 할 것은 아동에게 초점을 맞추어야 한다는 것이다. 이혼이나 별거는 오래 전부터 아동을 잘 양육했다 하더라도 현재와 미래 아동의 정신건강을 위해서는 이러한 헌신이 필요하다.

상담을 구하지 않는 부모

저항하는 부모와는 달리, 이런 부모들은 아동을 치료에 데리고 가도록 요구받는다. 이러한 요구가 필요한 대상은 보육원이나 학교에서 퇴소하게 된 아동들, 학대가 의심되거나 수많은 다른 이유들로 법정 명령과 학교 요청 결과에 따라 치료가 요구되는 아동들이다. 부모가 처음에 저항하고 화를 내는 것은 자연스러운 일이다. 바라건데, 치료자는 그들을 치료 과정으로 이끌 수 있어야 한다. 이것은 뛰어난 기술과 기적이 있어야 가능할 수도 있지만 한편으로는 쉽게 일어날 수도 있다.

부모들이 자녀의 정서에 관심을 가지며 치료에 투자하지 않는다면, 놀이치료자가 객관성을 유지하기 어려울 수 있다. 역전이는 이런 부모들과 치료를 진행하는 동안 일어나기 쉽다. 역전이는 내담자에게 전이될 수도 있는 중요한 것으로 치료자의 해결 되지 않은 정서이다(Gillilard, James, Roberts, & Bowman, 1984). 따라서 치료자는 자신의 표면으로 들어나는 감정을 모니터링해야 한다. 아동에게 초점이 맞추어지는 것이 제일 중요하며, 치료자 자신의 감정은 객관적인 관점에서 유지되어야 한다. 부모들이 불쾌한 메시지를 인식하게 되면 저항을 일으킬 수 있다. 목표는 그들이 자녀를 치료에 데리고 오게 하여 얼마나 유익한지 알도록 돕는 것이다. 부모들은 요구된 변화가 얼마나 유익해지는지 그것을 알아야 할 필요가 있다. 예를 들면, 치료자는 다음과 같이 말한다. "나는 당신의 아이가 보육원에 있고, 두 번씩이나 퇴소하게 되었다는 것을 알아요. 이것은 관리자에게 매일 말하지 않고, 휴식을 취하고 자녀를 데리고 오기 위해 일을 잠시 중단하라는 것이 아니에요. 자녀의 행동을 향상시킬 수 있는 방법이 있으며, 또한 나는 진심으로 당신을 돕기 위해 노력할 수 있다는 거예요."

아동의 정서적 건강을 위한 최선의 기회는 부모가 치료에 자녀를 계속 데리고 오느냐 마느냐에 달려 있다. 작은 것이라도 진심으로 칭찬을 하는 것은 치료자와 부모 사이에 라포를 형성하게 한다. 부모들은 반복적으로 자녀의 행동과 부모역할 기술에 대한 비난을 받아서 칭찬은 거의 기대하지 못한다. 치료자는 부모의 주의를 사로잡을 수 있고, 깊은 인상을 남겨야 한다. 가능한 한 성공적인 부모역할로 보이는 모든 것에 칭찬을 해야 한다. 치료자는 부모의 행동이 결과에 직접적으로 나타나지 않을 때조차도 이롭다면 무엇이든지 칭찬해야 한다. 작은 변화 기술은 이런 부모들에게 추천된다. 이미 부모들은 저항적이고, 아마도 작은 것들을 행하는 것이 유일한 수단일 수도 있다. 비록 아동이 받은 유일한 배려가 잘못된 행동에 대한 반응일지라도, 치료자들은 그것을 칭찬의 일부로 인정할 수 있어야 한다. 예를 들어, "당신은 때때로 자녀에게 초점을 맞추는 강한 능력을 가지고 있어요. 주의를 기울이는 것은 부모들이 자녀에게 줄 수 있는 최고의 선물 중 하나죠. 나는 우리가 당신 자녀에게 조금 더 많은 시간 동안 주의할 수 있는 방법을 찾도록 도움을 줄 수 있다고 생각해요."라고 말이다.

부모역할을 하는 조부모

점점 더 많은 조부모들이 그들의 손자녀들을 양육하고 있다. 이것은 커다란 책임감으로 조부모에게 큰 충격을 준다. 최근 별거나 이혼한 부모처럼, 그들은 가족구조 속에서 혼돈과 위기를 겪는다. 조부모들은 손자녀와 함께 있을 때 무아지경에 빠지고, 종종 손자녀의 최초 양육자가 되는 것에 좌절하거나 용기를 잃어버린다. 오랜 기간 아동을 양육해야 하는 것은 일반적으로 사람들이 인생의 이 단계에서 가지는 꿈과는 상반되는 일이기도 하다. 은퇴, 여행, 레저, 레크리에이션, 집에서의 휴가는 작지만 실현 가능한 꿈의 일부분이다. 하지만 다시 부모가 된다는 것은 이러한 꿈을 실현하는 데 방해가 된다. 옷, 음식, 학교 준비물 그리고 의약품 목록 등은 은퇴 자금을 감소시키는 일이다. 은퇴를 하기에 충분히 성공적으로 준비했던 수많은 조부모들이 부모역할에 대한 책임을 다하기 위해 다시 일을 해야 할 수도 있다. 조부모들은 그들 스스로를 실패자로 여기기 때문에 믿을 수 없는 절망감을 느낄 수도 있다. 그들은 자신을 형편없는 부모라고 생각한다. 왜냐하면 자녀를 양육할 수 없을 정도로 무능한 사람으로 자식을 키웠다고 여기기 때문이다. 또한 조부모들은 또 다시 부모역할에 직면했을 때 자기 확신에 대해 한계를 느낀다.

조부모들은 확신과 격려가 필요하다. 여기에는 내담자가 스스로 부모역할 또는 부모가 되었을 때, 실제로 부모역할을 받아들이는 것과 오늘날 하나의 역할(직업처럼)로 받아들이는 것에는 큰 차이가 있다. 또한 치료자는 조부모들이 매우 기본적인 부모역할 기술을 사용하도록 도와야 한다. 치료자는 요구를 분명히 파악하고, 우선순위를 결정해야 한다.

조부모가 자신의 자녀에게 했던 긍정적인 부모역할 기술의 가장 중요한 부분(highlighing)은 또 다른 가치로운 기술이 된다. 치료자는 조부모가 과거에 즐거워하고 성공적이었던 부모역할의 가장 중요한 부분(highlighing)을 찾도록 도와야 한다. 이것은 조부모가 자신감을 가지게 할 뿐만 아니라 이 힘으로 다른 부모 역할 기술로 일반화가 가능하게 할 수 있다. 조부모의 성공적인 지각은 종종 실제적인 결과보다 더욱 더 중요하다. 또한 칭찬과 구별하여 조부모에게는 격려가 필요하다.

작은 변화 기술은 이러한 부모들에게 매우 유용할 수 있다. 그들은 자신의 생활 양식을 만들게 되고, 새롭게 해야 하는 수많은 일들로 인해 압도될 수 있다. 성공적인 경험과 증거는 간단한 이론을 인용하는 것보다 더 큰 영향을 미칠 수 있다. 따라서 치료자는 새롭게 위임된 부모의 시각으로 세상을 보도록 도와야 한다.

요 약

부모와의 관계 형성은 아동 치료를 동기화시키고, 협력을 구하는 중요한 열쇠가 된다. 결과는 크게 향상되어 일찍 나타날 것이고, 오랜 동안 지속될 것이다. 부모를 이해하는 것은 그들과의 관계 형성을 크게 촉진시킨다. 치료자가 부모 이해를 촉진시키는 방법으로 치료에서 자주 보이는 몇 가지 부모 프로파일을 이 장에서 설명하고 있다. 그러나 치료자는 현상학적인 관점에서 모든 부모는 유일한 존재라는 점을 기억해야 한다. 이런 프로파일은 간단하게 제시하지만 치료 과정에서 치료자의 부모 개념화를 촉진할 수 있다. 이와 더불어 치료자는 부모들을 보다 더 잘 이해하기 위해 치료자 개인이 가지고 있는 자신의 전문적인 견해와 직관을 사용해야 한다. 세상에는 많은 다른 사람들에게서도 볼 수 있는 작고 개인적인 특징들을 가진 사람들이 있을지라도, 각각의 사람은 독특한 한 사람으로 수용되고 인정되고 이해되어야 한다.

이 장에서 설명한 부모 프로파일은 다음과 같다.

1. 저항적인 부모
2. 하나의 직업으로서의 부모역할

3. 맞벌이 부모
4. 한 부모
5. 최근 별거나 이혼한 부모
6. 상담을 구하지 않는 부모
7. 부모역할을 하는 조부모

프로파일 또는 개인적인 특성과 관련하여, 모든 부모들은 가장 중요하고 힘든 책임을 수행하는 과정에서 그들의 노력에 칭찬받는 것은 물론 이해받고, 지지받고, 확신받기를 원한다. 더구나 아동을 위한 치료에서 이러한 의사소통의 측면은 그들 스스로에게 치료적이기도 하다. 그러므로 치료자는 가능한 부모와의 관계에서 협력할 수 있는 방법을 찾아야 한다. 치료자는 부모를 칭찬하는 방법을 찾을 때 치료자와 부모와의 관계를 형성하는 데 크게 도움이 될 수 있다. 또한 한 사람으로서, 부모로서 그리고 자녀의 치료 대리인으로서 부모들은 격려가 필요하다. 이러한 전략은 부모들을 지지하게 되어 치료자에게도 크게 도움이 될 것이다.

이와 같이 다양한 프로파일 설명으로, 특별한 기술들이 다양한 부모들에게 적용될 수 있도록 제시하고 있다. 이러한 기술들은 치료자와 부모의 관계를 유지하고 향상시키기 때문에 부모를 놀이치료 과정으로 이끄는 데 도움이 된다. 이 장에는 작은 **변화**(small change), **뒷문**(back door), **가장 중요한 부분**(highlighing), **혼란된**(confused) 기술이 설명되었다. 감정을 반영하고 감정이입을 이해하는 것은 또한 보편적이면서 힘이 있는 기술이며, 신뢰와 라포를 형성하는 데 의미 있는 기술이다.

제 6 장
화나 있고 저항적인 부모와의 상담
Working With Angry, Resistant Parents

저항(resistance)이란 반대한다는 의미로 정의된다. 즉 어떤 일이 일어나거나 성공하는 것을 막는다는 의미이다. 화(angry)는 불쾌, 분노, 격노, 분개를 동반하는 강렬한 감정으로 정의내려진다(Merriam-Webster, 1984). 화가 나 있는 저항적인 부모와 상담을 할 때, 치료자는 격앙되고 흥분하는 부모에서부터 맹렬히 반대하는 부모에 이르기까지 다양한 감정들을 접하게 될 것이다. 부모들은 그들의 화와 저항을 직접적으로 또는 간접적으로 드러낼 수 있다. 직접적으로 드러내는 부모는 치료자에게 "내 아이를 어떻게 양육할지 나에게 말해줄 수 있는 사람은 아무도 없어요. 치료는 쓸데 없어요. 당신은 아무것도 몰라요."라고 말할 수도 있다. 간접적으로 그들의 화와 저항을 드러내는 부모는 보다 부드럽게 표현은 하지만 치료자와 치료 과정에 미치는 영향은 직접적으로 드러내는 것만큼 강력할 수 있다. 간접적인 표현방식으로 화와 저항을 드러내는 부모는 치료자에게 다음과 같이 말할 수 있다. "Elise는 지금 3주째 치료를 받는데 집에서는 어떠한 변화도 없었어요. 치료를 얼마나 더 오래 해야 하나요? 우린 치료에 대해 믿을 수가 없군요."라고 말이다.

화와 저항의 정도가 미미하든 심각하든 간에, 이런 유형의 부모와 상담하는 것은 다른 유형의 부모를 상담하는 것보다 치료자는 에너지를 더 많이 소모하게 된다. 아동의 치료에 상당히 제한적인 또는 거부적인 부모와 상담을 위한 준비는 결정적으로 중요하기 때문에 이 장에서는 화가 나 있거나 저항적인 부모에 대해 다른 유형의 부모와 구별하여 구체적으로 제시하였다.

일관되고 지속적인 반영

놀이치료 초기에 부모가 저항이나 화를 보인다면, 부모의 감정을 반영해주는 것이 화와 저항감을 사라지게 하는 데 도움이 될 수 있다. 부모들은 그들의 화를 치료 과정, 치료자 또는 자녀의 행동이나 문제에 투사할 수도 있다. 치료자와 치료 과정은 화난 부모의 주요 비난 대상이 된다. 치료의 초기 몇 세션에서 부모들은 치료가 자녀에게 도움이 될 수 있다는 확신을 할 수 없기 때문에 이런 감정에 대한 반영이 도움이 된다. 이때가 치료 과정에서 부모가 우세한 시기이기도 하다. 보다 더 저항적인 부모가 자녀를 치료에 데리고 왔을 때, 치료자와 대립적일 수 있는 부모의 우세 시기는 길어질 수 있다. 치료자와 치료 과정에 대한 부정적인 의심을 포함하여 부모의 감정에 대한 반영은 부모가 안정감을 느끼게 하고, 위협을 덜 느끼게 도와줄 수 있다.

예를 들어, 8살의 Les는 아빠가 돌아가신 후 치료에 의뢰되었다. Les의 아빠는 화요일 아침에 Les를 학교에 데려다 주고 일하러 갔다. 30분 후 직장에 도착하여 Les의 아빠는 그의 의자에서 떨어져 36세의 나이에 심장마비로 사망했다. 가족들은 이전에 Les의 아버지에게 건강 문제가 있다는 것을 들어 본 적이 없었다. Les는 대기실 소파에 말 없이 앉아 있었고, 키 크고 마르지만 매력적인 어머니는 잡지를 보며 소파에 꼿꼿이 몸을 세우고 앉아 있었다. 치료자가 Les와 어머니에게 인사를 했을 때 Les는 아무 말을 하지 않았다. Les가 초기 세션에 참여해야 한다고 말하던 어머니는 치료자와 먼저 이야기하기를 원했다. 상담실에서 Les의 어머니는 대부분의 이야기를 간결하고 통명스럽게 이끌어 나갔다. "나는 우리가 여기에 왜 있는지 모르겠어요. 나는 상담이 어떤 도움을 줄지 알 수 없어요. 하지만 교사와 학교 상담자는 우리가 여기 가야 한다고 했어요. 아이와 나는 지금 잘 지내요. 남편의 일은 충격적이었지만, 이젠 다시 일상생활로 돌아올 때죠. 남편이 죽은 지 3개월이 지났고, 나는 Les가 다시 야구와 그의 성적에 관심 갖게 되길 바라요. 우리는 신앙을 가지고 있고, 나는 아이에게 이것은 신의 뜻이고 우리는 우리의 생활을 지속해 나가야 한다고 말하고 있어요. 이런 이유로 우리가 여기에 왔기 때문에, 당신이 우리 아이와 이 점을 잘 이야기할 수만 있다면 나는 매우 고마울 거예요. 우리 아이는 그 잠재력을 모두 발휘하지 못하고 있지만 훌륭한 야구 선수예요. Les는 항상 위축되어 있는데, 그런 모습에 난 지쳤어요. Les의 누나와 나는 항상 우울해하며 앉아 있지는 않아요."

여러분도 추측할 수 있듯이 Les의 어머니는 몇 주 동안 자신의 입장을 유지했다. 매 치료 때마다 Les의 어머니는 치료자에게 Les의 성적과 야구 활동에 대해 이야기했다. 어머니 또한 충격을 받았고 자신의 상황을 부정하고 있었기 때문에 Les의 아버지에 대한 슬픔과 고통을 이해하거나 수용하지 못했다. Les의 어머니는 그녀의 고통을 치료자와 Les의 성적과 야구 활동에 투사했다. 치료자는 Les의 행동과 치료자에 대한 그녀의 감정을 반영해주었다. 여러 세션이 지난 후 Les의 어머니는 Les에 대한 그녀의 반응에 관한 약간의 통찰이 생겼지만, 치료 초기에는 Les의 감정을 수용하거나 이해할 수 없었다. 치료자는 공감과 이해로 Les의 어머니를 지속적으로 만났다. 치료자가 초기 세션에서 그녀의 모습을 직면시켰거나 직접적인 접근으로 상담을 진행했다면 분명히 그녀는 Les의 치료를 중단했을 것이다.

부모의 요구 알아보기

부모들은 치료자와 치료 과정에 대한 거부감의 표현으로 화를 내거나 저항적인 행동을 할 수 있기 때문에 치료자는 그런 행동을 무시할 수 없다. 화를 내거나 저항적인 부모를 상담하는 데 있어서 첫 목표는 이것을 극복해야 한다는 점을 명심해야 한다. 그렇게 하기 위해서는 라포와 신뢰를 쌓기 위한 관계 형성에 많은 시간을 할애해야 한다. 특히, 치료자가 부모를 위한 시간과 관심을 주요 목표로 한다면, 저항적인 부모들은 치료 과정에 보다 참여적이 될 수 있다.

위에서 예로 든 Les의 어머니는 Les를 위한 그녀의 요구를 치료자에게 분명히 표현했다. Les의 어머니는 아이가 학교 성적과 야구 활동에 더 집중하기를 원했고, 다른 사람들로부터 자신을 고립시키는 모습이 사라지길 원했다. 놀이치료에서 치료자가 Les와 함께 이 목표에 초점을 두었다면 Les에게 이롭지 못할 뿐만 아니라 성공하지도 못했을 것이다. 그러나 치료자는 어머니의 감정을 반영해주었고, 치료자가 Les의 선생님과 코치에게 아이의 성적과 야구 활동에 대해 이야기를 나눠 보겠다고 제안했다. 어머니는 이 제안에 동의했고, 치료자가 선생님과 코치로부터 정보를 얻을 수 있도록 허락해주었다. 치료자는 Les의 선생님과 코치를 만나서 Les가 아직도 슬픔에 빠져 있다고 설명했다. 선생님과 코치는 상황을 이해했고, Les의 학교공부와 야구연습을 조절하기 위한 두 달간의 새로운 계획을 세웠다. Les의 어머니는 그녀의 요구가 수용되고 있다고 여겼고, 치료자는 Les의 놀이치료를 안정적으로 진행해 나갈 수 있었다.

만약 부모들이 원하는 목표와 관련된 작업을 하지 못하게 된다면, 다른 방법을 시도해 보아야 한다. 치료자는 부모에게 자녀와 함께 할 수 있는 방법들을 제공해야 한다. 저항적이고 화가 난 부모들은 치료자의 계획대로 치료가 진행되지 않는다는 보고를 들으면 조급해하고 거칠어진다. 부모와 치료자 간에 벽이 생기고, 부모가 이를 언급하면 치료자는 자존심으로 맞서지 말고 이를 수용해야 한다. 부모들의 감정을 반영하고 이러한 요구를 해결하기 위한 또 다른 계획을 세워야 한다.

집과 학교에서 성질을 많이 부리는 4살 난 Jamie가 치료에 의뢰되었다. Jamie의 어머니와 아버지는 Jamie에게 화가 많이 나 있었고, Jamie에 대한 분노를 치료자와 Jamie에게 투사했다. 부모들은 Jamie의 성질 부리는 행동을 즉시 멈추게 해달라고 요구했고, 아버지는 치료자가 즉각적인 효과를 보여줄 수 없다면 다른 치료자를 만나겠다고 3명의 치료자 명단을 보여주었다. 치료자는 부모가 특히, 어머니가 Jamie의 훈육에 매우 비일관적이라는 것을 알아차렸다. 때때로 어머니는 타임아웃, 체벌, 행동 무시하기 그리고 달래기 위한 뇌물 주기 같은 방법을 사용했다. 치료자는 어머니에게 Jamie가 부적절한 행동을 할 때마다 4분간의 타임아웃을 일관되게 줄 것을 제안하였다.

다음 주가 되어 매우 화가 난 Jamie의 어머니는 타임아웃을 시작할 때마다 Jamie가 자신을 발로 찼다고 말했다. 어머니는 멍이 든 다리를 보여주며 치료자가 말한 타임아웃은 '어리석은' 생각이었다고 했다. 치료자는 어머니의 분노와 좌절을 반영해주었고, 어머니에게 타임아웃을 준 상황을 보다 자세히 이야기해 보도록 요청하였다. 어머니는 침실로부터 멀리 떨어진 손님용 침실에서 딸을 20분 동안 타임아웃시켰다고 말했다. 치료자는 4분으로 제한한 타임아웃의 중요성을 다시 설명했고, 그녀가 타임아웃을 하는 동안 같은 방에 Jamie와 있을 것을 제안하였다. Jamie의 어머니는 이 계획을 의심스러워했지만 마지못해 동의하였다. 다음 세션에서 어머니는 Jamie의 행동이 개선되었고, 타임아웃이 효과적이었다고 고백했다. Jamie와 어머니 둘 다 전보다는 안정된 모습을 보였다. Jamie의 어머니는 치료자나 Jamie에게 부당한 요구를 하지 않고 치료 과정에 참여하였다. Jamie의 아버지는 첫 세션 이후 다른 세션에는 전혀 참여하지 않았다.

변화의 목표 범위

때때로 부모들은 자녀가 퇴행적인 행동을 보이거나 치료의 진전이 별로 없는 것처럼 보일 때 좌절하거나 낙담하게 된다. 부모들은 아동 자체의 변화와 부모가 아동에게 보인 변화를 짚어 보아야 할 필요가 있다. 치료 외 상황에서 아동과 부모가 긍정적으로 변화한 것들을 찾고, 여기에 부모들이 초점을 맞추도록 도와야 한다.

예를 들면, 부모에 따라 잊혀졌을 수도 있지만 잘 알고 있는 역사적 교훈을 상기시키는 것이다. 여러 해 전에 구소련이 세계를 하나의 국가로 통일하겠다고 제국을 형성하였을 때, 그들의 철학은 '두 발 앞으로 그리고 한 발 뒤로' 였다. 이 말은 그들이 세계를 지배하겠다는 목적 또는 목표에 초점을 둔다는 의미였지, 이것이 모든 전쟁이나 나라에 전적으로 관련된다는 의미는 아니었다. 오히려, 그들은 전쟁에서 패배하거나 잠시 동안 진보가 없을지라도 궁극적인 목표를 향해 나아가고 있음을 믿었다. 그들은 패전이 일시적 상황이라고 믿고 세계를 지배하겠다는 본래의 목표에 집중할 수 있었다.

이러한 예는 치료, 치료자, 아동 또는 부모 자신의 성공이나 실패 여부를 매주 평가하지 않고 단지 아동을 지켜보는 것이 가장 중요한 목표라는 것에 초점을 두도록 부모를 도울 수 있다. 부모가 그들 자녀의 행동이나 문제에 대한 최종 결론을 내리는 것을 미룰 수 있을 때, 치료에 참여하는 모든 사람들의 마음이 좀 더 편안해질 수 있을 것이며 아동의 치료 진행에도 도움이 될 것이다.

저항이 적은 부모에게 다가가기

어느 한쪽 부모가 놀이치료에서 아동에게 호의적인 태도를 보인다면, 아동이 치료를 지속할 수 있도록 그 부모에게 호소한다. 원하지 않는 행동이나 문제가 3주나 4주, 5주 만에 생긴 건 아니라는 점을 명심하고, 문제를 해결하기로 한 행동을 변화시키는 데는 그만큼의 시간이 필요하다는 점을 기억해야 한다.

한쪽 부모가 치료에 명백하게(overtly) 저항적일 때, 치료자는 치료를 지지하는 부모가 저항적인 부모를 다룰 수 있도록 도와야 한다. 한쪽 부모가 저항적인 다른 쪽 부모를 다루도록 돕는 일은 조심스럽게 수행되어야 한다. 치료에 호의적인 부모가 저항적인 부모를 다룰 때, 서로 힘겨루기가 일어난다면 치료는 중단될 수 있다. 저항적인 부모에게 치료가 위협적으로 느껴지지 않는 데는 많은 시간이 필요하다.

은근히(covertly) 저항적인 부모는 치료에 호의적인 부모와 치료자에 의해 다르게 다루어져야 한다. 은근히 저항적인 부모는 아마도 치료의 조기 종결을 위해 "치료 비용이 너무 비싸요", "아이가 지금은 학교와 다른 과외 활동으로 너무 바빠요", "치료하는 데 지금은 형편이 마땅치 않으니 몇 달 후에 다시 시작 할께요"와 같이 다양하게 이야기할 수도 있다.

치료에 호의적인 부모가 치료를 시작한 이후에 나타난 긍정적 변화를 지적하도록 도와라. 부모의 노력에 초점을 맞추어 격려하고, 종결까지는 더 많은 시간이 필요하다는 점을 언급해라. 부모와 함께 스케줄을 정하고, 재정적인 어려움을 해결하도록 계획을 세워라. 치료자와 치료에 호의적인 부모는 은근히 저항적인 부모와 '현실적인 문제(real issue)' 로 부딪칠 수도 있다 — 은근히 저항적인 부모는 대부분 저항을 부인하고, 치료종결을 위해 매우 논리적인 이유를 갖고 있기 때문에 치료가 중단될 확률이 높다. 아동은 부모의 이러한 변명을 해결할 때 치료를 계속 유지할 수 있는 많은 기회를 갖게 된다.

개인상담 또는 부부치료 권하기

아동치료에 대한 저항은 가족 내에서의 깊은 문제가 드러나는 것을 피하기 위한 방어일 수 있다. 치료자는 아동을 위한 놀이치료 세션에 초점을 두어야 한다는 윤리적 책임이 있다. 그러나 치료자는 가족 내의 다른 문제들을 무시할 수 없을 때가 있다. 이런 문제는 종종 아동 부모 중 한 명의 저항에 의해 표면화될 수 있다.

6살의 Alex는 ADHD 진단을 받고 행동과 학습문제로 치료에 의뢰되었다. 어머니와 아버지 모두 치료자와 함께 초기 치료 세션에 참여했고, 둘 모두 치료에 호의적이었다. Alex의 첫 세션 후, 15분간 부모와 만났고 치료자는 부모에게 10페이지 분량의 부모용 지침서를 주고 그것을 읽어 보도록 했다. Alex의 아버지는 치료자에게 자신이 자주 출장을 가고, 오랜 시간 일을 하기 때문에 매주 치료 세션에 참여할 수 없을 것이라고 설명하였다. 그럼에도 불구하고, 그는 지침서를 읽고 치료자가 제시한 다른 제안을 따르겠다고 했다. 하지만 3주 후 치료자와 15분의 세션에서 Alex의 어머니는 부모용 지침서를 자신은 읽었지만 남편은 읽지 않았다고 이야기하며 울었다. 그녀는 Alex의 아버지가 치료가 Alex에게는 오히려 스트레스가 되는 것 같으니 여름까지 치료를 연기하자고 제안했다는 말을 덧붙였다. 치료자는 Alex의 아버지가 치료를 그만 둘 의도를 가지고 있음을 인식했고, 어머니의 눈물과 모습에 비추어 볼 때 가족 내에 보다 비밀스러운 무엇인가가 있음을 짐작했다.

치료자는 비록 어머니가 치료 과정 동안 Alex의 부가적인 스트레스를 알아차리지 못할지라도 Alex의 스트레스를 낮추는 문제 해결을 위해 치료를 지속해야 한다고 설명하였다. 치료 세션은 토요일 아침으로 옮겨질 것이며, Alex가 토요일에 야구게임이 있을 때는 그 주 치료는 빠지기로 했다. 다음으로, 치료자는 Alex의 어머니에게 부모용 지침서를 읽고 난 후의 느낌 이외에 남편에 대한 자신의 감정을 이야기해 보도록 했다. 그녀는 슬프고 실망스럽다고 말했고, 남편은 알코올 중독 증세를 보이고 있으며 부모용 지침서를 읽지 못한 것은 그가 일을 마치고 집에 오면 잠자리에 들 때까지 계속 술을 마시기 때문이라고 하였다. 그녀는 술을 그만 마시라고 이야기하고 간청도 해보고 부탁도 했다. Alex의 아버지는 술이 문제가 아니며, 오히려 저녁 때 마시는 술은 자신을 편안하게 해주는 데 도움이 된다고 했다. 그는 많은 스트레스를 받으며 오랜 시간 일하는 주요 회사의 중역 위치에 있기 때문에 술을 마시는 것이라고 정당화했다. Alex의 어머니는 그녀와 남편 사이에서 술은 중요한 문제라고 말했지만, 남편은 그녀 또는 가족 이외의 그 누구와도 이 문제를 이야기하기 원치 않는다고 했다.

치료자는 Alex의 어머니를 위한 개인상담과 알코올 중독자 가족모임을 제안하였다. 치료자가 남편의 알코올 문제와 관련된 깊은 고통을 반영했음에도 불구하고, Alex의 어머니는 가족의 비밀을 지켜야 한다는 생각 때문에 개인상담과 알코올 중독자 가족모임에 대해 말을 아꼈다. 치료자는 그녀가 개인상담을 할 수 있도록 상담자 몇 명을 소개했고, 이후에 그녀의 마음이 바뀔 경우 전화할 수 있도록 알코올 중독자 가족모임 연락처를 주었다.

다음 주 Alex의 어머니는 알코올 중독자 가족모임에 참여할 것이고, 그녀 자신의 개인상담을 위해 다른 치료자와 약속을 했다고 보고하였다. 그녀는 비록 여전히 슬퍼보였지만 전보다는 희망적이었다. Alex의 아버지는 마지못해 토요일 세션에 오기로 했고, Alex의 어머니는 그녀가 개인상담을 받을 것이라고 남편에게 말했을 때 걱정스러워 했으나 그녀가 상담을 받는 데 반대하지는 않았다고 했다. 치료자는 Alex의 어머니에게 그것이 남편에게서 보이는 긍정적인 신호임을 지적해 주었다. 몇 주 후 어머니는 치료자와 15분간의 면담에 Alex와 아동의 ADHD 증상에만 초점을 둘 수 있었다. Alex는 토요일에 늦잠 자는 것을 포기할 수 없었고, 친구들과 노는 것을 원했기 때문에 토요일 약속은 곧 평일로 바뀌었다. Alex는 학교 공부와 생활이 향상되었고, 이후 13주간 놀이치료를 계속했다. Alex의 치료가 종결되었을 때, 그녀는 여전히 개인상담을 받았고, 자주 알코올 중독자 가족모임에 참석했다. Alex의 어머니는 6개월 후 치료자에게 전화를 걸어 남편도 알코올 중독자 가족모임에 참석하기 시작했다고 했다.

치료자는 아동이 내담자라는 것과 가능하다면 아동의 치료 시간을 빼앗을 수 있는 다른 치료 문제가 개입되어서는 안 된다는 것을 인지하고 있어야 한다. 물론, 알코올 중독과 같은 가족 문제는 분명히 아동에게 영향을 미치고 다루어져야 할 필요가 있다. 하지만, 이런 문제들은 개인상담이나 지역사회의 자원을 통해 다루어지는 것이 보다 더 바람직하다.

부드러운 직면

저항적인 부모를 직면시키는 것은 어려운 일이기는 하지만, 때때로 필요하다. 직면은 잔소리를 하거나 귀에 거슬리는 것이 아니다. 부모가 자녀에 대한 그들의 생각과 태도를 점검해 보고자 할 때 직면은 도움이 될 수 있다. 치료자는 특히 언어적 표현과 비언어적 표현 사이에서의 모순을 지적해야 한다(Corey, 1991).

직면은 부모의 불리한 특성이나 부정적인 훈육 기술을 지적하는 것이 아니다. 저항적인 부모들은 그들이 부모로서 가지고 있는 힘과 긍정적인 특성을 확인하는 것을 도전으로 받아들일 수 있다. 치료자는 저항적인 부모의 긍정적인 특성을 알아차리는 현명함이 있어야 하고, 부모로 하여금 치료자가 하는 말을 받아들일 수 있도록 구조화하는 능력이 있어야 한다. 만약 치료자가 부모의 긍정적인 특성과 자질을 찾아낸다면, 특히 부모양육 기술과 동시에 찾아낼 수 있다면 저항적인 부모들은 자신에 대한 충분한 인식을 할 수 있으며, 차후 치료자의 제안과 개입을 보다 더 수용하게 될 것이다. Corey(1991)는 직면에 대한 기본 사항을 다음과 같이 언급한다.

> 아마도 효과적인 직면의 필수적인 요소 중 하나는 내담자를 존중하는 것일 것이다. 상담자는 내담자에게 필요한 것이 무엇인지 충분히 다루어야 한다. 이런 이유로 상담자는 먼저 내담자 또는 다른 사람들과 충분한 접촉을 통해 내담자를 알아갈 수도 있다는 점을 내담자에게 말할 수 있다. 그러나 궁극적으로 치료자가 내담자 자신에 대해 더 알기 위해 다가오는 것을 수용할지 안 할지는 내담자 자신이 결정해야 한다.(p.248)

여기에 인용된 '내담자'는 저항적인 부모를 말한다. 치료자는 저항적인 부모에 대해 진심을 보이고 존중한다면 부모들을 변화시킬 수 있는 많은 기회를 가질 수 있을 것이다. Bergman(1985)에 따르면, 치료자는 '온정, 매력, 친절함, 진솔성, 도움을 주려는 마음 그리고 카리스마'를 갖추어야 한다고 한다(p.196).

재구조화

저항적인 부모들을 상담할 때, 재구조화는 부모가 자녀의 행동과 정서를 다른 측면에서 보도록 도움을 줄 수 있다. 재구조화는 오랜 시간 동안 사용되어 온 기술이다. Bergman(1985)은 다음과 같이 말한다.

> 재구조화는 치료자가 무엇인가를 찾기 위한 새로운 방식을 제공하는 것으로 치료에서 종종 사용된다 — 환자가 똑같은 현상을 인지하는 방식과는 다른 방식으로. 만약 재구조화가 내담자 자신의 세계를 인지하거나 그의 생활을 조직하고 생각하는 방식과 일치된 방식으로 환자에게 제시된다면 재구조화는 보다 수용적일 수 있다. 재구조화는 그것 자체가 커다란 치료적 힘을 가지고 있다. 환자는 놀라고, 펄쩍펄쩍 뛰고, 때때로 흥분하는 것 같은 행동으로 효과적 재구조화에 반응한다. 재구조화가 수용될 때, 인식뿐만 아니라 인식과 관련된 정서도 변한다. 그리고 종종, 사람들은 인식의 변화에 따라 행동의 변화를 발견하게 된다.(p.41)

재구조화는 부모가 자녀와 보다 효과적으로 의사소통하도록 부모양육 기법이나 기술의 변화를 돕는 길이 될 수 있다. 재구조화는 저항적인 부모들이 그들 스스로를 다른 측면에서 볼 수 있게 하며 결론적으로, 아동치료에 긍정적인 영향을 미치게 된다.

창문 찾기

1972년에 Al Ries와 Jack Trout가 「Advertising Age」라는 잡지에서 '포지셔닝 시대(The Positioning Era)' 라는 제목으로 시리즈 기사를 썼을 때, 포지셔닝(Positioning)은 호평과 악평을 동시에 얻은 개념이다(Ries & Trout, 1986). 포지셔닝은 제품을 진열대에 잘 배치시킴으로써 소비자가 치약 같은 제품을 하나의 브랜드에서 또 다른 브랜드로부터 구매하는데 영향을 주는 '의사소통의 새로운 접근수단' (p.1)으로 광고주들이 유용하게 활용한 하나의 기술적 방법이다. 화가 나고 저항적인 부모들과 상담을 할 때 치료자에게 도움이 되는 포지셔닝에는 많은 요소들이 있다.

포지셔닝은 한 제품과 함께 시작되었다(Ries & Trout, 1986). "그러나 포지셔닝은 당신이 제품에 대해 무엇인가를 하는 것이 아니다. 포지셔닝은 제품을 어떻게 바라보느냐에 관한 것이다. 즉 당신은 그 바라보는 마음속에 제품을 배치시킨다"(p.2)고 한다. 포지셔닝을 통해 광고주들은 소비자들이 그 제품만의 독특한 측면을 발견함으로써 특정한 제품을 사도록 영향을 준다. 광고주들은 'Seven-Up(세븐업): The Uncola' 또는 'Nyquil: The Nighttime Medicine(밤에 먹는 약)' 과 같은 짧고 간단한 문구로 표현했다. 이런 종류의 문구는 제품에 대한 무엇인가 색다른 판로에서 소비자들이 그 제품을 사도록 영향을 미친다.

그렇다면, 아동의 놀이치료에서 화가 나 있고 저항적인 부모와 상담을 할 때 이것이 무슨 상관이 있겠는가? 그것은 치료자가 어려운 부모나 그런 문제를 가진 다른 부모를 위한 독특한 방법을 지속적으로 찾아내야만 한다는 것을 의미한다. 포지셔닝의 또 다른 관점은 이것을 보다 깊이 있게 설명해줄 것이다.

광고주들은 사람들이 마음속에 이미 들어와 있지 않은 정보를 거부한다는 것을 깨달았다. 이 사고방식은 새로운 정보와 이미 가지고 있는 만들어진 정보와 일치되지 않는 것은 걸러내 버린다는 말이다. 인간의 마음은 이전의 지식과 경험에 맞지 않는 정보는 거부해 버린다(Ries & Trout, 1986).

대부분의 부모들은 양육과 자녀의 행동이나 문제에 대한 이미 가지고 있는 생각을 가지고 부모 모임에 온다. 양육 개념과 기술의 대부분은 부모의 아동기 경험과 살면서 수년간 얻은 정보에 바탕을 둔다. 예를 들어, 한 부모는 체벌을 옹호할 수 있고, 다른 부모는 체벌을 단호히 반대할 수도 있다. 왜냐하면 체벌에 대한 생각과 경험이 놀이치료에 자녀를 의뢰하기 전에 달랐기 때문이다. 그들의 생각을 변화시키는 것은 쉽지 않다.

광고주들은 소비자가 특정의 제품을 사도록 권유할 때, 광고 문구와 마케팅은 간결해야 한다는 것을 알고 있다. 소비자들은 제품에 대한 많은 정보를 평가하거나 통합할 수 없다. 많은 정보에 초점을 두고 볼 만한 충분한 마음의 여유와 시간이 없다. 이것이 광고주들이 짧고 간결한 문구를 만들어야 하는 이유다. 소비자들은 물건을 사러 갔을 때 문구를 기억하고, 그들이 기억하는 것에 의해 영향을 받아 물건을 구입한다(Ries & Trout, 1986).

놀이치료에서 치료자가 아동에 대한 부모양육 기술과 제안에 대해 짧은 말로 의사소통하는 것이 부모에게 도움이 된다. 치료자가 매주 제공하는 양육 정보의 양을 제한해야 한다. 보다 많은 제안을 하기 전에 이미 가지고 있는 아이디어와 제안을 해보고 변화시킬 만한 시간을 주어라. 정보를 간단하고 간결하게 제시할수록 부모는 자녀의 놀이치료를 지속하고 새로운 양육 기술을 실제적으로 구체화하는 데 노력을 기울이게 된다.

광고주들은 우선순위를 결정하는 것의 중요성을 안다. 광고주들은 소비자가 특정 상품에 대한 가장 독특하고 중요한 것을 기억하기를 원한다. 예를 들어, 'Nyquil, The Nighttime Cold Medicine(밤에 먹는 감기약)' 은 낮 동안에 먹을 감기약과 관련된 시장을 포기해야 한다(Ries & Trout, 1986). Nyquil의 제조 회사는 이어서 낮에 먹는 감기약 시장을 점령하기 위해 'Dayquil' 이라는 제품을 판매하기 시작했다. 많은 문제를 경험하고 있는 아동을 놀이치료할 때나 저항적인 부모와 상담할 때, 마음속으로 다음과 같이 질문을 해보자. “오늘 부모들에게 내가 전해야 하는 가장 중요한 개념은 무엇인가?”. 정보를 가지고 부모를 압도하지 말고, 너무 부담을 주지도 말자. 부모에게 자녀들과 관련해서 필요한 정보와 기술의 우선순위를 정하고 그것을 간결하게 설명하자.

매주 대학원 수업을 듣는 한 치료자가 교수가 이끄는 몇몇 어머니들 대상의 부모를 통한 치료(filial therapy)를 관찰했다. 한 주에 교수는 어머니들에게 과제를 내 주었다. 어머니들은 그들 자녀와 15분간의 놀이 시간을 갖고, 다음 주 그룹에서 그 경험에 대해 발표해야 했다. 어머니들은 그 다음 주가 되어 다시 모였고, 놀이 세션에 대한 정보와 느낌을 나누기 시작했다. LeAnne라는 한 어머니는 성가시고 짜증난다는 톤으로 놀이 세션을 하나의 부정적인 경험으로 표현했다. LeAnne는 자신의 아이에 대해 수용하거나 공감하거나 반영하려는 노력을 하지 않았다. 교수는 LeAnne의 이야기를 잘 듣고, 감정을 반영해주고 나서, 그 다음 주에 시도해 보도록 한 가지 제안을 하였다. 그 후 대학원생들이 관찰 세션을 토론할 때, 몇몇이 LeAnne에 대해 질문을 했다. 그들은 교수에게 LeAnne에게 더 많은 제안을 하지 않은 이유와 더 많은 직면을 하지 않은 이유에 대해 물었다. 교수는 LeAnne가 지금은 더 많은 제안이나 직면을 견디어 낼 수 없는 상태라고 설명했다. 그러고 나서 교수는 전에 있었던 부모를 통한 치료 세션을 재검토하는 데 시간을 보냈고, 학생들을 위해 “LeAnne의 변화는 어디에서 시작되었는가? LeAnne는 지금 어떤 상태에 있는가?”라는 양육 기술에 관련된 표를 만들었다. 교수는 LeAnne가 자녀와 이룬 긍정적인 변화에 초점을 두었다. 이런 변화가 그룹에서 다른 어머니들이 이룬 변화와 비교할 때 매우 작은 것임에도 불구하고, 시작이라는 초심의 마음으로 보자면 이것은 LeAnne에게는 매우 의미 있는 것이다. LeAnne는 첫 세션에서 그룹원들과 역기능적이고 고통스러운 자신의 아동기에 대해 나누었다. 그녀는 1단계에서 시작했지만, 다른 어머니들은 3단계 또는 4단계에서 시작했다. 대학원생들은 그날 부모와 함께 하는 작업에서 귀중한 교훈을 얻었다. 치료자는 부모에게 아동의 상담 내용에서 가장 중요한 것이 무엇인지 우선순위를 정하고 그것을 간단명료하게 전해야 한다.

광고주들은 잘 알려진 제품과 유사한 다른 제품을 팔고자 할 때, 그 제품에 대한 독자적인 무엇인가를 찾으려 한다. 이것은 단순한 아이디어이지만, 구체화하는 것은 어렵다. 때때로, 제품의 위치는 성패를 좌우하며, 광고주들은 새로운 위치를 찾는 데 지속적으로 노력해야 한다. 광고주들은 소비자의 손이 다다를 수 있는 새로운 창문을 계속 찾아야만 한다.

치료자는 제안을 하고 과제를 내주고, 자녀에게 제공한 치료자의 정보를 거부하고 제안이나 과제 할당에 따르지 않는 부모들이 가진 개념을 설명해줄 수 있다. 이럴 때 창문을 계속 찾아야 한다 — 정보를 설명해줄 수 있는 새로운 방법을 계속 찾아라; 부모들의 손이 다다를 수 있는 차별화된 방법을 찾아라.

6살의 Frankie는 아버지가 치료에 데리고 왔다. Frankie는 부모가 7개월 전 이혼한 이후로 적응에 어려움을 겪고 있었다. Frankie는 2학년이고 성적은 대체로 A를 받았다. 부모의 이혼 전에는 학교에서 행동상의 문제는 전혀 없었다. Frankie의 부모는 그를 공동 양육했다. Frankie는 일요일부터 수요일까지는 아빠와 지내고, 목요일부터 토요일까지는 엄마와 지냈다. 이혼했음에도 불구하고 Frankie의 부모는 초기 세션에 함께 참석했고 우호적이었다. Frankie에 대해서는 둘 다 걱정을 했다. 그들은 Frankie를 치료에 번갈아 데리고 다녔고, 둘 다 부모 모임에 참석했다. 치료자는 그들의 자녀를 위해 이혼한 부부가 함께 참여하는 것에 대해 격려를 해주었고, 그들의 모습은 인상적이었다. 처음의 몇몇 세션 동안 Frankie는 놀이치료실에서 매우 공격적이었고, 치료자의 제한을 따르지 않았다. 그는 분노와 좌절감을 느끼고 있었고, 이것은 모래놀이치료에서 분명하게 드러났다. 치료자는 부모에게 Frankie 마음속에 분노가 내재되어 있다고 설명을 하고, 그들이 집에서 Frankie와 할 수 있는 구조화된 놀이를 알려주면서 아동의 감정을 반영할 수 있는 방법들에 대해서도 제안을 하였다. 이후에 아버지는 구조화된 놀이를 시도하지 못했고, 아들의 감정을 '반영할 수 없었다' 고 보고했다. 세 번째 부모 모임에 Frankie의 아버지가 참석했을 때, 그는 치료자에게 Frankie는 '단지 어린 아이' 이고 사람들은 Frankie의 행동에 대해 너무 요란스럽게 떠들어 대고 있다고 생각한다고 했다. 그는 주말 동안 전 부인과 서로서로 '잘' 지냈고, Frankie는 그런 그들의 모습을 보았다고 했다. 아버지는 Frankie의 행동이 일시적인 것이고, 결코 이혼과는 상관이 없는 것으로 결론지었다.

Frankie는 그의 분노를 계속해서 놀이에 표현했고, 그의 부적절한 행동은 학교에서 점차 증가하였다. 추측할 수 있듯이, 아버지는 Frankie의 문제 행동이 증가하는 것을 보면서 치료가 아동을 '점점 악화시켜 가고 있음' 이 틀림없다고 결론지었다. Frankie의 아버지는 Frankie가 분노하고 있다는 사실을 부인했다.

치료자는 계속해서 Frankie의 행동을 재구조화해주고 설명해주었다. 그리고 마침내, Frankie의 아버지에게 하나의 제안을 시도해 볼 의향이 있는지 물었다. 치료자는 아버지에게 눈을 감고 그의 아동기 시절로 돌아가 보도록 요청했다. "자, 숨을 깊게 쉬고, 눈을 감아 보세요. 당신이 다녔던 학교를 떠올려 보세요. 그리고 당신의 집도 떠올려 보세요. 어린 시절 당신의 모습을 생각해 보세요. 깊게 호흡 하세요. 자, 이제 당신의 부모님 때문에 화가 났던 때를 떠올려 보세요. 숨을 깊이 쉬고, 천천히 시간을 가져 보세요."

Frankie의 아버지는 몇 분 동안 앉아 있었고, 치료자는 그의 몸이 긴장되는 것을 알아차렸다. 그의 눈에서 눈물이 흘러내렸다. 치료자는 아버지에게 눈을 뜨라고 했고, 무슨 생각을 했는지 물었다. Frankie의 아버지는 8살 때 한 사건에 연루되었는데 그의 부모님은 그가 가게에서 사탕을 훔쳤다고 생각했다. 그는 그가 사탕을 훔치지 않았다고 그의 부모님을 납득시킬 수 없었기 때문에 몹시 화가 났었다고 말했다. 사실 지금도 그는 그의 부모님이 그의 이야기를 인정하지 않고 그가 분명히 훔쳤을 것이라고 확신한다고 믿고 있었다. 치료자는 그의 감정과 Frankie에게 느끼는 감정 사이에 관련성을 이야기해주었고, Frankie의 아버지는 다음과 같이 반응했다. "나는 Frankie가 화 내는 것을 원하지 않아요. 그래서 나는 아이에게 보이는 반응이 분노로 보이지 않도록 노력했어요. 나는 내가 오랜 세월 동안 부모에게 그래 왔던 모습을 아들에게서 보고 싶지 않았어요." Frankie의 아버지는 한숨을 쉬고 "좋아요. 아이와 함께 집에서 해야 할 것을 다시 말해주세요."라고 말했다. 치료자가 계속 창문을 찾고 있었기 때문에 결국 Frankie의 아버지가 그의 아들과 관계를 이을 수 있는 창문이 열릴 수 있었다.

치료자 자신 돌보기

치료자가 저항적인 부모와 세션을 진행하다 보면, 세션이 끝나면 힘이 빠지고 좌절감도 느끼고 심지어 분노의 감정까지 경험하게 된다. 치료자는 일이 끝나고 집에 돌아가면서 직업을 바꾸는 것이 어떨까라고 생각하는 자신을 발견하기도 한다. 치료자는 화 나 있고 저항적인 부모들과 상담할 때 치료자 스스로의 감정과 반응을 다스리도록 자기 자신을 돌봐야 한다는 생각을 잊어서는 안 된다. 다음 내용은 치료자 자신을 돌보는 데 도움이 된다.

유머감각

치료자는 자신의 유머감각을 유지해야 하며, 상담할 때에도 그 유머감각을 활용해야 한다. 자신을 너무 심각하게 바라보지 말고, 부모와의 각 세션을 성공이나 실패로 판단하지 말자. 치료는 하나의 과정이고, 부모와의 작업도 하나의 과정이다. 유머감각을 찾고 그것을 저항적인 부모에게 활용하자. 유머는 부모들이 겪고 있을 수 있는 절망과 고통을 감소시키는 데 도움이 된다. 유머는 부모와 치료자를 포함하여 모든 사람들이 함께 호흡할 수 있는 기회를 주고, 다시 시작할 수 있도록 순간순간을 밝히는 빛과도 같다. 물론 유머는 잘 분별하여 사용해야 하며, 조롱하거나 놀리는 형태여서는 안 된다. 반영과 재구조화, 지지 그리고 다른 개입에 유머를 사용할 때 치료자의 신중함이 매우 중요하다.

경 계

치료자는 저항적인 부모로부터의 횡포에 고통당할 필요는 없다. 몇몇 치료자들, 특히 초심자는 치료 과정에 부모를 참여시키도록 최선의 노력을 다하기 위해 자신의 경계를 넘어서면서까지 희생한다. 치료자는 부모가 치료를 종결할 것이라는 두려움을 느낄 수 있으며 이러한 두려움은 당연한 것이다. 그러나 부모들을 치료에 참여시키는 노력과 치료자 자신의 경계를 인정하는 것 사이에는 균형이 필요하다. 예를 들어, 치료자는 언어적 폭력으로 위협감을 느끼거나 큰소리를 지르는 것에 민감해질 수도 있다. 치료자가 자신에 관해 더 깊이 인식하고 스스로의 경계가 어디까지인지를 잘 알게 될수록 치료자 자신의 이런 경계를 인정하고 더욱 성공적으로 지켜 나갈 수 있을 것이다. 모든 정신건강 전문가들은 그들 스스로를 면밀히 살펴보고, 그들이 지켜야 할 경계를 잘 유지해야 한다. 예를 들어, 치료자는 부모와 함께 하는 힘든 세션의 경우 주의를 기울여야 하고, 치료자 자신이 경험하는 감정 및 반응들과 관련된 것도 조심스럽게 살펴보아야 한다. 그것은 뭔가 잘못되고 있다는 경고 신호이고, 치료자와 관련해서 계속 진행되고 있는 것이 적절하게 조절될 때까지 그 이상으로 보다 집중 탐구해 볼 필요가 있다.

조언 구하기

가능하다면 슈퍼바이저나 동료들과 연락하고 조언을 구하자. 부모와의 세션 후에 자주 좌절감과 불안정감을 느낀다면 치료자는 슈퍼바이저나 동료 상담자와 연락하여 조언을 들을 필요가 있다. 다른 전문가로부터의 조언은 치료자와 저항적인 부모 사이의 역동에 대한 통찰을 얻고 치료 목적을 달성하는 데 도움이 될 수 있다(Kell & Mueller, 1966). 직면시키는 방법을 토론해 보거나 적당한 과제를 가지고 부모들과 계속 이야기하라.

요약

저항적인 부모와 상담할 때 치료자는 부모에게 최대한 다가가려 노력해야 하고, 놀이치료 과정에 부모가 참여할 수 있도록 해야 한다. 치료자가 저항적인 부모에게 개입할 다양한 준비가 되어 있을수록, 아동과 부모의 치료는 성공적일 가능성이 크다. 치료자는 아동의 치료에 화나 있고 저항적인 부모를 잘 참여시킬 수 있는 관계형성 기술에 많이 의존해야 할 것이다.

이 장에서는 몇몇 전략들과 관련된 개입방법들이 제시되어 있다. 다음과 같이 요약할 수 있다.

1. 저항이 적은 부모에게 다가가기
2. 변화의 목표 범위
3. 부드러운 직면
4. 재구조화
5. 개인상담 또는 부부치료 권하기
6. 치료자 자신 돌보기

치료자는 부모의 화뿐만 아니라 저항을 다룰 필요가 있다. 부모의 감정을 계속 반영하면서, 부모의 기저에 깔려 있는 말로 표현하지 못한 욕구를 알아내고 파악해야 한다. 그러나 치료자는 치료에서 제시된 목표를 따르는 데 초점을 맞추고, 놀이치료 과정에서 아동이 주 내담자임을 기억해야 한다.

제 7 장
부모와 치료자의 면담
Parent and Therapist Meetings

치료자와의 면담을 통해, 부모들은 치료 과정에 보다 깊이 관련되고 참여하게 된다. 또한, 부모들은 치료에 대한 위협을 덜 느끼게 되고, 아동치료를 중단하게 될 가능성이 적어진다. 부모들은 아동을 둘러싼 전반적인 환경에 대한 결정권을 가지고 있고, 긍정적 치료 결과를 얻는 데 매우 유용한 역할을 한다. 부모와의 면담을 통해, 치료자는 아동과 아동 행동에 영향을 미치는 요인들 그리고 아동 놀이에 숨겨진 의미에 대해 더 많은 것을 알게 된다. 또한 치료자는 부모에게 여러 가지 제안과 과제를 내주게 된다. 부모와 치료자의 면담은 또한 치료목표를 달성하는 데 있어서 부모의 책임을 증가시키고, 목표달성에 장애가 되는 정보들을 치료자에게 제공하게 된다. 부모와의 정기적인 면담은 치료와 치료자에 대한 부모의 태도에 큰 영향을 미칠 수 있고, 아동의 치료에 부모들을 참여시키는 데 강력한 힘이 될 수 있다.

매주 15분의 부모면담

스케줄링

이상적으로는, 치료자가 매주 세션마다 적어도 한쪽 부모와 만나야 한다. 이 시간은 아동의 놀이치료 세션의 시작 전 처음 15분 동안이 될 수도 있고, 아동의 놀이치료 이후 마지막 15분이 될 수도 있다. 그러나 이러한 생각은 몇몇 부모들에게는 불가능한 것일 수 있다. 가끔, 부모들은 아동을 치료에 데려오는 것을 다른 사람에게 부탁하기도 한다. 예를 들어 베이비시터, 유모 혹은 친구가 아동을 데려다 줄 수도 있다. 그러나 아동 정신건강 치료에 대한 동의만큼은 이를 허락할 권한을 가진 부모로부터 직접 서면상 허가증을 받아두어야 한다는 것을 잊지 말아야 한다. 또한 약속 시간을 정할 때, 치료자는 이러한 권한을 가진 사람과 이야기해야 한다. 그 이후, 부모의 허락 하에 다른 사람이 아동을 치료에 데려올 수 있다. 다른 사람이 아동을 데리고 오는 경우 치료자는 부모로부터 이에 대한 허가증을 받아두어야 한다. 어떤 부모들은 규칙적으로 만나는 것에 상당한 어려움을 가질 수 있다. 그래서 치료자는 전체 세션에서 몇 주마다 한 번씩이라도 부모를 만나도록 노력해야 한다.

아동의 참여

아동은 치료자와 부모의 면담에 대해 가능한 한 편안하게 느껴야 하고, 이런 안정된 수준은 치료자와 형성된 신뢰에 크게 좌우된다. 이러한 신뢰의 많은 부분은 놀이치료 세션의 비밀이 보호될 것이라는 아동의 믿음에서부터 생긴다. 비록 아동이 걱정하지 않는다고 말하더라도, 면담에서 논의되는 것에 대해 알고 싶어 할 것이다. 부모에게 비밀로 남겨지길 부탁했던 것에 대해서는 치료자는 말하지 않을 것이라고 아동을 납득시켜야 한다. 다시 말해서 치료자는 놀이치료실 안에서 했던 것과 말했던 것에 대한 비밀보장을 지켜야 한다. 설명은 아동이 앞으로 무슨 일이 일어날지에 대한 예상을 하는 데 도움이 된다. 치료자는 다음과 같이 말할 수 있다. "선생님은 너와의 놀이시간 전이나 후에 매주 엄마와 만날 거야. 선생님은 네가 놀거나 말한 것에 대해서는 엄마에게 말하지 않을 것이지만, 너에게 필요한 것은 엄마에게 이야기할 거야. 선생님은 네가 학교나 집에서 잘 지낼 수 있도록 어떻게 노력해야 하는지에 대해 엄마에게 이야기할 수도 있어. 이것에 대해 궁금한 것이 있으면 물어봐. 그리고 선생님은 엄마를 우리의 놀이 시간 전 또는 후 중에서 언제 만날지 네가 결정 했으면 좋겠어."

치료자는 '치료자가 부모를 언제 만나는 게 좋은지' 아동에게 그 선택권을 줘야 한다는 것을 잊어서는 안 된다. 치료의 처음 15분이나 치료의 마지막 15분을 선택하는 것은 아동이 결정에 보다 깊이 관여되어 있음을 느끼게 하고, 치료에서 자신을 깊이 드러낸 세션에 대해 덜 걱정하게 만들 것이다. 치료자가 부모와 15분간 만나는 동안, 아동은 기다릴 만한 장소가 필요하다. 만약 치료자의 사무실이나 놀이치료실이 대기실과 가까이 있다면, 아동은 치료자가 부모를 만나는 동안 대기실에 앉아 있을 수 있다. 아동이 부모와 치료자를 볼 수 있도록 사무실 문을 조금 열어 두는 것은 괜찮지만 대화는 들을 수 없어야 한다. 대기실에는 장난감을 두도록 하고, 안정감을 느끼도록 하며 만약 뭔가 필요하다면 문을 노크하도록 부탁하자. 부모와 만나는 동안에는 아동이 놀이치료실에 머물게 하는 것은 추천할 만하지 않다. 놀이치료실에 계속 머무는 것은 치료적 과정에 영향을 미칠 수도 있다. 또는 만약 아동이 다치거나 장난감을 고장 낸다면 그것에 대한 책임 문제가 생길 수도 있다.

부모의 참여

일반적으로 매주 15분간의 부모면담은 세 가지로 구성된다 : 과제를 포함하여 한 주의 주요 사건을 공유하는 부모, 세션의 주제를 공유하는 치료자, 그리고 새로운 과제 제시. 부모가 만약 한주 동안 자녀와 함께 지내면서 일어난 사건 때문에 매우 당황스럽고, 슬프거나 화가 나 있다면 그 세션 이전에 전화하도록 해야 한다. 이것은 부모 스스로 뭔가에 대해 당황한 모습을 아동이 보거나 듣는 것을 피하기 위해서다. 비록 아동이 다른 방에서 기다렸다고 해도 부모가 부모면담을 하고 나와서 혼란스러운 모습을 보이면 아동은 이를 알아차리게 된다. 이것은 아동에게까지 들릴 정도로 충분히 큰소리로 이야기했기 때문일 수도 있다.

부모면담은 '고자질'이나 부정적 방법으로 자녀에 대해 보고하여 아동을 처벌하는 시간으로 간주되어서는 안 된다. 부모가 그 주의 주요 사건에 대해 함께 나누도록 격려한다 — 과제의 결과를 포함하여 부모-자녀 관계의 긍정적인 측면뿐만 아니라 부정적인 측면까지. 이것은 함께 이야기하며 부모를 지지하고 수용하고 경청하는 것으로 치료자에게 매우 중요한 시간이다. 그 다음에, 치료자는 놀이치료실에서 아동이 놀이로 표현하고자 하는 주제에 대해 이야기한다. 치료자는 아동이 내담자라는 것을 기억해야만 하고, 내담아동의 비밀보장에 관한 해당 주법 규정 내에서 가능한 한 최대한으로 관계를 보호해야 한다. 과제는 치료자가 놀이치료실에서 관찰한 것과 부모가 이야기한 집에서의 유사 상황을 바탕으로 하여 제시할 수 있다.

15분간의 면담이 충분치 않다면, 그 이유를 탐색해야 한다. 만약 초기 2~3회기가 아님에도 나누어야 할 정보들이 너무 많다면 특히 그 문제를 더 다루어야 한다. 만약 치료자가 부모면담 후에 계속해서 스트레스를 받거나 제한된 15분간의 부모면담으로는 부족하다고 느낀다면, 치료자는 근원적인 가족체계 문제를 살펴보아야 한다. 몇 회기 후에는 부모의 통찰력이 증가하고, 저항은 감소될 것이다. 이러한 상황에서, 부모의 근원적인 문제 인식이 증가함에 따라 상담자를 더 편안하게 느끼고 신뢰하게 될 것이다.

어떤 부모들은 개인을 위한 개인상담 약속을 할 필요가 있고, 또는 15분간 부모면담의 범위를 넘어서는 문제를 다루기 위해 부부치료 시간을 약속해야 하는 경우도 있다. 다음의 예를 살펴보자.

Hannah는 학교에서 보이는 심각한 행동 문제 때문에 7살의 아들 Josh를 치료에 데리고 왔다. Josh는 분노 폭발, 학교규칙 어기기, 선생님과 논쟁하기의 문제를 가지고 있었다. Hannah는 놀이치료 회기 동안 Josh의 쌍둥이 형제와 대기실에 앉아 있었고, 이후 15분간 면담을 위해 사무실로 들어왔다. 네 번째 회기를 시작할 때, Hannah는 눈물과 콧물을 흘리며 대기실로 들어갔다. 그녀는 눈맞춤을 거의 하지 않았다. 놀이치료가 끝난 후, 그녀는 사무실로 들어왔고, 신경질적으로 흐느껴 울기 시작했다. 그녀를 혼란스럽게 하는 것에 대해 이야기를 시작하는 데 수분의 시간이 걸렸다. 그녀는 전날 밤 아들에게 잘 시간이라고 말했을 때 아들이 자신에게 화를 냈다고 했다. 아이는 TV 프로그램을 하나 더 보기를 원했다. 그녀와 남편은 아들과 보다 잘 지낼 수 있도록 노력하고 있었고, 그녀는 "엄마는 네가 자지 않고 이 쇼 보기를 정말 원한다는 것을 알아. 하지만 규칙은 8시 30분이 잘 시간이라는 거야."라고 말했다. Josh는 매우 화를 내고 소리를 질렀다. "나는 엄마가 싫어. 엄마는 세상에서 제일 나쁜 엄마야. 나는 정말 정말 엄마가 싫어." Hannah는 "엄마는 네가 지금 엄마에게 얼마나 화가 났는지 알아. 너는 이것이 불공평하다고 생각하고, 넌 정말 많이 화가 났구나. 하지만 지금은 잘 시간이야."라고 대답했다.

Josh는 Hannah를 걷어찼다고 했다. Josh의 분노는 점점 심해졌고 거의 40분 동안 소리치고 울며 반복해서 Hannah를 걷어찼다고 하였다. Hannah는 Josh에게 화가 났던 것과 두려웠던 것에 대해 치료자와 이야기하였다. 남편은 출장 중이었고, 그녀는 외로움과 무기력감을 느꼈다. 그러고 나서 그녀는 치료자에게 아들이 그럴 때마다 얼마나 힘든지 이야기했고, 많은 시간 동안 슬프고 당황스러웠다고 하였다. Hannah가 이야기하며 울 때, 그녀는 부모양육 문제뿐만 아니라 우울 및 불안도 있음이 분명해졌다. 치료자는 개인상담을 제안했고 그녀를 의뢰해주었다.

부모를 통한 치료와 부모훈련

다수의 많은 학술 연구를 통해, 부모를 통한 치료(filial therapy)가 아동과 부모를 돕는 데 큰 효과가 있음이 입증되었다. 부모를 통한 치료는 아동뿐 아니라 부모에게도 도움이 된다. 그 예로 한 부모집단(Bratton, 1994), 수감된 어머니(Harris, 1995), 머리를 납작하게 하는 습관이 있는 북미 인디언 보호 거주지의 원주민(Glover, 1996) 그리고 학습의 어려움을 겪는 아동(Kale, 1997)에 대한 연구들이 있다. 초기 연구 중의 하나가 Guerney(1976) 연구인데, 이는 부모를 통한 치료가 어려움을 겪는 아동과의 작업에 효과적임을 입증하였다.

부모를 통한 치료 훈련 과정은 부모에게 아동중심 놀이치료 기술과 실제를 가르치는 것을 포함한다 : 비판단적이고 공감적인 이해, 무조건적 긍정적 존중과 자기 일치. 이러한 기술을 사용함으로써, 부모들은 자녀를 위한 변화의 치료적 대행자가 될 수 있다(Landreth, 1991; VanFleet, 1994). 부모들은 아동이 정서적으로 위협받지 않고 안전함을 경험할 수 있는 수용적이고, 비판단적이고, 이해하고, 지지적인 환경을 만드는 방법을 배운다. 이러한 안전한 관계를 통하여 아동은 스스로 자신의 감정을 탐색할 수 있고 자신에 대한 신뢰를 얻으며 부모와 관계 맺는 새로운 방법을 배우게 된다. Landreth 모델(1991)에 따르면, 6~8명의 부모와 치료자가 주 1회 2시간씩 만나, 활발한 상호작용과 부모로서 그들의 걱정과 경험에 관해 토론한다. 치료자는 훈련정보와 부모의 경험과 관련된 교육 포인트를 소개한다. 세 번째 회기 이후에, 부모들은 주 1회 30분 동안 자녀와 함께 새로운 기술을 연습해 본다. 부모들은 놀이 회기를 녹화하고 부모집단 모임에서 녹화자료를 검토해 본다. 녹화자료를 보면서 각각의 부모들은 집단원과 치료자로부터 지지와 격려, 피드백, 슈퍼비전을 주고받는다.

VanFleet(1994)에 따르면, 부모를 통한 치료는 광범위하게 다양한 아동문제에 적절하며 효과적으로 개입할 수 있다. 예를 들어, 우울한 아동을 포함하여 적응의 어려움, 불안, 학교 문제뿐만 아니라 학대 받은 아동과 이혼가정의 아동에게도 적용될 수 있다. 그러나 여기에는 부모를 통한 치료가 적합하고 효과적이지 않은 몇몇 아동의 문제도 있다. 부모를 통한 치료를 적용하기에 적합한 아동기 문제들을 일일이 열거하는 것보다는 적합하지 않은 몇 가지 조건들을 알아보는 것이 더 쉽다.

부모를 통한 치료가 효과적이지 않은 경우는 다음과 같다.

1. 심각하게 외상을 입은 아동
2. 심각한 정신건강장애(예, 정신분열증)를 가진 아동
3. 심각한 성학대를 당한 경험이 있거나 현재 당하고 있는 아동
4. 필수적인 부모양육 기술을 습득하기 어렵고, 부모-자녀 훈련을 마치는 것이 불가능한 부모의 아동

대체로 부모를 통한 치료의 효과성은 부모-자녀 관계에 기인한다. 이 관계는 아동의 발달과 아동의 어려움에 있어서 중요한 영향으로 작용한다(VanFleet, 1994). 부모는 아동을 위해 치료적 역할을 할 수 있는 기술을 발전시킬 만한 능력을 가지고 있다. 부모를 통한 치료에서 부모가 배우는 기술은 효과적인 양육을 위해 필요한 기술들이다. 향상된 상호작용과 관계는 아동의 일생을 통해 사용하고 문제들을 효과적으로 다루는 수단을 부모와 아동 모두에게 제공한다. 다음과 같은 부모-자녀 관계의 속성들이 부모를 통한 치료를 효과적이게 한다.

1. 치료 또는 훈련 과정이 실제와 매우 밀접하게 닮아 있다.
2. 아동은 부모로부터 직접적인 수용을 경험할 수 있다(치료자로부터 보다는).
3. 부모는 덜 제외된다고 느끼게 되고, 치료자를 동맹자로 보게 된다.
4. 부모는 덜 방어적이고 덜 저항적으로 느끼게 된다.
5. 그 과정은 치료를 촉진하는 현재의 부모-자녀 관계를 사용한다.

부모를 통한 치료 훈련의 구조화는 또한 프로그램의 성공을 촉진한다. 부모는

아동과 주 1회 30분간 놀이 세션 동안에만 새로운 기술을 사용한다. 다른 부모 훈련 프로그램은 모든 상호작용에서 새로운 기술을 부모가 연습하도록 하는데, 그것은 부모에게 매우 부담스럽다. Landreth 모델(1991)의 집단 형식은 또한 부모를 통한 치료의 효과를 증가시켰다. 다른 사람으로부터의 지지를 포함한 피드백, 다양한 생각과 의견 그리고 다른 사람도 비슷한 문제를 가지고 있다는 사실의 현실화 같이 집단의 자연스러운 과정은 부모들에게 큰 힘이 될 수 있다.

부모는 아동의 삶에서 가장 중요한 성인이다. 부모를 통한 치료(VanFleet, 1994)의 과정을 통해, 부모들은 다음과 같은 도움을 얻는다.

1. 부모 자신에 대한 이해와 수용을 하도록 돕는다.
2. 자녀에 대한 이해와 수용을 하도록 돕는다.
3. 부모가 놀이와 정서의 중요성을 인식하도록 돕는다.
4. 부모가 아동과 더 개방적이고 특별하게 의사소통하도록 돕는다.
5. 부모-자녀 관계를 강화시킨다.
6. 부모로 하여금 적절한 감정 표현의 모델이 되도록 돕는다.
7. 부모의 좌절감을 감소시킨다.
8. 자신과 아동에 대한 긍정적인 태도를 발달시킨다.
9. 적절한 제한 설정 기술을 발달시킨다.
10. 자기 자신과 부모양육 능력에서 자신감을 증가시킨다.
11. 아동에 대한 온정과 신뢰감을 증가시킨다.
12. 아동이 자기(self)을 조정할 수 있도록 허용한다.
13. 부모양육의 즐거움을 재발견한다.
14. 부모양육에 대한 자신의 감정과 이슈를 처리하도록 부모에게 안전한 환경(집단 세션)을 제공한다.
15. 정서적 그리고 대인관계적 발달을 포함하여 아동이 독특한 개인으로서 성장

하도록 촉진하는 방법을 부모가 배우도록 돕는다.

16. 부모가 아동에게 현실적인 기대감을 갖도록 돕는다 .

부모를 통한 치료 과정을 통해서, 아동은 다음과 같은 많은 도움을 얻는다.

1. 부모의 감정, 사고 그리고 행동의 이해와 지각이 향상된다. 특히 이것이 아동과 얼마나 관련이 있는지에 대해
2. 부모에 대한 아동의 신뢰와 확신이 증가된다 — 아동은 부모가 자신의 감정, 욕구와 욕망에 대해 공감적 이해로 반영할 때 완전히 수용된 것처럼 자신의 부모를 바라보게 된다.
3. 아동이 자기책임, 자기조절, 숙달감 그리고 긍정적인 자기존중을 발전시키도록 돕는다.

놀이주제 결정하기

놀이주제를 찾고, 근본적인 이슈를 해석하는 것은 매우 복잡한 일이다. 모든 놀이치료 이론들이 해석을 강조하지는 않는다 — 특히 아동을 해석할 때. Brody (1997) 그리고 Landreth와 Sweeney(1997)에 따르면, 발달 놀이치료자들과 아동중심 놀이치료자들은 보통 해석을 하지 않는다. Carroll과 Oaklander(1997)는 게슈탈트 놀이치료자들은 '아동의 놀이를 보는 치료자의 관점, 연상, 생각에 의한 불확실한 방식을 통해 해석하기도 한다' (p.195)고 말한다. 가장 중요한 것은 치료자 자신이 가장 잘 조절할 수 있는 이론적 틀을 결정하는 것이고, 그 이론적 틀을 고수하는 것이다.

반복적으로 유지되고 되풀이되는 놀이 행동은 아동의 놀이 내에서 있음직한 주제를 암시한다. 치료자는 자기 자신에게 "이 놀이 뒤에 숨겨진 의미는 무엇인가?"라고 물어야 한다. Ryan와 Wilson(1996)에 따르면, 치료자는 아동의 놀이

를 이해하고 반응하기 위해서 아동의 놀이의 의미에 대해 가설을 형성한다. 놀이 주제는 부모면담에서 부모와 공유할 수 있는 의미 있는 정보를 제공하고, 관련된 적합한 과제를 부모에게 제시하는 데 기초가 된다. 만약 치료자가 몇 가지 생각을 가지고 있지만 그 주제에 대해 그다지 확신이 없다면, 부모에게 아동의 놀이 행동을 명확히 설명하는 데 도움이 될 만한 질문을 할 수도 있다.

Norton과 Norton(1997)은 아동의 놀이에 포함되어 있는 은유를 검토하고 나서, 이러한 정보를 회기노트에 정리할 것을 제안하였다. 특별한 회기에서는 아동의 놀이 주제를 기록해야 한다. 힘과 통제, 분노와 슬픔, 관계에서의 신뢰와 불신, 거절과 유기, 불안 그리고 방해받는 감정과 같이 아동놀이에서 일어나는 일반적인 주제를 찾아야 한다. 아동의 놀이는 보호, 양육, 영역 지키기 또는 자기에게 힘 부여하기를 위한 욕구를 포함할 수도 있다.

Harter(1983)는 “이론가들은 대개 단독의 사례를 관찰하고, 이러한 관찰을 통해 보다 일반화할 수 있는 공통점을 인식하게 된다.”(p.122)고 설명했다. 함께 퍼즐을 맞추는 것처럼 치료를 생각해야 한다. 아동, 부모 그리고 관련된 다른 사람들은 치료자에게 퍼즐의 한 조각을 주고, 치료자는 함께 조각을 맞추도록 노력한다. 치료자와 부모 모두 치료 과정 중에 일어나는 아동의 부적절한 행동과 변화 뒤에 숨겨진 의미를 보다 잘 이해하기 위해 함께 퍼즐을 맞추고 싶어 할 것이다. 그러나 아동 놀이의 상징적인 특성이 항상 숨겨진 의미를 명확하게 묘사하지는 못한다. 적절한 주제를 공유하고 그것을 부모가 말한 정보와 비교한다고 해도 퍼즐을 완벽하게 맞추지 못할 수도 있다. 그럼에도 불구하고, 아동의 이슈 해결과 치유는 단지 놀이치료만으로도 실현 가능하다는 점을 주목해야 한다. 놀이치료의 본질은 어떠한 직접적인 설명이 없이도 자신의 감정과 욕구를 표현할 수 있는 분위기를 제공하는 것이다.

과제 제시

2~3회기가 되면 제8장에서 논의하게 될 일반적인 과제 제시를 시작하게 된다. 그리고 치료자가 아동 놀이에 대한 주제를 평가하기 시작할 때, 특정 주제에 도움이 되도록 고안된 더 구체적인 과제를 부여하게 된다. L' Abate, Ganahl 그리고 Hansen(1986)에 따르면, 과제 제시는 상호작용의 새로운 방법의 확립과 연습을 통해 가족의 행동 레퍼토리 범위를 넓혀준다. 치료자는 과정을 체크하기 위해 과제를 검토하고, 부모가 가질 수 있는 오해를 바로잡아주는 것이 중요하다. 과제 제시는 부모가 긍정적인 기술을 학습하고 연습할 수 있는 수단을 제공한다. 그것은 아동뿐만 아니라 부모에게도 유익할 수 있는 새로운 기술에 대한 연습과 정보에 의한 것이다.

사례 연구

사례 1

의뢰 사유

5살의 Jeremy는 자주 울고 슬프고 위축된 것처럼 보인다는 이유로 유치원 선생님으로부터 의뢰되었다.

주제 전개

두 번째 회기에서 Jeremy는 세 개의 고무 인형(두 개는 크고, 하나는 작은)을 골랐다. 그는 잠시 동안 인형을 보다가 모래상자의 중간에 있는 모래 꼭대기에 작은 인형을 놓았다. 조용한 목소리로 그는 "아기는 혼자예요."라고 말했다. 치료자는 "그 아기가 혼자 있는 것이 슬프다는 것처럼 들린다."고 반응했다. 그때 Jeremy는 눈물을 흘렸다. 그는 머리를 끄덕이며 "우리는 아기의 엄마와 아빠를 찾아야 해요."라고 말했다. 그러고 나서 Jeremy는 큰 고무인형을 가져와서 작은 고무인형의 양 옆에 하나씩 두었다. 그의 목소리는 흥분되어 있었고, "자 보세요. 엄마와 아빠가 아기를 찾았어요."라고 큰소리로 말했다.

세 번째 세션에서, Jeremy는 이러한 장면을 조금 변화시켜 다시 표현하였다. 치료자가 아는 바로는 Jeremy는 부모와 함께 가족이 오랫동안 살았었기 때문에 이것이 의미하는 바가 궁금했다. 치료자는 4회기 이후 어머니에게 가족이 함께 하는 시간에 대해 질문했다. 어머니는 자신들이 친밀하다고 말했지만 자신과 남편은 오랜 시간 일을 한다고 말했다. 그녀는 하루에 약 10시간을 일하고, 남편은 때때로 하루에 평균 12시간을 일하며, 몇 주씩 출장을 가야만 한다고 했다. 어머니는 좀 더 이야기했다. Jeremy가 유치원을 다니기 전에는 남편이 때때로 Jeremy에게 아침을 차려주거나 함께 아침 시간을 보내고 조금 늦게 일하러 가곤 했다고 말했다. 그러나 Jeremy가 학교에 다니는 지금, 아침 시간을 함께 보내는 것은 남편과 Jeremy 모두에게 보다 많은 제한이 생겨 불가능해졌다.

주제가 의미하는 것

치료자는 Jeremy가 부모, 특히 아버지로부터 특별한 관심과 양육을 필요로 한다는 생각이 든다고 설명했다. 치료자는 어머니에게 Jeremy가 걱정 없고 안전하고 특별하다고 느끼도록 어머니, 아버지와 함께 시간을 보내는 것이 중요하다고 말했다.

관련 과제

치료자는 일반적인 과제로 Jeremy와 아버지가 주마다 특별한 데이트 시간(제8장의 15분 데이트를 보시오)을 가질 것을 제안했다. 치료자는 아버지에게 Jeremy와 함께 일터에 가도록 요청했다. 치료자는 Jeremy가 아버지가 일하는 곳을 보는 것과 그곳에서 함께 약간의 시간을 보내는 것이 도움이 된다고 생각했다. 또한 치료자는 아버지에게 아버지가 Jeremy를 생각하고 있다는 것을 알도록 오후마다 Jeremy에게 전화를 하도록 요청했다. 마지막으로 치료자는 어머니, 아버지 그리고 Jeremy가 변경되거나 중단되지 않는 매우 특별한 가족 시간을 갖도록 노력할 것을 부탁했다. 왜냐하면 이러한 방법은 안정감을 주고 아동들에게는 많은 즐거움을 제공하기 때문이다. 그리고 치료자는 피자 먹는 밤이나 영화 보는 밤과 같은 가족 행사의 중요성을 강조했다. 어머니는 제안을 시도해 보기로 했고 아버지 또한 그렇게 할 것이라고 느꼈다.

치료 성과

Jeremy는 5회기에서 다시 인형 장면을 꾸몄지만 엄마와 아빠 인형이 아기 인형을 발견했을 때, 이전의 회기에서보다 가족이 다시 만나 함께 하는 데 많은 시간을 보냈다. Jeremy의 어머니는 15회기의 마지막에 자신과 남편이 치료자의 제안에 협조하기 시작했다고 보고했다. 그녀는 그들 셋은 이미 친밀해진 것 같다는 느낌과 그들의 가족이 함께하는 것에 더욱 초점을 둔다고 말했다.

Jeremy는 6, 7, 그리고 8회기에서 인형 장면을 표현하지 않았다. 18회기 즈음에, Jeremy는 보다 더 자유로운 놀이를 했고 어머니는 아이의 울음과 슬픈 태도가 없어진 것과 선생님은 Jeremy가 반에서 참여가 많아졌다고 보고했다.

사례 2

의뢰 사유

6살의 Kate는 슬퍼하고 위축되어 있는 것 때문에 어머니가 치료에 데리고 왔다. Kate의 어머니는 Kate가 걱정이 많은 것처럼 보이고 종종 운다고 했다.

주제 전개

1, 2, 3회기에서, Kate는 테디베어와 의료 기구를 가지고 놀았다. Kate는 곰이 아프다고 치료자에게 말했고, 매 회기 많은 시간 곰을 돌보고 의료적인 간호를 하는 데 보냈다. 치료자는 3회기가 끝나고 나서 어머니에게 가족이나 친구 중 누군

가 아픈 사람이 있었는지 물었다. 어머니는 "아니요. 친구들을 포함해서 우리는 모두 건강해요."라고 대답했다. 치료자는 의아했지만 이것에 대해 더 이상 묻지 않았다.

Kate는 다음 6회기에도 계속해서 곰과 의료 기구를 가지고 놀았다. 치료자는 아파보이는 곰이 얼마나 슬프고 두려운지에 대해 반영했다. Kate는 치료자에게 어떠한 반응도 없이 계속해서 의료적인 간호만 했다. Kate는 항상 곰을 '작은 곰' 이라고 똑같은 이름으로 불렀다.

주제가 의미하는 것

9회기 후에, 치료자는 어머니에게 가족 전체 중에서나 Kate가 아는 사람 중 아팠거나 아픈 사람이 있는지 다시 물었다. 이때 어머니는 "아니요. 정말로 우리가 아는 모든 사람들은 건강해요. 제가 2년 전에 암에 걸렸던 적은 있지만 우리는 그것에 대해 더 이상 이야기하지 않아요 — 우리는 그것에 대해 생각조차하지 않아요."라고 대답했다. 치료자는 새로운 통찰을 하게 되었다. 가족 전체는 이를 밀어내고 그들 모두에게 미치는 영향의 중요성을 부인했다. 부모들은 Kate가 여전히 슬픔과 두려움의 감정을 가지고 있다는 것을 깨닫지 못했다. 치료자는 Kate가 여전히 엄마의 암에 대한 어떤 감정을 가지고 있고 이런 감정을 해결하기 위해 노력할 때 엄마의 도움을 필요로 했던 것으로 여겨진다고 설명했다. 어머니는 처음에 그것에 대해서 더 이상 어느 누구도 관심을 갖지 않는다고 주장하며 저항했다. 치료자는 아동들은 일어났던 것이나 일어나고 있는 것 또는 일어나기 원하는 것을 놀이로 나타낸다고 설명했다. 치료자는 Kate가 여전히 어머니가 경험했었던 것에 대한 불편한 감정에 빠져 있어 걱정스럽다고 표현했다.

관련 과제

치료자는 다음 3회기 동안 세 가지의 숙제를 내주었다. 첫째, 치료자는 어머니에게 집에서 Kate와 함께 인형이나 박제 동물인형을 사용하여 구조화된 놀이치료

활동을 시작하도록 했다. 치료자는 사무실에서 몇 개의 동물인형을 가져다 놓고 한 동물이 아프고 다른 동물들이 아픈 동물을 걱정하고 있는 상황을 어떻게 설정할지 어머니에게 보여주었다. 둘째, 구조화된 놀이를 하는 동안, 치료자는 Kate가 경험했던 감정을 어떻게 반영할지 어머니를 가르쳤다. 이것은 어머니에게 익숙하지 않은 것이고, Kate와 함께 해보지 않은 것이었다. 구조화된 놀이의 목표는 두 가지다. 첫째, Kate의 어머니가 Kate의 감정을 반영하고 인식하는 방법을 배우도록 돕는 것, 그리고 둘째, Kate의 마음속 놀이 내용이 아픈 것으로부터 회복하여 잘 지내는 것으로 결말이 변화하도록 돕는 것이다. 그래서 어머니는 감정을 반영하려고 노력했고, 아프지만 이후에는 회복되는 동물놀이를 Kate와 함께 했다.

부모와의 면담 시간이 제한되어 있었기 때문에, 치료자는 Kate의 어머니에게 감정 반영하기에 대한 안내자료를 주었다. 읽기 과제는 부모에게 새로운 기술의 습득을 촉진시키는 데 도움이 될 수 있다. 안내자료는 한 장 분량의 내용으로 부모가 그것을 읽는 데 많은 시간이 걸리지 않는 간단한 것으로 사용하도록 권장한다.

치료자가 제안했던 세 번째 과제는 Kate의 어머니가 아플 때 치료해주었던 의사나 간호사를 Kate와 어머니가 함께 만나 어머니의 질병과 회복에 대해 이야기 나누는 것이었다. 치료자는 '공적인' 사람으로부터 그것에 대해 듣는 것이 Kate의 두려움을 없앨 것이라 생각했다. 치료자는 또한 2년 전 Kate와 어머니가 수없이 드나들었던 의사 사무실에 실제로 다시 가보는 것도 좋은 방법이 될 것이라고 생각했다.

Kate의 어머니는 비록 감정 반영하기는 어려웠지만, 주어진 과제들을 수행했다. 어머니는 Kate를 아주 많이 사랑했지만, 냉정한 가족 속에서 성장하면서 감정을 인식하거나 표현하는 데 서툴렀다. 그녀와 Kate는 암 치료를 받는 동안 돌보아 주었던 간호사를 함께 만났다. 또한 Kate의 어머니는 구조화된 놀이를 계속 수행했다.

치료 성과

12회기 즈음에서, Kate의 정서는 크게 향상되었고 어머니는 Kate가 더 행복해졌고 학교나 집에서 일어나게 될 사건에 대해 덜 걱정한다고 보고했다. Kate의 어머니는 치료자에게 자신과 Kate는 암에 대해 더 자주 이야기했고, 그런 이야기가 Kate뿐만 아니라 자신에게도 도움이 되었다고 말했다.

사례 3

의뢰 사유

난독증으로 진단을 받고 유치원을 다시 다녔던 5살의 Mindy가 학교로부터 의뢰되었다.

주제 전개

처음 몇 회기 동안, Mindy는 치료자를 학생으로, 자신은 선생님으로 칭하며 '학교 놀이' 에 대부분의 시간을 보냈다. Mindy는 화이트보드에 '지우지 마시오' 라고 쓴 것 같았고, 치료자에게 큰소리로 '지우지 마시오' 라고 단호하게 말했다. 선생님으로서 아이는 엄하고 통제적이었다.

6회기에서, Mindy는 '좋은' 아이와 '나쁜' 아이의 이름을 칠판에 썼다. 다른 회기에서 그랬던 것처럼 '학생' 을 교육하고 잘못을 지적하면서 이 회기의 대부분을 보냈다. 아이의 목소리 톤은 화가 나 있었고 비판적이었다.

주제가 의미하는 것

치료자가 Mindy의 어머니에게 학교에 관해 묻자, 그녀는 현재 유치원 선생님뿐만 아니라 처음 유치원 선생님 모두 친절하고 잘 보살펴 주었다고 확신했다. Mindy의 부모 역시 둘 다 친절하고 아이를 걱정하는 것처럼 보였다. 치료자는 Mindy가 선생님과 부모들의 노력에도 불구하고 학교에 대한 두려움과 불안을 경험하고 있는 것처럼 보인다고 설명했다. 치료자는 아동은 현상학적인 관점에서 삶을 경험한다는 것을 기억하는 것이 중요하다고 말했다 — 그것은 아동이 그들의 세계를 그들의 현실이라고 지각하는 방식을 의미한다. 어른으로서, 우리는 이러한 현실에 있는 아동을 만나야 하고, 아이들이 그것을 지각하고 경험함으로써 겪는 갈등과 어려움을 도와야 한다.

관련 과제

치료자는 Mindy의 어머니에게 신뢰할 만한 정보를 공개하는 것에 서명할 것을 요청했고, 따라서 이후 Mindy 선생님과 이야기할 수 있었다. 그 후 다시 치료자는 선생님에게 Mindy가 여전히 학교에 대해 두려움과 불안을 경험하고 있는 것으로 보인다고 설명했다. 치료자는 Mindy를 위해 노력하는 선생님을 지지하는 데 주의를 기울였고, 선생님에게 Mindy와 함께 하는 작업에 감사하다고 전했다. 치료자는 선생님에게 아이가 등교했을 때 가능한 한 오전에 2분간 함께 시간을 보낼 것을 부탁했다. Mindy의 어머니는 아이를 학교에 당분간 데려가는 것에 동의했고, 초기부터 이러한 과제는 잘 지속되었다. 선생님은 그들이 그날 학교에서 무엇을 하게 될지 간단하게 설명했고, 그러고 나서 Mindy의 강아지나 과외 활동과 같은 위협적이지 않은 일에 대해 Mindy와 이야기했다. 치료자는 Mindy의 불안 수준이 낮아지기를 바랐고, Mindy와 선생님 사이에 긍정적인 라포가 형성되기를 바랐다.

치료자는 또한 Mindy의 어머니를 학교에서 보다 더 눈에 띄게 하기 위해서 견학, 학교 파티 등에 자원봉사를 하도록 했다. 치료자는 어머니의 존재가 Mindy의 불안과 두려움을 낮출 것이라고 생각했다.

게다가 치료자는 Mindy의 어머니에게 Mindy와 함께 집에서 하는 구조화된 놀이를 가르쳤다. 구조화된 놀이의 목표는 Mindy의 학교에 대한 불안과 두려움에 대한 지각을 보다 긍정적으로 변화시키는 것이었다. Mindy의 어머니는 몇 개의 인형을 가지고 가짜 교실을 만들었다. 때때로 Mindy가 선생님이 되기도 했고, 때로는 어머니가 선생님이 되기도 했다. Mindy의 어머니가 선생님이 되었을 때, 학생들에게 친절하고 잘 보살펴 주며 많은 관심을 보여주었다.

Mindy의 선생님 또한 교실에서 Mindy가 불안해하거나 안절부절 못하는 어떤 사인을 찾아보자는 치료자의 요구에 동의했다. 이것은 중요한 문제였는데, 왜냐하면 Mindy는 학교에서 모범생이었고, 난독증으로 인해 조정된 학년 수준 내에서 평균에 속해 있었기 때문이다.

치료 성과

Mindy의 선생님은 그녀와 Mindy 모두 아침에 함께 하는 몇 분간의 시간을 기다린다고 보고했다. Mindy의 어머니는 Mindy가 더 이상 학교에 가는 것에 대해 불평하지 않으며, Mindy가 선생님과 함께 하는 시간을 위해 어머니에게 학교에 보다 일찍 데려다 달라고 한다고 했다. Mindy와 어머니는 일주일에 두 시간 정도 구조화된 놀이를 했고, Mindy는 자신의 인형으로 선생님이나 학생의 역할을 번갈아가며 했다. 물론, Mindy는 학교에서 엄마가 자원봉사하는 것을 좋아했다. Mindy의 아빠도 때때로 아이와 함께 견학과 점심을 먹기 위해 왔다.

치료에서, Mindy는 몇 주간은 학교놀이를 지속했고, 엄격하고 통제하는 선생님 역할도 지속했다. 그러나 10회기를 시작할 때, 놀이에 변화가 생겼다. Mindy는 놀이치료실로 들어와서 매주 자신이 했던 것과 같은 방식으로 교실 시나리오를 꾸몄다. Mindy는 치료자를 보면서 학생을 하도록 했고, "너는 오늘이 무슨 요일인지 아니? 자, 알아? 몰라? 이 날은 무슨 날이지?"라고 말했다. 치료자가 대답하기도 전에 Mindy는 "모두 휴일이야. 학교에 가지 않는 날!"이라고 대답했다. 그렇게 말해 놓고, Mindy는 자유놀이를 하면서 치료실을 돌아다녔다. Mindy는 더 이상 치료실에서 학교 놀이를 하지 않았다. 치료는 4주 후에 종결되었다.

사례 4

의뢰 사유

3살의 Melanie은 집에서 분노 폭발을 한다는 이유로 어머니가 치료에 데리고 왔다. Melanie의 어머니는 아이의 행동 변화에 대해 혼란스러워하고 걱정스러워했다. 어머니는 Melanie가 유치원에서는 정서적으로나 학업적으로 어떠한 어려움도 없었으나, 최근 들어는 집에서 예전에 자신을 성가시게 하지 않던 작은 일에도 매우 화를 낸다고 보고했다.

주제 전개

첫 번째 회기에서, Melanie은 장난감 전화기를 골랐다. 아이는 전화기를 귀에 대고 "여보세요. 여보세요. 거기 아무도 없어요."라고 반복해서 말했다. 아이는 한숨을 쉬면서 전화를 끊었다. 아이는 다른 장난감을 가지고 놀면서 방을 돌아다녔지만, 주기적으로 전화기로 돌아와 그것을 들고 "여보세요. 여보세요. 거기 아무도 없어요."라고 말했다. 첫 번째 회기가 끝날 즈음에서 아이는 치료자에게 다른 장난감 전화기를 주었다. 그러고 나서 아이는 자신의 전화기를 들고 "여보세요. 여보세요."라고 말했다. "여보세요." 다음에 침묵이 흐르자 치료자를 보면서 "선생님이 '여보세요.' 라고 말하는 거예요."라고 작은 소리로 속삭였다. 치료자가 전화기로 "여보세요."라고 대답했다. 아이는 미소를 지으며 "선생님 거기에 있었군요."라고 말했다.

두 번째와 세 번째 회기에서, Melanie은 전화기 놀이를 했지만, 첫 번째 회기에서 보다는 빈도가 줄었다. 그러나 전화기를 가지고 놀이할 때 아이는 치료자에게 전화기를 주고 치료자에게 '여보세요'라고 대답하도록 지시했다.

주제가 의미하는 것

치료자는 계속해서 반복되는 놀이가 중요하다고 생각했고, 그래서 Melanie 어머니와의 15분간 면담에서 가족들의 전화기 사용에 대해 질문했다. Melanie의 어머니는 전화로 이야기하는 것을 좋아하고 자주 사용한다고 말했다. 그녀는 밖에서 일했기 때문에 아이와 전화로 상호작용을 했었다고 했다. 어머니는 대부분 Melanie가 유치원에 가거나 낮잠을 잘 때 전화를 했다. 남편, Melanie 그리고 Melanie의 언니도 전화로 이야기하는지를 묻자, Melanie는 주기적으로 조부모님과 전화를 하며 남편은 아이가 유치원에 간 처음 몇 주 동안 어떻게 지내는지 궁금해 전화를 했었다고 말했다. 그러나 남편은 오랜 시간 일을 해야 했고 자주 출장을 가야 했으며 회사에서 승진을 했기 때문에, Melanie에게 더 이상 전화하지 못했다고 한다.

치료자는 Melanie가 아버지는 떠나버렸다고 느끼고 있으며 이는 유기의 감정까지도 경험할 수도 있기 때문에 지금 화가 나 있다고 생각했다. 이 연령의 아이들은 종종 아버지와 결속되고 함께 하고 싶어 한다. Melanie은 아버지와 많은 시간을 보내왔지만 갑작스럽게 그 시간이 짧아졌다. 부모들은 그 영향력을 깨닫지 못했다. 왜냐하면 그들은 모두 하던 일의 양을 조절했고, Melanie의 어머니는 집에 있으면서 가능한 많이 Melanie와 함께 있었기 때문이다.

관련 과제

치료자는 Melanie의 아버지에게 가능할 때마다 언제든지 다시 Melanie에게 전화를 하도록 했다. 스케줄 때문에 정해진 시간에 전화를 할 수는 없었지만 늦거나 일찍일지라도 일주일에 몇 번씩 아이에게 전화할 것을 약속했다. 그는 아침 6시에 공항에서 전화를 하기도 했다. 치료자는 또한 Melanie의 아버지가 아이에게 메모를 남기고 카드를 보내도록 부탁했다. 그는 기꺼이 동의했다. Melanie의 아버지가 시내에 있을 때, 치료자는 Melanie를 위한 특별한 데이트 시간을 갖도록 제안했다. 아버지는 아이에게 시간과 날짜를 적어 주었고, 아이는 매우 흥분했다. 아이는 글을 아직 읽을 수 없었음에도 불구하고, 침대 옆에 적어준 메모를 모았다. 그러고 나서 치료자는 Melanie의 부모에게 감정 반영하기에 관한 안내자료를 주었고, 그것을 읽도록 했다. 마지막으로, 치료자는 Melanie가 점차적으로 화를 낼 때 제한과 결과를 어떻게 정할지에 대해 이야기했다. 치료자는 Melanie의 어머니에게 부모면담에 오기 전까지 매주 Melanie의 분노폭발을 기록하도록 했다. 그러고 나서 치료자는 제한을 설정하는 동안 감정을 반영하는 방법과 Melanie의 화를 감소시킬 수 있는 대안적 방법에 대해 검토했다.

치료 성과

Melanie의 어머니는 과제 후 Melanie가 점점 더 조용해지고 있다고 보고했다. Melanie는 여전히 흥분하고 좌절하지만, 그 빈도가 감소했고 시간도 줄어들었다. Melanie는 6회기 이상 전화놀이를 했고, 이후 10회기까지 그것을 반복하지 않았다. 11회기에서 14회기에 이르는 동안 전화를 가지고 놀지 않았고 더 많은 자유놀이를 하며 돌아다녔다. 치료는 15회기 이후 종결되었다.

사례 5

의뢰 사유

9살의 Doug는 공격적인 행동 때문에 학교에서 의뢰되었다.

주제 전개

2회기에서, Doug는 '나쁜 사람' 이라는 이름을 가진 사람 그림을 처음 20분 동안 그렸다. 치료자는 그 나쁜 남자가 두려워하는 것 같이 보인다고 반영했다. Doug는 아무 반응이 없었고 표정의 변화도 없었다. Doug가 그림을 그렸을 때, 치료자는 분노, 슬픔 그리고 두려움과 같은 다른 가능한 감정 등을 반영했다. 또 다시, Doug는 결코 표정의 변화나 반응이 없었다. Doug는 그림을 다 그려 놓고, 모래로 옮겨가서 회기의 남은 시간을 모두 보냈다. 3회기에서 6회기 동안, Doug는 때로는 화이트보드에 때로는 종이나 이젤에 나쁜 남자를 그렸다. 치료자는 계속해서 아이의 행동을 읽어 주면서, 많은 명료한 감정들을 강조했다.

Doug는 치료자의 이러한 표현에 결코 반응하지 않았다.

주제가 의미하는 것

치료자가 15분간의 부모면담에 참석한 두 부모에게 질문했을 때, 부모는 둘 다 무엇이 Doug를 위협하고 화나게 하는지 눈치 채지 못하고 있었다. 치료자는 회기의 비밀보장을 위해 특별히 그림에 대해 이야기하지는 않았지만, Doug에게 일어났던 외상적이거나 두려웠던 어떤 사건이 있었는지에 대해 부모에게 질문했다. 치료자는 부모에게 Doug의 8년간 삶에 대한 인생 시간표에서 기억할 수 있는 모든 중요한 사건을 목록화하여 써 오도록 했다. 부모들이 그렇게 수행했지만, 아이의 그림을 설명할 수 있는 새로운 정보는 없었다. 부모는 치료자의 요청에 따라 Doug의 선생님에게 학교에서 어떤 특별한 사건이 있었는지 물어보았다. 거기에도 역시 Doug가 그린 그림을 설명할 수 있는 정보는 없었다. 치료자는 그림이 중요하다는 것은 알았지만, Doug에 대한 부모와의 의견 불일치로 당황스러웠다.

치료자는 우리가 아동이 갈등하는 것이 무엇인지 항상 알지는 못한다고 솔직하게 부모에게 설명했다. 그러나 놀이치료는 아동이 경험하고 있는 갈등과 외상과 관련된 감정을 인식하고 조절하기 위한 방법이다. 치료자는 아동이 이렇게 알 수 없는 갈등을 겪는 동안 놀이치료를 지속하는 것의 중요성을 부모에게 강조했다. 비록 Doug의 아버지가 치료자에게 어떤 구체적인 정보를 원하기는 했지만 치료자의 설명에 부모들은 동의했다. Doug의 아버지는 매우 참여적인 태도로 임했고, 학교에서의 상황도 개선되기를 바랬다.

관련 과제

치료자는 Doug의 부모님과 함께 학교에서 문제행동을 했을 때의 결과와 제한 설정하는 것에 관해 논의했다. 치료자와 함께 부모는 학교에서 Doug가 문제를 일으키는 행동에 대한 목록을 만들고, 그러고 나서 그 중요성에 따라 우선순위를 정했다. 덜 심각한 위반행동은 집에서 부가적으로 더 혼을 내지는 않았다. 목록의 가장 상위에서 두 가지 문제 행동은 학교에서뿐만 아니라 집에서도 다루었다. 치료자는 Doug가 집과 학교에서 잦은 체벌로 인해 낙담하고 있는 것이라고 설명했다. Doug를 격려하기 위해, 치료자는 부모에게 우선순위의 두 가지 문제 행동에 대해서만 결과를 제한하도록 요청했다. 치료자는 또한 Doug의 성취가 아닌 노력에 초점을 두고 매일 Doug에게 말해줄 수 있는 긍정적인 말을 찾도록 요청했다. 보다 충분한 격려의 개념을 이해하도록 하기 위해, 치료자는 부모에게 아동을 격려하는 방법이 적혀있는 안내자료를 주었다.

치료 성과

Doug는 7회기에서 9회기까지 똑같은 그림을 계속 그렸다. Doug는 10회기 때는 그리지 않았지만, 11회기에는 다시 그렸다. 그러고 나서 두 회기 동안은 그 그림을 그리지 않았다. 14회기에 그림을 다시 그리기 시작했지만 그것을 끝내지는 않았다. 그러고 나서 다음 5회기가 지나는 동안 그림을 전혀 그리지 않았다. 아이는 색칠하고 그리는 것은 계속했지만, 이기적인 남자를 닮은 어떤 것도 그리지 않았다. 아이의 행동 또한 학교에서 향상되기 시작했지만, 그 과정은 더뎠다. 부모 또한 보다 많이 격려하는 작업을 지속했다. 아들의 입장에서 보려는 모습으로 바뀐 아버지의 변화를 보는 것은 흥미로웠다. Doug의 아버지는 집과 직장에서 보다 더 편안해졌고 직장에서 직원들에게도 더 긍정적인 칭찬을 하려고 했다. Doug의 어머니는 아들과 남편이 보다 더 친밀해졌고, 보다 더 자주 웃으며 이야기한다고 했다. 치료는 19회기 후에 종결되었다.

사례 6

의뢰 사유

8살의 Annie는 새어머니가 치료에 의뢰하였다. Annie의 새어머니는 치료자에게 Annie는 비순종적이고 끊임없이 무례하게 행동하는 다루기 어려운 아이라고 말했다. 새어머니는 친모는 3전 전에 죽었고, 자신은 1년 전에 Annie의 아버지와 결혼했다고 했다. Annie의 아버지는 Annie에게 충분히 '단호' 하지 않다는 것과 Annie 자신이 원하는 것이면 무엇이든지 얻기 위해 아버지를 조정하도록 내버려 두며, Annie를 충분히 벌하지 않는다는 Annie에 관한 끊임없는 갈등을 제외한다면 결혼생활은 원만하다고 말했다. 치료자는 새어머니에게 Annie가 표현했던 행동 유형에 대해 질문했을 때, 그녀는 자신과 Annie 사이에 있었던 몇 가지 사건을 이야기했다. 치료자는 Annie가 학교에서 문제를 일으키는지 물었다. 그녀는 다소 애매한 태도로 "그래요."라고 대답했다. 치료자는 즉시 그러한 정보를 확인하기 위해 노트에 메모해 두었다. 새어머니는 아이의 행동에 대해 상의할 때 화가 난 것처럼 보였다. 그녀는 매우 단호하게 자신은 결코 아이를 가질 계획이 없었지만, 지금은 Annie의 아버지와 결혼했고, 길러야 할 아이가 있을 뿐만 아니라 그 아이는 양육하기에는 매우 어려운 아이라고 말했다.

주제 전개

Annie가 놀이치료실에 들어왔을 때, 치료자가 보기에 아이는 조용하고 수줍어하는 작은 소녀로 보였다. Annie는 장난감을 가지고 노는 것을 걱정하는 것처럼 보였다. 치료자는 아이 자신이 원하는 어떤 방법으로도 장난감을 가지고 놀 수 있다는 것과 어디서부터 시작해야 할지 결정하는 것을 어려워하는 것처럼 보인다고 반영했다. Annie는 주저하며 모래상자 쪽으로 갔다. 아이는 우연히 모래상자 옆 바닥에 적은 양의 모래를 흘리기 전까지 약 10분 동안 모래 놀이를 했다. 아이는 재빨리 자신이 문제를 일으킨 것인지 확인하려는 것처럼 치료자를 쳐다보았다. 치료자는 "너는 모래를 흘린 것에 대해 걱정하는 것처럼 보인다. 그런데 때때로 모래를 그렇게 흘릴 때가 있어."라고 말했다. Annie는 안심하는 것처럼 보였다. 아이는 작은 빗자루로 모래상자에 모래를 쓸어 넣었음에도 불구하고 계속 모래를 닦았다. 아이는 그 회기의 남은 시간 동안 다른 장난감을 가지고 조심스럽게 계속 놀이했다. 아이는 치료자에게 매우 작게 말했지만, 몇 번의 미소를 짓기도 했다.

두 번째 회기에서 Annie는 다시 모래를 가지고 놀았다. 그러고 나서 인형 집으로 옮겨 가서 방에 가구를 정리하기 시작했고 다른 방에다 인형을 놓았다. 치료자는 인형에게 Annie가 부드럽게 말하는 것을 들었다. 한 방에 두 개의 인형을 두었다. 치료자는 Annie가 "지금 당장 자러 가라. 그리고 우는 것을 멈춰. 그만해. 너 내말 듣는 거니? 너 맞고 싶니?"라고 말하는 것을 들었다.

주제가 의미하는 것

치료자는 Annie와 새어머니 사이에 많은 갈등이 있음을 알았다. Annie는 놀이치료실에서 그 갈등을 놀이로 표현했다. 치료자는 2회기 15분 부모면담에서 새어머니에게 Annie의 선생님과 이야기하기 위해 Annie의 아버지가 사인한 허가서를 가지고 오도록 했다(새어머니는 그렇게 할 권리의 법적인 문서가 없으면 법적인 서류에 서명할 수 없다). 그러고 나서 치료자는 Annie의 새어머니와 아버지가 사용하는 훈육 방식에 관해 질문했다. 새어머니는 타임아웃, 외출금지 그리고 체벌을 사용한다고 말했다. 치료자는 어느 부모가 보통 훈육을 담당하는지 물었다. Annie의 새어머니는 "음… 내가 거의 항상 Annie에게 벌을 주죠. 남편은 일이 많고 함께 보낼 수 있는 시간이 별로 없어요. 그리고 내가 선생님에게 말했던 것처럼 남편은 Annie가 바라는 무엇이든 하도록 허용해요."라고 말했다.

치료자는 Annie의 선생님에게 전화를 걸었다. 치료자가 의심했던 것처럼, 선생님은 Annie가 조용하고 문제 없는 모범생이라고 이야기했다. 선생님은 Annie가 A학점을 받을 만한 능력이 있지만 대부분 B학점을 받는다고 했다. 선생님은 때때로 Annie가 과제를 수행하고 집중하는 데 어려워할 때가 있고, 그것이 성적에 영향을 미치는 것 같다고 말했다. 치료자는 ADHD의 어떤 다른 증상이 있다고 느껴지지는 않았고, 오히려 Annie의 이런 모습은 불안으로 여겨졌다.

4회기 후에, 치료자는 새어머니에게 Annie는 아마도 여전히 친모의 죽음과 아빠의 새로운 결혼에 적응 중인 것으로 보인다고 설명했다. 치료자는 새어머니가 화가 나 있고, 쉽게 치료에 저항할 수 있고, 만약 치료자가 Annie의 행동을 변화시키는 의무를 잘 수행하고 있지 않다고 여긴다면 Annie를 치료에 데리고 오지 않을 수도 있기 때문에 새어머니에게 조심스럽게 자신의 해석에 대해 말했다. 치료자는 새어머니에게 결혼생활에 적응해 가면서 동시에 한 아이를 기르는 것 모두 때때로 매우 좌절되고 압도되어 버리는 것처럼 느꼈을 것이라고 반영했다. 치료자는 또한 Annie의 새어머니에게 양육의 짐을 너무 많이 지고 있다고 강조했다. Annie의 새어머니는 여기에 적극적으로 강하게 동의했다.

새어머니를 상담에 참여시키고 준비시키기 위해 노력하는 동안, 치료자는 새어머니의 양육 압박을 감소시키기 위한 무엇인가를 선택하는 것이 중요함을 강조했다. 물론, 치료자의 목표는 두 가지였다 : 새어머니와 라포를 형성하는 것과 보다 사랑받고 안전하다고 느끼도록 Annie를 돕기 위한 방법을 발견하도록 노력하는 것. 치료자는 새어머니에게 Annie의 아버지가 양육, 특히 훈육에 보다 더 많이 참여하는 것이 중요하다고 말했다.

새어머니는 Annie의 아버지가 보다 더 Annie에게 훈육하도록 하는 생각을 찬성했고, 남편에게 Annie가 아빠를 조정하도록 하는 것을 그만하도록 치료자가 직접 말해주기를 원했다. Annie의 새어머니는 치료자에게 "우리는 적응할 만한 모든 것을 했어요."라고 말하면서 Annie의 적응의 어려움을 공감하지 못했다. 치료자는 다시 한번 Annie의 아버지가 Annie의 양육에 보다 더 참여하도록 돕는 것의 중요성을 깨달았다.

관련 과제

치료자는 즉시 세 가지의 과제를 요청했다 : (a) Annie의 아버지가 다음 회기에 Annie를 데리고 오기(아버지가 Annie를 데리고 올 수 있도록 직장과 학교 가기 전에 약속 정하기), (b) Annie의 새어머니와 아빠가 '한동안' 체벌하지 않기. 물론 치료자는 이때 보다 효과적일 수 있는 몇 가지 다른 훈육 방법을 부모가 알도록 도왔다, (c) Annie의 타임아웃 제한하기. 왜냐하면, Annie를 부가적인 시간으로 자주 방에 가도록 했기 때문이다. 새어머니는 의심스러워했지만, 그것을 몇 주 동안 해보는 데 동의했다. 치료자는 Annie의 새어머니가 훈육을 보다 더 하기 위해 Annie의 아버지와 함께 할 것이라고 확신했다.

다음 주가 되어 Annie의 아버지는 치료에 아이를 데리고 왔다. Annie는 분명 아버지와 함께 온 것을 기뻐했다. 아이는 아버지를 치료자에게 소개하면서 미소 지었고, 회기 시작 전에 아버지가 놀이치료실을 보기를 원했다. 회기의 마지막에 치료자는 Annie의 아버지와 이야기했다. 그는 그의 딸을 매우 많이 사랑하는 친절하고 솔직한 남자였다. 그는 또한 수동적이었고, 자신의 업무 일정에 매우 압도되어 있었고, 여전히 Annie의 친모 죽음을 슬퍼하고 있었으나, 이러한 감정은 그의 새 아내로부터 통제받고 있다고 느끼고 있었다. 그는 Annie의 새어머니가 자신이 어떻게 느끼는지 아는 것을 원하지 않았기 때문에 회기의 비밀보장에 대해 두 번씩이나 치료자에게 물었다. 그는 Annie와 많은 시간을 보내지 못하는 것에 대해 죄책감을 느낀다고 말했고, 그리고 Annie의 친모가 죽었기 때문에 아이에게 많은 제한과 결과를 강요하지 않는다고 했다. 그는 또한 Annie가 새어머니와 '문제를 일으킬 때' 대부분의 시간을 나가 있는다고 했다.

Annie의 아버지가 고통, 슬픔 그리고 자신의 일정으로 압도되어 있었기 때문에, 치료자는 Annie가 그 가족의 일원으로서, 적응해야 할 많은 것들의 중심에 있음을 부드럽게 설명했다. 치료자는 Annie의 아버지에게 그와 Annie 둘 다 좌절하고 압도되어 있는 것을 볼 수 있다고 말했다. 치료자가 말했을 때, 아버지의 눈에서 눈물이 흘러내렸다. 치료자는 Annie와 아버지 사이의 관계가 지켜지는 것이 중요하다고 계속 이야기했다. 치료자는 Annie의 아버지가 몇 가지 작은 변화로 Annie와 자신을 위한 큰 차이를 만들 수 있다고 확신했다.

치료자는 Annie의 아버지에게 다음 회기에 오기 전에 Annie와 함께 특별한 데이트 시간을 갖도록 했고, 그는 동의했다. 치료자는 또한 Annie의 아버지에게 매주 치료에 아이를 데리고 올 수 있는지 물었다. 그는 약속 시간을 일찍 정해준다면 그렇게 할 수 있다고 했다. Annie의 아버지와 함께 한 치료자의 첫 번째 목표는 Annie와 아버지 사이에 관계를 보다 강하게 만드는 것이었다.

다음의 15분간 부모면담에서, 치료자는 예시와 안내자료를 사용하는 것과 함께, 제한과 적절한 결과를 정하는 것뿐만 아니라 Annie가 경험하는 감정에 대해 반영하기를 소개했다. 대체로 치료자는 Annie의 아버지가 훈육에 보다 더 참여하는 것에 대해 논의했다. 또한 치료자는 Annie의 아버지가 그의 아내에게 훈육에 더 많이 참여하겠다고 말할 것을 요구했다. 그는 그의 아내에게 말하는 것에 대해 불안해했고, 따라서 치료자는 그와 함께 역할연습을 했다.

Annie의 아버지는 치료자에게 Annie가 친모에 대해 말하는 것을 좋아하지만, 아이가 '나쁘게 느끼는 것'을 원하지 않기 때문에 주제를 바꾸려고 노력한다고 했다. 치료자는 Annie의 친모에 대해 이야기하는 것이 그에게는 고통스러운 것임이 틀림없다는 것을 알지만, Annie가 친모에 대해 이야기하는 것의 중요성을 말하고, 그것이 아이에게 도움이 될 것이라고 했다.

치료 성과

Annie가 아빠와 함께 치료실에 온 두 번의 시간 동안, Annie의 감정은 2주 전보다 향상되었다. 아이의 놀이는 덜 지시적이었고, 아이는 치료자와 눈맞춤이 많아졌다. 아이는 여전히 인형 집에서 놀았지만, 이 시간에 인형을 처벌하는 장면은 없었다. Annie는 치료자에게 자신과 아빠는 지난 회기 이후로 아빠가 학교에 데려다 주기 전까지 함께 도넛을 먹는 아침시간을 보낼 수 없었다고 했다.

Annie의 아버지는 그의 딸과 함께하는 것을 좋아했다. 아이에 대해 이야기하는 측면이 명확해졌다. Annie의 아버지는 치료자에게 그들의 데이트 시간이 즐거웠다고 말했다. 그는 치료자가 데이트 시간 동안 어떤 돈도 쓰지 않도록 말해준 것이 좋았다. 왜냐하면 그의 아내는 예산에도 없는 돈을 쓰는 것을 좋아하지 않았기 때문이다. 또한 치료자가 Annie의 아버지와 Annie가 시간을 함께 하도록 했기 때문에 Annie의 새어머니는 이것에 기꺼이 동의했다. 이것은 치료자가 Annie의 아버지에게 Annie를 데리고 오도록 요청한 것을 새어머니가 진심으로 기뻐하는 것을 증명하는 것이었다. 왜냐하면 새어머니는 남편에게 "당신이 더 많이 양육할 수 있는 시간이에요."라고 말했기 때문이다. Annie의 아버지는 그의 아내와 훈육에 대해 논의할 수 있었고, 결국 Annie의 훈육에 관해 아내와 몇 가지 영역을 정할 수 있었다. 그는 처음에는 그의 아내가 의심스러워하는 것 같았지만 몇 주 후에는 자신이 훈육하는 것을 기뻐하는 것처럼 보였다고 말했다. 그는 Annie와 아내 사이의 갈등이 줄어들었다고 했다.

Annie의 놀이는 결국 보다 더 자유로운 놀이로 변했다. 아이는 여전히 회기의 많은 시간을 인형 집에서 놀았지만, 놀이는 비판적이고 처벌적인 장면으로부터 보다 더 사랑하고 양육하는 장면으로 변했다. 아이는 종종 '엄마' 인형과 '아기' 인형으로 이름지었다. 치료자는 Annie가 친모의 상실로 아직도 슬퍼하고 있는지 의심스러웠다. Annie의 아버지는 치료자에게 자신과 아이는 아이의 친모에 대해 보다 더 많이 이야기한다고 말했다. 그는 셋이서 함께 했던 즐거운 추억들을 메모하기도 한다고 했다.

치료자는 어떻게 변화해 가고 있는지 체크하기 위해 새어머니에게 주기적으로 전화했다. 치료자는 Annie와 아버지 사이의 친밀감이 증가함으로써 새어머니가 위협감을 느끼는 것을 원치 않았고, 그렇게 되면 Annie와 아버지 사이의 관계를 나쁘게 하거나 Annie가 치료를 받지 못하게 할 수 있는 영향력을 행사할 수 있기 때문이다. 대체로 새어머니는 이 과정을 기뻐했다. 그녀의 남편이 Annie와 보낼 시간을 '찾는 것' 에 대해 때때로 질투가 저변에 깔려 있기도 했다. 치료자는 새어머니가 Annie를 근본적으로 치료에 데리고 온 노력과 남편이 양육에 보다 더 참여하도록 도운 것을 지지했다.

12회기 때, Annie는 보통 다른 회기보다 더 조용했다. 그 회기 반 정도의 시간이 흘렀을 때, Annie는 "선생님은 내가 여기 그만 온다면 어떨지 생각해 봤어요? 아빠와 나는 이 시간에 함께 아침을 먹을 수 있다고 생각했어요."라고 말했다.

Annie는 친모에 대한 약간의 슬픔을 겪었지만, 아버지와는 강력한 관계를 재확립했다. 관계 조절로 Annie와 새어머니는 갈등이 감소했다. 치료자는 다음 주에 종결 회기를 가졌고, Annie와 아버지가 함께 아침 식사를 하는 시간을 갖도록 했다.

요 약

부모와의 정기적인 면담은 부모들이 치료 과정에 관련되어 있고, 도움이 된다는 느낌을 가지는 데 도움이 된다. 부모면담은 부모를 격려하기도 하고, 부모를 치료적 대리인으로 부모에게 도움을 청하게도 하고, 놀이 회기에서 아동이 표현하는 것이 무엇인지 치료자의 이해를 알려주기도 하고, 아동의 세계에 대한 전반적인 개념을 알려주기도 한다.

아동의 놀이에 숨겨진 의미를 이해하는 것은 어려울 수 있다. 되풀이되고 지속되고 반복되는 놀이에 대한 세심한 주의는 놀이를 인식하고 개념화하는 데 치료자에게 도움이 된다. 부모와 다른 사람으로부터 보고된 정보를 종합하여, 치료자는 직관을 확증할 수 있고, 아동이 표현해 낸 이슈를 보다 정확하게 이해하게 된다. 그러고 나서 치료자는 부모와 그 주제를 의논하고, 전반적인 아동의 개념에 기초한 과제를 제시한다. 이러한 방법으로, 치료자는 치료자와 아동 사이의 신뢰를 유지하면서 치료적 상황에 부모가 함께 참여하도록 기회를 제공한다.

아마도, 치료자는 적어도 아동의 부모 중 한 사람과 매주 15분간 만날 수 있을 것이다. 치료자는 아동의 놀이치료 회기 전이나 후에 이러한 면담을 하도록 선택할 수 있다. 또는 치료자가 아동에게 선택하도록 허락할 수도 있다. 종종 어린 아동들은 치료자와 놀면서 얻은 만족감을 지연하고 싶어하지 않는다. 그러나 만약, 치료자와 부모가 놀이회기 후에 문을 닫고 들어가 버리면 아동은 불쾌한 감정을 경험하고 치료자를 '고자질쟁이'라고 여길 수도 있다. 놀이치료에서 무엇보다 우선시되는 것은, 치료자는 아동-치료자와의 관계를 지키고, 치료자에 대한 아동의 믿음을 유지하는 것이다.

부모를 통한 치료는 치료 과정에 부모를 참여시키는 좋은 방법이다. 이 훈련 모델에서, 부모들은 아동중심 놀이치료 개념과 과정을 배우고, 그로 인해 그들의 아이를 위한 변화 대리인으로서 치료적 역할을 한다. 여기에 초점은 아동과 부모 모두에게 긍정적인 영향을 줄 수 있는 수많은 도움과 부모-자녀 관계에 두어야 한다.

때때로, 치료자는 부모가 추가적인 관심과 지지를 필요로 한다고 느낄 수 있다. 많은 부모들은 그들 자신만의 특별한 회기나 정기적인 회기에서 도움을 받는다. 몇몇 부모들은 부모상담 시간에 그들 자신의 문제에 직면할 수도 있지만, 아직은 개인상담을 받으려 하지는 않는다. 부모 자신만을 위한 회기를 원하는지에 대한 결정은 전문가적인 판단과 부모-치료자 관계를 기초로 해야 한다. 또한 치료자는 아동과 놀이치료 회기에 분배된 시간을 지켜야 하고, 아동이 내담자라는 사실을 기억해야 한다.

제7장에서는 몇 가지 사례를 살펴보았다. 이 사례들을 통해 놀이주제와 치료자의 치료 개념화에 대한 구체적인 예를 제시하였다. 제시된 기법과 과제는 전후 관계상의 적용 범위 내에서 설명하였다. 각 사례의 끝 부분에서는 치료 과정의 성과에 대해 논의하였다.

제 8 장
부모에게 과제 제시하기
General Homework Assignments for Parents

부모들이 집에서 할 수 있는 과제는 치료 성과를 극대화시키는 중요한 수단이 된다. 부모가 과제를 완벽하게 해낼 때, 좋은 결과를 더 빨리 이끌어 내고 오래 지속되는 효과를 볼 수 있다. 이러한 일반적 과제는 내담 아동의 모든 부모들에게 적용 가능하며, 의뢰나 치료 목적의 특별한 동기와 관계없이 적절하게 정할 수 있어야 한다. 이러한 연습은 자녀의 치료에 부모들이 지속적이며 적극적으로 동참하도록 할 뿐만 아니라, 아동의 치료에 대해 부모 자신의 노력과 결과를 확인하도록 돕는다.

실질적으로 부모가 일반적 과제를 연습하는 것은 부모와 아동 사이의 결속을 증진시킨다. 부모들은 보다 더 격려받고 결과적으로 보다 더 즐겁게 자녀와 치료를 지속하게 된다. 종종, 부모들은 그들이 지불한 대가만큼 치료의 성과를 볼 수 있을지 의문을 갖기도 한다. 이러한 욕구는 부모들이 집에 가서 스스로 해보는 '추가적인 치료' 를 통해 만족시킬 수 있다. 이러한 과제는 부모들이 연습을 통해 자녀들을 위해 노력하게 되고, 자녀들에 대한 관심이 증가하게 되며, 자녀들의 중요성을 확신하게 됨으로써 그들과 의사소통이 가능하게 되어 아동의 치료적 환경을 조성하게 한다. 아동 자신의 중요성에 대한 모든 지지적인 메시지는 아동들이 부모와 더 많이 접촉하고 관심과 확인을 받는 데 도움이 된다. 이러한 모든 것은 자존감, 자기 확신 그리고 부모와 자녀의 자아 존중감을 증진시킨다.

아동을 위한 특별한 시간 갖기

특별한 데이트를 갖는 것은 부모와 아동이 하나가 되게 한다. 그들은 자신들의 '특별한 데이트' 를 위한 날짜, 시간 그리고 장소를 서로 동의하에 계획하고 선택한다. 특별한 데이트의 시간은 15분 정도로 부모는 아동에게 그 시간이 중요함을 강조해야 한다. 부모는 순수한 관심과 열정을 보여줘야 한다. 그 데이트가 평소보다는 조금 더 중요하고 특별하다는 점을 강조하도록 부모에게 권고한다. 부모는 자녀에게 "너와 나는 단지 우리들만의 시간을 갖게 될 꺼야. 일주일에 한 번 15분간 특별한 시간을 가질 꺼야. 우리의 데이트를 위한 계획을 짜보자."고 말한다. 특별한 데이트를 계획한 후, 부모는 그것의 중요성을 다시 한번 강조해야 한다. "이 시간은 매우 중요하고 매우 특별해. 너와 나를 위해 이것을 잊지 않도록 적어두도록 하자."라고 말이다.

아동이 너무 어려서 글을 알지 못할지라도, 부모는 '특별한 데이트/엄마와 Justin/화요일 7시' 라고 두 개의 작은 종이에 적어 두도록 한다. 한 장은 부모가 갖고, 다른 한 장은 자녀가 갖도록 한다. 종이는 실제적이고 구체적인 아이템이다. 아동은 종이를 보고 만지고 느끼고 소유하고 보관할 수 있다. 이것은 그 시간의 중요성을 강조하고, 아동이 편안함을 느끼는 데 도움이 된다. 또한 부모가 약속을 지키는 데도 도움이 된다.

그 데이트를 유지하는 데 있어서 중요한 것은 부모가 스트레스를 받아서는 안 된다는 것이다. 이것은 집에서 할 수 있는 과제 제시의 중요한 요소이다. 아동들에게는 부모와 그들이 약속한 것을 지속하는 것이 필요하다. 이런 연습을 통해 아동들은 엄마와 아빠가 신뢰할 수 있고 믿을 수 있는 존재임을 배운다. 신뢰와 확신은 부모에게 필수적인 자질이다. 그렇지 않으면, 아동들은 혼란스러운 환경에서 성장하게 될 것이고, 해결하기 어려운 불안정을 발달시킬 수도 있다.

그러한 위험과 더불어 시간을 지키지 않음으로 인해, 기본적인 규칙 중 하나가 깨질 수도 있다. 그 시간을 위한 기본적인 규칙은 다음과 같이 정의할 수 있다.

1. 모든 것은 제한된 15분 안에 하도록 한다.
2. 모든 것, 특히 부모는 정해진 시간에 전념해야 한다.
3. '모든 것' 은 일대일의 시간이 될 수 있도록 한 부모와 한 자녀로 구성되어야 한다.
4. 전화나 다른 가족 구성원으로 인한 방해는 엄격히 금지되어야 한다.
5. 그 시간의 활동은 아동이 말하거나 감정을 공유할 수 있는 분위기가 되어야 한다.
6. 아동은 단지 자신이 원하는 감정을 공유하고 이야기할 수 있어야 한다(이야기하고 감정을 공유하기 위해 아동을 설득하고 압박하는 것은 금지된다).
7. 그 시간 동안 TV 보는 것은 금지되어야 한다.
8. 화려한 장난감, 활동 센터 그리고 놀이 공원은 금지되어야 한다.

이러한 규칙은 어렵지 않아 부모와 아동에게 웃기고 재미있고 쉽게 느껴지는 경향이 있다. 그럼에도 불구하고 규칙은 꼭 지켜야 한다. 중요한 것은 아동을 위한 분위기가 분명히 만들어져야 하는 것이다. 이것은 아동이 원하는 것을 하도록 하며, 부모 앞에서 그들이 하고 싶은 말을 하도록 허락하는 것을 의미한다. 이것은 시간이 없거나 경제적으로 어려운 부모들에게도 추천된다. 이 시간을 위한 활동 제안으로 집 주위를 한 블록 걷거나 15분간 공원 걷기, 소프트 아이스크림 사 먹기 등을 제안할 수도 있다. 다른 활동 제안으로는 부모가 아동의 방이 아닌 다른 공간에서 몇 개의 장난감을 가지고 아동이 주도하는 놀이에 참여하는 것이 있다. 만약 그 시간을 아동의 방에서 한다면, 아동은 자신의 소유물에 지나치게 열중하여 부모와 최소한으로 또는 의미 없는 상호작용만 할 수도 있다.

가장 강조되어야 할 것은 이 특별한 시간을 꼭 지키는 것과 어떠한 방해도 없는 중요한 데이트라는 사실이다. 몇몇 부모들은 아이들이 15분보다 긴 시간을 원한다고 할 것이고, 또 어떤 부모들은 그들의 자녀와 이미 '특별한 시간' 과 같은 규칙적인 시간을 가져봤다고 주장할 수도 있다. 어느 쪽이든, 치료자는 부모가 이미 만들어진 가이드라인에 따르도록 해야 한다. 부모들은 15분으로 제한된 시간을 늘릴 수 있지만, 처음에는 다른 기본적인 규칙과 함께 고수해야 한다. 치료자는 그들 자녀와 특별한 시간을 이미 갖고 있는 부모들을 지지해야 한다. 지지를 한 후, 부모들에게 그들이 이미 특별한 시간을 가지고 있는 것에 더하여 이러한 연습을 하게 하거나 그것을 대신하여 할 수 있는 방법에 대한 정보를 알려 주어야 한다. 대부분의 부모들은 집에서 이미 경험한 것과는 다르다고 보고할 것이다. 따라서 15분이라는 시간제한을 줌으로써 부모들이 이러한 과제로 인해 압도당하는 느낌을 받지 않고, 그 시간을 지켜나갈 수 있도록 할 수 있다.

만약, 부모들이 데이트 약속을 지키지 않는다면, 그것 자체가 부모들에 대한 정보가 될 수 있다. 처음으로 그 약속을 어겼을 때에는 왜 그 약속을 지키지 못했는지에 대한 이유를 물어봐야 한다. 전형적으로 부모들은 스케줄을 잡기가 어려웠다는 변명을 한다. 단, 여기서 이런 점으로 부모를 비판하자는 것은 아니다. 부모의 감정을 반영해야 한다. 그러고 나서 주기적으로 연습해야 하는 중요성을 다시 강조해야 한다. 만약, 이런 일이 다시 일어난다면, 이러한 장애를 일으키는 근원적인 이슈가 있을 수 있다. 부모가 자녀와 함께 보내는 시간에 정말 관심이 있나? 부모가 자신에 대해 부적절하다거나 취약하다고 느끼는가? 치료자는 부모가 가진 근원적인 이슈를 살펴보아야 한다.

몇몇 부모들에게는, 이런 특별한 시간은 자녀와의 강한 라포 형성과 보다 깊은 결속을 이루게 한다. 그들의 확신은 성과가 좋을 때 더 커진다. 또한 성과가 좋을 때 더 많이 격려받고, 열광하고 치료의 보답으로 감사해 한다. 자녀와의 특별한 데이트는 부모로 하여금 치료에 좀 더 참여하게 하고, 보다 더 치료에 잘 순응하고 또한 의의 있는 치료 효과를 낳게 한다.

샌드위치 포옹

샌드위치 포옹은 각 가족 구성원들이 샌드위치의 각기 다른 재료라고 여기고 함께 크게 포옹하는 것을 말한다. 예를 들면, 엄마는 아이에게 "아빠와 나는 빵이야. 그리고 Abbie야, 너는 볼료냐 소시지야. 우리 모두는 아주 큰 샌드위치! 얌얌얌 얌얌!!"라고 말한다. 이때 다른 가족 구성원이 있다면 각 구성원은 많은 다른 샌드위치의 재료가 된다(치즈, 토마토, 땅콩 버터, 야채, 참치). 모든 가족 구성원들은 다른 구성원과 포옹해 볼 수 있다. 많은 '재료들' 과 '재료들의 소음' 은 중요하다. 이것의 목적은 가족 간에 포옹을 하면서 재미를 느끼는 것이다. 이러한 연습은 놀라운 결과를 일으키고, 밀접한 접촉을 하도록 한다. 몇몇 부모와 아동이 저항하고 그것은 '진부한' 것이라 주장할지라도 샌드위치 포옹은 정말 재미있고 위협적이지 않은 활동이다. 이것은 단지 잠깐 동안 지속하고, 적게 또는 아무 준비 없이 자주 할 수 있다. 포옹하는 습관이 없는 어떤 가족들은 이 과제로 그런 장애물을 자연스럽게 벗어나게 된다(G. Landreth, personal communication, June, 1989).

30초간 주의집중하기

30초간 주의집중하기(30-Second Attention Burst)는 부모가 그들이 하던 모든 것을 멈추는 것을 의미한다. 30초 동안, 부모는 모든 집중력을 그들 자녀에게 주도록 한다. 어머니가 전화를 하거나 책상에서 일을 할 수도 있지만 아동은 엄마가 하던 것을 멈추고 자신과 무엇인가 함께 하기를 원한다. 이런 경우에, 어머니는 전화하는 상대방에게 잠시 동안 양해를 구하거나 책상에서 하던 일을 멈추어야 한다. 그러고 나서 30초 동안 자녀에게 완전히 집중해야 한다. 어머니는 자녀를 포옹할 수도 있고, 자녀에게 이야기할 수도 있고 혹은 자녀를 위해 무엇인가를 해 줄 수도 있다. 중요한 것은 자녀에게 진심으로 집중하고 쳐다보는 것이다. 이것은 부모의 시간이 매우 제한되어 있을 때 아동과 즉시, 빠르게 접촉할 수 있도록 부모를 돕는 좋은 기술이다. 단지 30초라는 짧은 시간이면 된다는 사실 덕분에 이 기술은 자주 사용될 수 있다. 이 방법을 통해 아동들은 자신이 중요하고 사랑받고 있다는 확신과 안정감을 갖게 된다(Landreth, 1989). 그러나 만약 아동이 그 순간 30초 이상으로 더 많은 시간을 요구한다면 부모는 나중으로 미룰 수 있다. "엄마는 네가 좀 더 봐 주기를 원하는 걸 알아. 하지만 엄마는 Jane이랑 이야기를 끝내야 해. 엄마는 5분 안에 다시 올꺼야." 또는 "엄마는 지금 일해야 해. 엄마는 15분 안에 돌아와 함께 책 한권을 읽을 꺼야." 이때 부모가 제 시간에 돌아오는 것이 매우 중요하다. 이것은 다른 시간에도 30초간 주의집중 시간을 받아들일 수 있게 한다.

기록, 카드 그리고 전화

기록하고 카드를 보내고 전화하는 것은 아동들이 그들 자신의 존재에 대해 생각하게 하는 효과적인 방법이다. 이 방법은 '만약 내가 스스로 충분히 중요한 존재라고 여긴다면, 바로 나는 중요한 사람이다' 라는 반응을 강화한다. 교회 성직자인 아버지의 예를 생각해 보자. 아버지는 주로 여러 교회 사람들에게 그의 많은 시간을 함께 하고 오랜 시간 일을 한다. 그러나 그는 자녀에게 주기적으로 전화를 통해 이야기할 수 있다. 그가 전화를 걸거나 자녀들이 걸 수도 있다. 이는 아동 자신이 중요하게 느낄 수 있게 하고 아빠는 언제든지 그들이 만날 수 있는 사람으로 인식하고 자녀들이 안정감을 갖게 해준다. 기록하고 카드를 보내고 전화하는 것은 짧은 순간일지라도 자녀들이 부모가 자신을 충분히 중요하게 생각하고 항상 관심을 갖는다는 매우 구체적인 메시지를 전해준다.

구조화된 놀이 활동

구조화된 놀이치료는 관련 자극들로 구성된 특별한 놀이 상황의 시리즈로 아동의 독립적이고 창조적인 놀이 활동이라고 Hambidge(1982)는 기술하였다. Levy(1982)에 따르면, 지지적이며 안전하고 좋은 놀이 도구는 아동에게 놀이를 통해 외상적 경험에서 해방되도록 놀이를 되풀이하는 경험을 하게 하거나, 그 경험과 관련된 부정적인 감정에서 벗어날 수 있도록 한다고 말한다. 안전한 놀이와 지지적 관계를 통해, 아동은 점차적으로 외상적 경험에 접근하고 통제할 수 있게 된다.

구조화된 놀이치료에서 사용하는 기술을 부모에게 가르치는 것은 아동에게 놀이치료 시간 외에 집에서도 구체적인 문제를 지속적으로 해결하도록 하는 좋은 기회를 제공해준다. 예를 들어, 5살의 Kara는 피닉스에서 달라스로 이사했다. Kara는 친구들을 그리워했고 새로운 유치원 적응에 어려움을 겪었다. 놀이치료실에서 놀이치료를 받는 것과 함께 Kara의 어머니는 집에서 Kara와 함께 할 구조화된 놀이를 배웠다. 치료자는 놀이치료실에서 Kara의 어머니에게 구조화된 놀이를 시연해 보였다. Kara의 주호소 문제를 고려하여, 치료자는 Kara가 특히 엄마와 함께 치료받기를 원한다는 가정하에 시나리오를 만들었다. 어머니는 기꺼이 참여했고, 치료자는 놀이치료실에서 구조화된 놀이를 연습하게 했다. Kara의 어머니는 집에서의 구조화된 놀이 활동을 위해 치료자와 시나리오를 구성하여 직접 연습해 보았다.

집에서, Kara의 어머니는 동물 인형 몇 개에 Kara와 함께 이름을 지었다. 테디베어는 Kara로 다른 동물들은 Nathan, Cathy 그리고 Aaron이라고 이름 지었다. 어머니는 동물 인형으로 이야기를 만들어 Kara가 새로운 도시로 이사 오는 것을 재연해 보도록 했다. Nathan, Cathy 그리고 Aaron은 Kara의 새로운 친구들이 되었다. 어머니는 Kara(테디베어)가 새로운 친구와 대화할 수 있도록 했다. 또 다시, Kara는 슬퍼했고 피닉스에 있는 친구들을 그리워했다. 그 시점에서 어머니는 다른 동물 인형을 가지고 Kara(테디베어)의 슬픈 감정에 대해 이야기하도록 했다. 다음 며칠 동안 몇 번 놀이가 반복된 후, Kara는 동물 인형을 가지고 엄마와 함께 이야기를 구성했다.

치료자의 요청으로, Kara의 어머니는 몇 주간 집에서 했던 구조화된 놀이 과정을 전화로 보고했다. 치료자는 그녀의 열정과 성공을 반영했고, 필요하다면 같은 시나리오를 확장하거나 다음에 필요한 다른 시나리오를 구성하여 실시할 수 있도록 지지해주었다. 치료자에게 약간의 피드백을 받는 것은 중요하며, 치료에 참여한 어머니를 지지하는 것은 더욱 중요하다. 또한 주중 보고는 Kara의 놀이치료 회기의 지속에 대한 언급없이 집에서의 구조화된 놀이를 유지하도록 해준다. 치료자는 어머니에게 치료실에서의 놀이를 미리 구조화했다는 사실을 Kara에게 말하지 않도록 했지만 만약 Kara가 이 사실을 알게 된다면 아이의 감정을 정확히 반영해주어야 한다고 언급했다.

구조화된 놀이 활동은 분리불안, 애완동물의 죽음, 동생의 출생, 새로운 학교 그리고 많은 다양한 생활 변화를 포함한 다양한 이슈에 매우 유익하다. 이것은 부모가 보다 더 민감하게, 상냥하게, 이해와 수용 그리고 지지적인 방법으로 자녀의 이슈와 감정에 참여하면 좋은 효과를 얻을 수 있게 한다.

상 상

아동을 상상 속에서는 인정하고, 현실에서는 인정할 수 없는 이유는 무엇인가 (Faber & Mazlish, 1980). 예를 들어, 엄마와 아이가 함께 집으로 차를 타고 편의점을 지나는 상황이다. 아이는 "엄마, 여기 멈춰요. 나 슬러시 먹고 싶어요."라고 말한다. 엄마는 "엄마도 너랑 여기서 슬러시를 먹으면 좋겠지만 우리집 약속은 저녁 시간에 군것질하지 않는 거잖아. 사실, 엄마는 우리가 슬러시 기계를 집으로 가져가서 100개의 슬러시를 만들고 싶어. 우리가 슬러시 기계를 가지면 정말 좋겠다."고 대답한다. 아이는 "물론이죠. 그러면 나는 한 번에 슬러시를 200개나 먹을 수 있다구요!"라고 말한다.

상상 속에서는 자녀를 인정하나 현실에서는 인정하지 않는 이유는 무엇인지 부모는 욕구에 대한 어떤 보상을 가상으로 체험하여 아이들을 도울 수 있다. 자녀들은 부모가 그들의 감정에 대해 관심을 가지고 있다는 것을 알게 되고, 보다 더 이해받고 있다고 느끼게 된다. 게다가, 아동들은 그들의 부모가 보다 더 긍정적이고 지지적이며 덜 처벌적이고 덜 비판적이라고 느끼게 된다.

상상은 또한 부모와 자녀 간 상호작용을 매우 의미 있게 해준다. 한 번 부모에게 아동들과 상상을 공유하는 것을 가르쳐 주면, 부모가 자녀의 요구를 거절하고 싶을 때, 부모들은 더 나아가 창조적으로 확장하여 그것을 사용하게 된다.

이야기 만들어 주고받기

이야기 만들어 주고받기는 자연스러운 상황에서 이야기를 듣고 말하는 것으로 아동 본래의 성향을 이용한 것으로, Gardner(1993)가 치료에서 아동과 작업하기 위해 고안한 기법이다. 치료에서 기본적으로 아동은 창조적으로 시작, 중간, 끝이 있는 이야기를 만들어간다. 이때 치료자가 비슷한 상황으로 같은 특성의 주인공들의 다른 이야기로 반응하도록 하지만 Gardner(1993)는 "아동의 이야기에는 나타난 갈등의 건강한 해결과 적응이 함께 있다."고 말했다(p.5). Gil(1994)은 아동의 이야기에 가족과 관련된 것을 첨가하여 Gardner의 기술을 확장시켰다.

이야기 만들어 주고받기 기술을 배운 부모는 집에서 자녀들이 가진 특별한 치료 이슈를 해결 하도록 지속적으로 도울 수 있다. 치료자는 아동의 실제 이야기나 놀이 활동이 아닌 치료시간에 아동이 표현한 말이나 놀이의 주제를 찾는다. 그러고 나서 치료자는 부모에게 이야기의 갈등 해결에 유용할 수 있는 새로운 이야기를 집에 가서 아동과 함께 더 만들어 보도록 권한다. 부모들은 치료자와의 다음 부모면담까지 이야기의 변화와 각색된 내용에 대해 이야기하게 된다.

가족회의

가족회의의 개념은 오래 전부터 알려져 왔다(Dreikurs and Stolz, 1964). 가족회의는 아동에게 민주주의와 공정함의 의미를 알려준다. 가족회의는 자녀를 포함하여 모든 가족 구성원이 참석 가능하며 가족의 결정에 대한 발언권을 누구에게나 준다(Glenn & Nelsen, 1989; Weinhaus & Friedman, 1991). 가족회의는 자녀를 존중하는 가르침과 모델을 통해 모든 사람들은 존중받을 권리가 있다는 것을 가르치는 기회이다. 부모는 가족회의에서 문제를 논의하면서 많은 갈등을 피할 수 있다.

각 가족 구성원은 그들 가족회의를 언제, 어디서, 얼마나, 어떤 의제로 할 것인지 그리고 의장은 누가 할지와 같은 구체적인 규칙을 정해야 한다. 일주일에 한 번 가족회의를 가질 것이라고 가족 구성원들에게 제안한다. 가족회의 시간을 지키는 것의 중요성을 반드시 강조해야 한다. 가능하면 일정의 변화는 없어야 하며, 회의하는 동안 전화를 받지 않고 어떠한 방해도 받지 않아야 한다. 회의는 편안한 분위기를 조성하도록 주방이나 거실 테이블에 앉아서 하는 것이 적합하다. 보통 한 시간이면 충분하지만 모든 가족 구성원이 동의한다면 시간은 더 길어질 수도 있다(Glenn & Nelsen, 1989).

의장은 모든 가족 구성원들이 돌아가면서 한다. 자녀에게 자격을 주고 격려하며 그들이 존경받고 존중받을 수 있는 위치에서 봉사할 수 있도록 하여 자녀 스스로 가족의 중요한 구성원으로 자신을 인식하게 한다. 의장은 의제를 정해야 한다.

의장은 가족 구성원의 동의하에 누군가 이야기할 때 방해하지 않기, 가족 구성원이 합의점에 이를 때까지 함께 하기, 그리고 의제를 따르도록 명확하게 만들기 등의 회의 규칙을 따르도록 강화해야 한다.

의제는 해결 가능한 문제로 가족 구성원들에게 전달되어야 한다. 냉장고나 달력은 의제 목록을 적어 두기에 적당한 장소다. 목록은 주중에 문제가 일어날 때마다 적어 두도록 한다. 의제를 적어 두게 되면, 가족 구성원들은 자신의 불만과 논쟁을 미루어 둘 수 있게 된다. 왜냐하면 이후에 자신의 생각과 감정을 다른 가족 구성원들에게 말할 수 있다는 확신이 있기 때문이다.

가족 구성원들이 작성한 구체적인 목록과 더불어서, 의제는 지난 주 동안 가족들이 노력한 것에도 주목해야 한다. 가족들을 위한 즐거운 활동도 계획될 수 있다. 문제나 불만을 논의하는 시간에는 각 가족 구성원들의 감정과 생각에 대해서 해결을 논의하기 전에 먼저 들어야 한다. 가족회의 목표는 가족 구성원들 사이에 의견을 모으고 합의점을 찾는 것이다.

요 약

집에서 할 수 있는 과제는 아동을 위한 놀이치료의 효과를 높이고 부모와 자녀 사이에 관계를 보다 강하게 만들어 준다. 과제를 통해 부모는 아동의 세계를 긍정적으로 만들어 줄 수 있고 지속적인 변화를 촉진할 수 있다. 과제로 인해서, 부모는 치료 과정에 자신이 참여하고 있다고 느끼고, 치료자와 더 관련되어 있다고 확인하게 되고, 더 안심하며 상담료를 지불한 만큼 그 대가를 받고 있다고 생각하게 된다. 결론적으로, 과제는 치료적 목표를 달성하고 종결을 할 만한 시기까지 부모가 아동을 치료에 데리고 올 가능성을 증가시킨다.

이 장에 제시된 과제는 치료를 위해 의뢰한 주호소와 상관없이 대부분의 가족들에게 적용할 수 있다. 그 과제는 다음과 같다.

1. 특별한 데이트
2. 샌드위치 포옹
3. 30초 동안 집중하기
4. 기록, 카드 그리고 전화하기
5. 구조화된 놀이 활동
6. 상상
7. 이야기 만들어 주고받기
8. 가족회의

과제는 보충적인 전략들과 함께 제시하였다. 또한 여러 가지 과제를 시작할 때 치료자의 이해와 개념화를 촉진시키기 위해 많은 예를 제시했다.

제 9 장
특별한 이슈
Special Issues

놀이치료 내담아동들은 삶의 다양한 적응문제로 놀이실에 오게 된다. 그리고 많은 경우 부모들은 그러한 이슈의 행동 징후를 수용하고 인정하게 된다. 그러나 이혼의 영향, 학교문제 그리고 성학대와 같은 문제는 이해하기가 어렵고 좌절스러우며 당황스러운 이유가 될 수 있고, 부질없는 행동처럼 보이기도 해서 종종 부모-자녀 관계를 손상시키게 된다.

이혼은 아동뿐 아니라 부모에게도 매우 심한 외상적 경험이다. 이혼과 별거는 개인의 정체감, 정신내적인 안녕, 대인관계 그리고 사회적인 유대와 지위를 포함해 방대하고 복합적인 상실을 가져온다. 가족체계는 이혼에 의해 심하게 혼란되는 경향이 있고 부모와 자녀 모두 힘든 적응을 해나가야 한다. 부모가 이혼의 영향을 이해하고 부모를 위한 지침을 제공받게 되면 별거와 이혼의 과도기를 더 잘 다룰 수 있게 된다.

초등학교에서 놀이치료를 하는 경우는 점점 더 늘어나고 있다. 학교와 학교상담자들은 아동과 함께하는 놀이의 중요성과 놀이치료가 아동에게 주는 큰 효과를 계속 인정해 나가고 있다. 그러나 이 책뿐만 아니라 다른 교재에서도 학교 상담자들을 위한 놀이치료 지침을 충분히 제공하기란 어려운 일이다. Kao와

Landreth(1997)에 따르면, 놀이치료는 정신건강 측면에서 가장 빠른 성장을 보이고 있는 훈육 중의 하나라고 한다. 많은 전문가들은 놀이치료가 놀이치료의 원칙과 훈련이 확립된 훈련 과정과 감독경험을 가진 숙련된 임상가에 의해 제공되지 못하고 있다고 걱정한다. 그러나 학교와 학교상담자들은 치료에서 부모의 도움과 참여 그리고 아동의 학교생활 과정들을 포함하는 것의 중요성을 인식할 필요가 있다. 따라서 학교 세팅의 놀이치료와 관련된 이슈를 이 장에서 살펴보고자 한다.

성학대는 삶의 과정에서 문제 행동과 대인관계 문제를 이끌 수 있는 강력한 위험과 파괴의 원인을 가져올 수 있다. 치료 과정에서 성학대로부터 오는 복잡한 문제와 어려움에 대해 다루는 것은 아동과 부모 모두에게 아주 중요하다.

이 혼

미국에서는 결혼하는 두 쌍 중 한 쌍은 이혼을 한다. 대략 백만 명의 새로운 아이들이 매년 '이혼 자녀'가 된다. 이혼은 약물남용, 10대 임신이나 부모의 죽음보다 더 흔하게 일어나는 현상이고, 모든 미국 아동의 37%가 이혼한 부모와 살고 있는 것으로 추정된다(Neuman, 1998). 이혼의 즉각적이고 단기적인 영향은 아동과 그들 부모의 삶에 실질적인 스트레스를 가져다 준다. 이혼의 영향은 부정적인 정서적 충격으로 인해 파괴적인 결과를 낳는다. 비록 많은 아동들이 그들 자신의 자원을 통해 이러한 스트레스를 적당히 대처하는 것처럼 보일지라도 대다수 아동들은 치료적 개입을 통한 도움을 받을 필요가 있다.

부모의 감정

Jacobson(1983)에 따르면, 부부간의 분리(이혼, 별거)는 남자나 여자가 직면할 수 있는 가장 끔찍한 사건 중 하나다. 한 사람의 사회적 지위와 역할은 사회 경제적 지위, 직업, 성 그리고 나이와 함께 결혼 상태에 의해 주로 규정된다. 결혼은 법적인 의미를 가질 뿐만 아니라 원가족, 친구 그리고 학교와 교회 같은 조직과의 상호작용에 영향을 미친다.

별거와 이혼 같은 삶의 중대한 사건은 장기간 부정적인 심리적 변화의 원인이 될 수 있다. 이혼과 별거로 인해 많은 사회적, 대인관계적 그리고 개인 심리적 차원들에서 심리적 외상과 손상 그리고 상실이 일어난다(Jacobson, 1983).

아동에게 미치는 이혼의 영향이 극히 중요하긴 하지만 이혼이나 별거를 하는 많은 부모들은 아동에게 초점을 맞추면서 자신의 심각한 상실과 감정들은 부인하려 한다. 부모가 아동과 관련된 이슈에 주목하는 것은 이혼의 다른 현실을 직면하는 것보다 더 안전하고 덜 위협적으로 느낄 수 있다. 종종, 이혼한 두 부모는 그들 자녀를 위해 상담에 함께 참여한다. 이러한 공동의 노력은 아동에게 매우 필요하고 도움이 될 수 있지만, 양육에서 이혼이나 별거를 하지 않는 가족인 척하는 것은 피해야 한다. 별거와 이혼으로 인해 많은 문제, 상실, 혼란된 감정을 계속 부인하는 것만큼 파괴적인 것은 없다(Jacobson, 1983). 만약, 이혼이나 별거 중의 부모가 그들 자신이 경험하는 많은 정서적인 이슈를 더 잘 이해하고 수용한다면 그들은 부모로서 강화되고 힘을 갖게 될 것이다.

부모들은 그들 자신의 이슈, 상실감 그리고 감정을 이해하고 수용하는 것이 필요하다. 부모들은 이혼과 별거의 결과로 인해 자신의 심리적인 기능을 심각하게 손상시키는 것으로부터 이혼과 별거의 영향을 피하도록 노력해야 한다. 그렇지 않으면 부양자로서 양육자로서 사회인으로서의 부모 기능 수준이 자신의 정서적 고통 때문에 어려움을 겪게 될 것이다.

아동의 감정

Berg(1989)에 따르면, 이혼에 대한 아동의 반응은 나이에 따라 다양하다. '취학 전' 만 3~5세의 아동은 다음과 같이 경험한다 : (a) 혼란, 슬픔 그리고 불안감,

(b) 초기 발달 수준으로 퇴행, (c) 당혹스러움과 일상성의 상실, (d) 안전의 욕구에 반하는 강한 배반감. Rossiter(1988)는 그들의 부모와 분리해야 하는 발달과업에 대한 준비가 되어 있지 않은 아동에게 이혼으로 나타나는 특별한 어려움에 대해 기술하였다. 아동이 느끼는 심리적 분리는 하루하루의 일상으로 인해 묻혀 버린다. 결과적으로, 그들은 대체로 분리를 연습할 기회가 적고, 분리되어 있는 동안 '전체감(sense of wholeness)'을 경험한다. 많은 어린 아동들은 밤새 집을 떠나 본 적이 없고, 혼자 운동장 구석을 걸어본 적도 없으며, 부모의 관리 없이 외출이 허락된 적도 없다. 부부간의 분리(이혼, 별거)는 어린 아동을 정서적으로 압도하고 유기의 공포를 유발할 수 있다.

발달적으로 보다 더 자기중심적인 단계에 있는 어린 아동들은 그들 스스로를 부부 불화의 중심에 두는 경향이 있다. 경계가 덜 발달된 아동들이 환상과 현실을 결합시키면 부모역할에 대한 혼란과 상처받은 느낌과 나쁜 행동에 대한 처벌의 두려움을 드러낼 수 있다(Rossiter, 1988). 또한, 갑작스러운 비언어적인 의사소통으로 아동은 더 상처받기 쉽게 될 수 있다. 왜냐하면 죄책감, 책임감, 공포 등의 감정을 재구성할 수 있는 언어를 사용할 수 없기 때문이다. 아동은 좋으면서도 나쁜 특성을 동시에 가진 부모로 인식 못할 뿐 아니라 별거에 대한 설명을 양쪽 부모에게서 듣지 못하는 것 같다. 한 부모와 살면서 정기적으로 떨어져 지내는 부모를 만나는 것은 이러한 갈등을 더 증가시키고 해결하기 더 어렵게 만든다.

만 6~8세의 '학령 전기' 아동은 다음과 같이 경험한다. (a) 강렬하고 예리한 슬픔, (b) 죄책감과 자기비난, (c) 혼란, (d) 아버지를 향한 분노의 억압, (e) 보호적인 엄마를 향한 분노, (f) 재결합 환상, (g) 충성 갈등. 만 9~12세의 '학령 후기' 아동은 다음과 같이 경험한다. (a) 함께 살고 있지 않은 부모에 대한 분노, (b) 보호적인 부모와 교사에 대한 수동 공격적 행동과 고집스러움, (c) 또래와의 싸움(Berg, 1989).

아이에게 가장 스트레스가 되는 것은 한쪽 부모가 양육권을 상실함으로써 '보따리' 인생을 시작해야 된다는 것이다. 스트레스의 정도는 이혼 전과 후에 두 부모와 접촉하는 정도에 따라 다르다. 스트레스는 아주 가까이 있음에도 불구하고 어떤 접촉도 없을 때 가장 심각하다(Berg, 1989).

Chethik(1989)에 따르면, 이혼은 아동에게 발달적 장애물로 조망될 수 있고, 또한 아동에게 상당한 내적 스트레스를 야기한다. 결혼 붕괴로 인한 네 가지 주요한 정서적 반응은 아동들이 해결해야 할 과제이다. 첫째, 화와 분노는 아동이 안정감을 상실하고 가족의 붕괴를 속인다고 느끼기 때문에 생긴다. 화나 분노는 행동화할 수 있고 반항이나 직접적인 반사회적 행동으로 표현될 수도 있다. 아동이 화를 표현하는 것은 위협받는 느낌과 이후 상실에 대한 공포에서 벗어나게 할 수도 있다. 화의 감정은 공포와 같은 증상이 생겨나는 것을 강하게 방어한다.

두 번째, 주요한 정서적인 반응은 상실과 큰 슬픔이다. 가족에 대한 상실뿐 아니라 함께 살지 않는 부모와의 관계 질도 변한다(Chethik, 1989). 아동의 자아는 아직 부재하는 부모를 슬퍼하거나 애도하는 감정을 다루기에 충분히 발달되어 있지 않다. 결과적으로 아동은 유아기로의 퇴행이나 감정의 누락과 같은 방어를 통해 우회를 시도할 것이다. Mendell(1983)은 "아동이 애도의 과정에 머물러 있는 것은 수많은 발달 과정들을 멈추게 한다."고 주장한다(p.324).

세 번째, 죄책감과 자기 비난이 심해지며, 여기에는 몇 가지 원인이 있다. 많은 아동들은 이혼에 대한 책임이 자신들에게 있다는 자기중심적인 환상을 갖는다. 이러한 유형의 자기 비난은 빈번하게 자존감의 상실과 처벌을 받고자 하는 욕구의 원인이 된다. 충성 갈등은 죄책감을 불러일으킬 수 있다(Chethik, 1989). 종종 부모들 사이가 매우 격렬해지고 많은 아동들은 부모 사이에서 마음이 괴로워진다. 아동들은 다른 쪽 부모에 대항하여 한쪽 부모의 편에 서도록 압력을 느끼지만 내적으로는 양쪽 부모 모두와 사랑스런 관계를 유지하고자 애쓴다. 이것은 강력한 배신감과 죄책감을 만들어 낼 수 있다.

네 번째, 주요한 정서적인 반응은 결혼 붕괴와 이혼으로 아동 내부에 가득 차는 공포이다. 아동은 전형적으로 떨어져 지내는 부모로부터 버림받는 공포를 느낀다(Chethik, 1989). 또한 그들은 함께 사는 부모 역시 비슷하게 자신을 버릴 것이라는 공포를 느낄 수도 있다. 결혼 붕괴는 함께 사는 부모로부터 퇴행적 철수를 가져오고, 떨어져 지내는 부모에게 정서적 상실을 가져온다. 그래서 분리 불안과 매달리는 의존 증상이 자주 나타난다. 생존에 대한 공포가 강렬해지면 종종 음식에 대한 집착과 돈에 대한 관심으로 표현되기도 한다.

치료적 개입

Mendell(1983)에 따르면, "치료자는 아동에게 필요한 발달적 과업을 재검토 하도록 돕는 동시에 아동이 상실된 관계를 슬퍼하는 고통을 견뎌 내도록 돕는 '발달적 촉진자' 로서 최상의 서비스를 할 수 있다"고 한다(p.353).

Chethik(1989)은 놀이치료의 영향을 다룬 사례연구에서 남자 아동이 이혼의 영향을 더 잘 해결하고, 발달상의 장애가 덜 일어난다고 보고하였다. 치료의 시작 즈음에서 아동은 그의 발달이 중지되는 것처럼 보였다. 이것은 그 나이에 그가 경험했던 부모 이혼의 장애물과 아버지를 정서적으로 상실하는 것과 같은 정도였다. 아동은 어머니에게 퇴행적 철회를 보이고 학교에서는 지적인 무능함을 보였다.

놀이를 통해, 아동은 엄마와 아빠 사이의 싸움과 관련된 이야기를 꾸몄다. 남자 아기는 태내에 있는 동안 내내 증오의 소리를 들었다. 아버지는 아기를 원하지 않았지만, 엄마는 아기를 원했다. 이것이 싸움의 이유였다. 아기는 나와서 주먹으로 아버지를 때렸고, 엄마와 함께 집으로 도망을 쳤다. 때때로 이야기는 행복한 결말로 끝이 나기도 했다. 한편 엄마와 아기가 있는 집에 경찰이 들어와서 아기의 목을 줄로 감고 그를 데리고 가는 이야기도 포함되었다 — 엄마가 아기를 구하기 위해 처절하게 싸우는데도 불구하고 말이다. 놀이는 아동으로 하여금 부모가 싸우는 것과 어려운 결혼생활의 여러 현실을 명료화하도록 돕는다. 이야기는 보다 더 감정이입되기 시작했다. 아버지 이미지는 불에 갇히고, 또 다시 구조되고 양육되었다. 이야기에는 현명한 부엉이가 제압할 수 없는 원숭이의 충동성을 진정시키는 내용도 포함되었다. 부엉이는 우는 원숭이를 떼 놓고 나간 야만스러운 아빠 호랑이의 악질스러움을 진정시키기도 하였다. 현명한 부엉이는 원숭이가 많은 보물을 얻을 수 있는 방법을 보여주면서, 한편으로는 미성숙한 원숭이의 놀이로부터 호랑이에게 어떤 즐거움을 갖도록 가르치면서 지속적으로 타협을 이뤘다. 놀이를 통해 아동은 자신의 공격성이 점점 편안해지게 되었다. 아동은 보다 더 협력적이고 학습에 에너지를 더 잘 활용하게 되었다.

치료자는 부모와 놀이치료 주제를 공유할 수 있고 그러한 주제에 기초해서 부모에게 제안을 할 수 있다. 더욱이 다음 개입들은 이혼한 부모와 작업할 때 도움이 될 수 있다.

1. 만약 이혼한 부부 사이에 갈등이나 해결되지 않은 슬픔이 지속된다면 개인상담을 받도록 권장해라. Jacobson(1983)은 “이전 배우자 간의 별거와 이혼 후 관계의 정도와 상태는 중요하다.”고 말했다(p.113).
2. 부모로서 부부는 아니지만 자녀를 위해 의젓하게 함께 작업하는 관계를 유지하도록 격려해라(Ricci, 1997). 아동들은 부모들이 온화한 관계를 유지할 때 큰 도움이 된다. Ricci는 이혼한 부모가 그들 스스로를 ‘부모-일(parent-business)’ 관계로 보도록 제안한다. 일의 원칙을 적용하는 것은 관계를 진정시키는 데 도움이 될 수 있다.
3. 아동이 집처럼 ‘느낄’ 수 있는 장소를 갖는 것이 중요하다고 강조해라(Blaine, 1969). 아동은 아마도 두 집 사이를 오가게 될 것이다. 그래서 각 집에 아동이 언제나 갈 수 있는 항상 존재하는 장소를 만들어 놓는 것이 중요하다. Blaine은 아동에게 필요한 것은 “자신의 개인적인 소유물을 보관할 수 있는 장소와 어린 아동에게 끔찍할 수 있는 불안정하고 떠다니는 듯한 느낌에서 벗어날 수

있는 안식처"라고 언급하였다(p.79).

4. 화는 아동의 감정이므로 행동으로 표현할 수 있고 부모가 감정이입하여 반응하도록 가르쳐라. 부모는 아동이 화를 낼 때 벌을 주기 쉽다. 제한 설정이 필요할 수 있으나, 아동의 화나 분노에 대해 부모가 이해하는 것은 이혼을 극복하는 데 중요하다. 부모들은 아동의 고통과 공포, 증오에 대해 들어주어야 한다(Grollman, 1969). Neuman(1998)은 부모가 '화난 모자나 재킷(angry hat or jacket)' 을 만들면 아동에게 도움이 된다고 제안하였다. 모자나 재킷을 꾸미는 것은 화의 이미지를 의미한다. 아동이 화가 났을 때 모자나 재킷을 입도록 한다. 이것은 아동의 감정을 부모에게 알리는 것이고, 이때 부모는 아동과 대화할 수 있다.
5. 아동의 슬픔에 대해 부모가 공감하도록 가르쳐라. 부모들은 자신의 고통에 깊이 빠져 아동의 고통을 참아내기 어려울 수도 있다. 그러나 아동은 슬플 때 충분히 가슴 아파할 필요가 있고 또한 지지도 필요하다. Gardner(1970)는 "치유하기 위해서 아동이 우는 것과 가슴 아파하는 것은 필요하다."고 강조한다.
6. 부모가 이혼의 책임이 아동에게 없다는 사실을 지속적으로 반복해서 말하도록 해라. 이혼에 대한 책임은 부모에게만 있음을 자주 반복해서 말해라. Neuman(1998)은 '무죄의 셔츠(not-guilty shirt)' 를 꾸며보라고 제안한다. 아동은 '부모님이 이혼하게 된 원인이 나에게 있는 것은 아니에요' 또는 '이혼은 나의 잘못이 아니에요' 와 같은 메시지를 표현하고 싶을 때 입는다. Neuman은 "아동의 잘못이 아니라는 생각을 명확하게 반복적으로 말해줌으로써 아동이 이러한 메시지를 통합하고 신뢰할 가능성을 증가시킬 것"이라고 언급했다(p. 237).

초등학교 세팅에서의 놀이치료

Landreth에 따르면(1987) "초등학교에서 놀이치료는 전체 교육 과정의 필수적이고 통합적인 부분으로 간주된다"고 한다(p.260). 초등학교에서의 놀이치료는 아동의 긍정적 정서발달, 신체발달, 지적발달 그리고 사회적 인식과 기술을 발달하도록 돕는다. 놀이치료는 특히 학교에서 성공적이지 못한 아동, 빈약한 자아개념, 타인과 관계를 맺는 것이 어려운 아동에게 가치롭고 유용한 경험을 제공한다. 비록 놀이치료의 진가와 학교에서 놀이치료의 활용이 최근에 부상하고 있다 하더라도 놀이치료의 유익함은 수십 년 동안 인식되고 증명되어 왔다. Landreth는 "초등학교 상담자가 놀이치료를 사용해야만 하는가 아닌가가 문제가 아니라, 어떻게 놀이치료의 절차와 기술을 초등학교에서 사용해야 하는가가 문제"라고 한다(p.255).

Crow(1989)는 학교 세팅에서 1학년의 자아개념이 아동중심 놀이치료를 통해 향상되고 유지되었음을 발견하였다. Bishop(1971)에 따르면 놀이치료는

> 초등학교 상담자가 학생과 작업하는 방법 중 통합된 부분이다… 학습은 학습자가 완전히 참여하지 않으면 일어날 수 없다… 학생들은 그들의 손, 생각, 감정 그리고 몸을 통해 표현하고자 한다… 그래서 상담자가 사용하는 방법은 새로운 조망과 감정이 새로운 의미를 갖도록 만드는 구조여야 한다.(p.41)

Alexander(1964)는 놀이치료가 적응의 어려움을 보이는 아동에게 어떻게 영향을 미치는지 연구하고 다음과 같이 보고하였다.

> 민감하고 반응적인 교사가 아동과 치료적 관계를 맺을 수 있다. 이것은 교사에게 어려운 일이다. 왜냐하면 한 학급에 많은 수의 학생이 있고 교사의 인식부족과 그러한 일이 있을 수 있는 가능성에 대한 무경험 때문이다. 그러나 학교 놀이치료자는 일주일에 한 번 50분 동안 완전히 주의를 기울일 수 있다.(p.257)

Alexander는 사례연구에서 치료자의 아동에 대한 수용성은 친밀하고 신뢰로운 관계를 형성하며, 치료자와 아동 관계에서 아동이 자유로움을 느끼는 것은 성장과 자기실현을 이끈다고 결론지었다. 또한 아동은 치료자와 이런 관계를 경험하면서 배웠던 것을 일상생활과 놀이실 밖의 관계에 적용할 수 있게 된다.

Alexander(1964) 연구에서 치료자와의 상호작용을 통해 교사는 아동을 이해하고 수용하는 수준이 증가되었다. 또한 치료자–아동관계의 영향은 교사–아동관계를 증진시키는 촉매제가 되었다. White, Flynt, 그리고 Draper(1997)는 '교사와 아동의 관계, 아동의 행동, 교실 밖에서 교사의 행동을 변화시킬 만큼 정서적 관계를 맺을 기회' 를 만들어주는 '교사를 통한 치료(Kinder Therapy)' 의 효과적 사용에 대해서 보고하였다(p.37). 교사들은 아동의 삶에서 특별한 중요성을 가지고 있어서 아동 삶의 긍정적 변화의 대리자로서 치료적 역할을 할 수 있다. 제7장에서 논의했던 부모를 통한 치료와 유사하게 교사를 통한 치료는 어려운 감정들을 적절하게 처리할 수 있는 능력, 자기통제, 사회적 기술을 포함하여 아동에게 긍정적인 효과를 준다. 교사들은 또한 치료 세션에서부터 교실, 심지어 학교세팅 밖으로까지 옮길 수 있는 기술을 개발하였다. 아동과 관련된 이러한 기술에는 능력에 맞춘 학급편성, 수용, 이해, 격려, 제한 설정이 포함되어 있다.

Baggerly(1999)는 5학년 학생에게 아동중심 놀이치료의 기술과 절차를 훈련시킨 다음 놀이 세션의 효과를 연구하였다. 이러한 절차들은 적응문제를 갖고 있는 유치원 아동에게 긍정적인 변화를 가져왔다. 자기통제, 자기수용, 자기신뢰, 대인관계 그리고 신체증상 호소를 포함한 몇 개의 영역에서 향상이 관찰되었다.

학교 상담자는 부모와도 유사한 상호작용과 훈련 세션을 가질 필요가 있다. 교사와 유사하게 부모들도 그들의 아동에 대한 이해, 수용 그리고 인정을 강화할 수 있다. 아동들은 교사와 상담자뿐 아니라 그들의 부모와 직접적으로 무조건적 수용을 경험할 필요가 있다. 아동은 그들의 감정이 수용되고 확인됨을 느낄 때 긴장, 화, 공포 그리고 불안이 감소된다(Guerney, 1983). 부모가 반영과 공감적 이해와 같은 기본적인 치료와 부모역할 기술을 적용할 때, 아동은 자신의 부모에게 완전히 수용받는다고 느낀다(VanFleet, 1994). 부모-아동 상호작용과 관계는 보다 더 좋아질 것이고, 아동은 자신의 부모를 더 이해하고 신뢰할 것이며 신뢰와 존경 그리고 그들 스스로를 인정하는 것을 더욱 발달시키게 될 것이다.

성학대

Faller(1988)는 성학대를 '서로 다른 발달단계에 있는 사람들 사이에서 더 발달된 단계에 있는 사람의 성적 만족을 위해 일어나는 어떤 행위' 라고 정의하였다(pp.11~12). 성학대는 아동이 다른 아동에 의해 희롱을 당하는 것에서부터 성인에 의해 강제적으로 행해지는 더 강렬하고 극단적인 성적행위까지 이 범주에 포함된다. 아동은 가해자의 '성적인 말, 노출, 관음증' 에 의한 비접촉성 성학대를 경험할 수도 있다(p.12). 가해자의 성적 행위의 범주와 나이에 관계없이 아동 피해자는 부정적인 정서적 영향을 받을 수 있다. Fergusson와 Mullen(1999)은 성학대에 노출된 아동은 정신건강과 적응 문제를 일으킬 위험도가 증가된다고 말했다.

성학대 받은 아동의 부모와 작업할 때 도움이 되는 두 가지 방식이 있다. 첫 번째, 치료자는 놀이실의 주제를 살펴보고, 가정된 주제로 부모와 논의하고, 그 주제에 근거하여 제안과 과제를 제공한다. 두 번째, 치료자는 성학대의 결과로 아동이 직면하고 있거나 직면하게 될 예측 가능한 이슈에 대해 부모를 교육한다. 예를 들어, 아동이 직면하게 될 이슈는 신뢰의 상실, 변화된 신체 이미지, 죄책감과 책임감, 화, 우울 그리고 자기 파괴적 행동들이 포함되지만 꼭 여기에만 국한되는 것은 아니다(Faller, 1998; Long, 1986; Schetky & Green, 1988; Walker, Bonner & Kaufman, 1988).

신뢰의 상실

배신감은 성학대 피해자에게 흔히 나타나는 외상적인 요인이다. 배신감은 가해자와 아동의 관계에 엄청난 의미를 가진다(Homeyer, 1994). 아동의 신뢰감은 가해자에 의해서 바뀌어 버린다. 왜냐하면 안전에 대한 정상적인 기대에 손상을 받기 때문이다(Walker, Bonner, & Kaufman, 1988). Rencken(1989)은 "아동이 신뢰와 안전감을 상실하면 결과적으로 아동다움의 본질을 잃는 것이다."고 말했다(p.4).

성학대 받은 아동은 특히 돌봐주는 이와의 신뢰관계 형성이 어려울 수 있다. 아동을 보호하고 양육해야 하는 사람에 의해 행해진 학대의 영향은 더욱 파괴적이다. 아동은 학대에 대해 아동에게 침묵하도록 할 때 특히 혼란스럽고 당황스러울 수 있다. 아동은 한 성(sex)의 성인에게 학대를 경험했을 때, 주로 남성이지만 아동은 그 성(sex)의 성인을 불신하는 경향이 있다(Faller, 1988).

신뢰 이슈는 치료에서 즉각적으로 다루어야만 한다. Johnson(1989)은 "아동과 가족들은 치료자와 신뢰하는 관계로 느끼는 것이 필요하다."고 말했다(p.101). 피해자에게 부모나 양육자가 신뢰의 상실을 개선하도록 돕는 한 가지 방법은 신뢰할 수 있는 사람과의 관계를 형성하고 상호작용하는 기회를 제공하는 것이다. 아동이 한 사람과 솔직하고 의존적인 신뢰관계를 맺도록 노력하는 것은 아주 중요하다. 여기에는 부모와 치료자가 포함된다. 약속과 계약은 꼭 지켜져야 하고, 아동은 부모와 치료자로부터 들은 솔직하고 직접적인 정보를 알 필요가 있다. 피해자는 자신의 거부 행동조차도 부모와 치료자로부터 지지받기를 원한다(Faller, 1988). 부모가 성학대로 인한 신뢰 상실의 영향을 이해한다면 아동에 대한 지지와 믿음을 계속 유지하게 되며, 아동이 보이는 거부가 부모 자신을 향한 것이 아님을 이해할 수 있게 된다.

6살 된 Mandy는 15살 된 의붓오빠에게 학대당했다는 사실을 몇 달 후에야 친구 Ellen에게 말했다. Ellen은 그녀의 엄마에게 말했고, Ellen의 엄마는 Mandy

의 엄마에게 말했다. 개입은 Mandy의 부모에 의해 신속하게 진행되었다. 그들은 Mandy를 믿었고, 즉각적으로 Mandy가 의학적인 검사와 치료를 받도록 했다. 치료자는 학대가 있었다고 보고했고, 조사는 아동보호서비스 직원에 의해 진행되었다. 조사에서 Mandy의 의붓오빠는 그의 생부와 의붓엄마, Mandy와 살기 전 몇 년 동안 베이비시터에 의해 학대를 받아왔던 것으로 드러났다. 따라서 치료는 Mandy의 의붓오빠에게도 계획되었다. 사례관리자와 치료자는 Mandy에게 더 이상의 학대가 일어나지 않도록 보호하기 위해 부모를 위한 지침을 세우는 일을 도왔다.

치료가 진행되는 몇 주 동안, Mandy의 부모는 Mandy가 엄마에게 적대적이고 대립적이었으며 아빠와는 맥도널드나 공원에 가는 것과 같이 일상적인 활동도 원하지 않았다고 보고했다. Mandy의 부모는 Mandy의 행동으로 당황하였고 좌절감을 느꼈다. 치료자는 Mandy에게 나타나는 행동은 누군가와 신뢰를 형성하는 것이 어려운 것으로 특히, 아버지가 남자이기 때문에 그런 경향을 보이는 것임을 부모에게 설명하였다. 치료자는 Mandy의 행동이 지나치게 해롭다고 여겨질 때 자신을 보호할 수 있는 경계를 설정할 뿐 아니라 Mandy의 감정을 반영할 수 있도록 엄마와 작업을 해 나갔다. Mandy의 어머니는 감정 반영을 잘했지만, 딸의 학대에 대한 그녀 자신의 죄책감이 있어 Mandy와의 경계설정을 하는 데에는 어려움이 있었다. 치료자는 Mandy의 어머니에게 다음 세션에 그녀와 Mandy 사이에 언어적으로 주고받은 내용을 적어오도록 과제를 내주었다. 다음 주, 부모 면담에서 치료자와 Mandy의 어머니는 딸을 위한 지지와 공감을 유지하면서 그녀 스스로를 보호하기 위한 경계설정을 돕도록 역할극을 하였다.

Mandy의 아버지는 딸의 거부를 매우 슬퍼하였다. 치료자는 그와 Mandy가 했었던 일상적인 활동을 써보도록 하였다. 치료자는 Mandy가 스트레스와 불안을 덜 느끼면서 여전히 아빠와 함께 시간을 보낼 수 있도록 활동들을 수정하는 일을 도왔다. 예를 들어, 그들은 보통 Mandy의 엄마가 늦잠을 자는 토요일 아침에 맥

도널드에 갔다. Mandy는 그들이 함께 먹고, 집으로 돌아오기 전 약 한 시간 동안을 놀았다. 치료자는 Mandy와 아버지가 차를 타고 드라이브 하도록 하고 놀기 위해 한 곳에 머물지 말며 혹은 친구를 초대해서 그들과 함께 가는 방법을 제안하였다. 치료자는 Mandy와 시간을 보내는 것은 아빠가 그녀를 사랑하고 지지한다는 것을 알게 하는 가장 중요한 방법이라는 것을 강조하였다. 그러나 Mandy는 의붓오빠의 학대 결과로 신뢰를 상실하여 아빠와 같은 다른 사람에게 그 감정을 투사하고 있었다. Mandy와 아빠 사이의 수정된 활동의 목표는 신뢰를 재건할 기회를 갖도록 하기 위한 것이다.

변화된 신체 이미지

성학대를 받아왔던 아동은 종종 그들의 신체에 대해 왜곡된 지각을 한다. Faller(1988)에 의하면 “그들은 신체적으로 손상되고 더렵혀지고 파괴되고 더 이상 온전하거나 완전하지 않다고 느낀다.”고 언급한다(p.290). Sgroi(1982)는 이 왜곡된 지각은 많은 아동 피해자들이 자신을 손상받은 물건으로 보기 때문이라고 한다. 아동 자신이 신체적 상해나 고통의 결과로 손상을 입었다고 믿는 데는 이유가 있다. Long(1986)은 손상된 신체 증후군(damaged goods syndrome)을 성적으로 학대받은 어린 아동을 위한 정의로 확대하였다. Long은 아동들이 자신은 남과는 다르고 낡아지고 보잘 것 없고 상처입기 쉽고 비난의 대상자로 스스로를 지각할 수 있다고 말하였다. 성학대 받은 아동들은 끔찍한 어떤 일이 일어난 것을 자신이 마치 본 것처럼 사람들에게 말할 수도 있다. 그들은 자신의 부모로부터 지속적인 위로와 지지가 필요하다. 치료자는 아동들이 신체와 자기(self)에 대한 긍정적 존중감을 재건하도록 돕기 위해 부모를 도울 수 있다.

7살 Erica는 같은 도시에 살고 있는 삼촌에 의해 몇 차례 추행을 당했다. Erica는 엄마가 재울 준비를 하던 어느 날 밤 엄마에게 말했다. Erica의 부모는 학대를 보고했고 삼촌을 고발했다. 많은 친척들이 같은 도시에 살았다. 학대와 부모에 의한 고발로 인해서 가족들 간에 증오와 분열이 생겼다. 대부분의 가족이 Erica를 지지했지만, 몇몇의 가족은 스캔들이 공개적으로 알려진 것에 대해 화를 냈다.

놀이치료에서, Erica는 팔이 없는 몇 장의 작은 소녀 그림을 그렸다. 아마도 삼촌과 그의 성적인 행동에 대항하지 못하는 무력감을 나타내고 있는 것으로 보였다. Erica의 어머니는 Erica가 밤에도 목욕을 하지 않으려 하며 자신의 외모에 관심을 보이지 않는다고 보고했다. Erica는 더 이상 과거에 했던 것과 같이 새옷 사는 것에 흥미가 없었고 머리도 빗지 않으려 했다.

치료자는 Erica의 어머니에게 집에서 Erica와 함께 콜라주를 해보도록 권했다. Erica의 어머니는 커다란 포스터 보드를 가져다 놓고 가운데 Erica의 그림을 놓았다. 그러고 나서 Erica와 어머니는 치료자가 제안한 서로 다른 여러 주제의 그림을 왼쪽 위 구석에서부터 채우기 시작하였다. 주제는 Erica를 지지하는 사람(친척, 친구, 선생님)을 포함했다. 옷과 악세서리는 카탈로그와 광고지에서 오려내어 과거에 Erica가 즐겨 입었던 방식으로 표현했다. 춤을 추거나 교회 성가대와 같이 예전에 참여했었거나 현재 참여하고 있는 활동들, 그리고 부모나 경찰과 선생님 같이 그녀를 지지하고 보호하는 Erica 삶에서의 강력한 인물들을 나타냈다. 콜라주 활동은 Erica의 어머니가 학대에 대해 특별한 언급을 하지 않고 진행하였다. Erica의 어머니는 Erica가 포스터 보드 활동을 원하고 기다린다고 보고하였다. 결국, 놀이치료에서 Erica의 그림은 변하기 시작하였다. 차츰, 그녀는 외모에 자신감을 가지게 되었다. 어머니는 Erica와 즐겁게 쇼핑을 하였다. 짧은 시간 쇼핑을 하면서, Erica의 어머니는 Erica에게서 작은 변화를 발견할 수 있었다.

치료자가 춤과 같은 과거에 했던 활동을 포함시키는 한 가지 이유는 자신이 잘했던 것을 함으로써 신뢰와 자랑스러움을 느끼고 Erica의 자존감을 세울 수 있도록 돕기 위한 것이다. 이것은 또한 자기 자신에 대한 Erica의 감정을 긍정적으로 강화시키고, 자신의 신체를 다시 수용하도록 돕기 위한 것이다.

죄책감과 책임감

죄책감은 성학대의 피해자들이 경험하는 주요한 감정이다(Faller, 1988). 만약 아동이 성적 접촉 중에 어떤 쾌감을 경험했거나 어떤 방식으로든 성학대에 대한 책임을 느낀다면, 아동이 죄책감을 느낄 가능성은 보다 커진다(Gil, 1991). 가해자는 아동이 너무 예뻐서 참을 수 없었다거나 아동의 머리나 옷이 자신을 성적으로 원하게 만들었다고 아동 피해자에게 말하는 책략을 사용할 수도 있다. 만약 아동이 그들 사이에서 일어났던 일을 말한다면 가해자는 감옥에 가게 될 것이고, 그러면 가해자는 실제로 아동이 그와 성적인 행위를 하기를 원했다고 모든 사람에게 말할 것이며 결국 가족을 파괴시키는 일이 된다고 아동 피해자에게 말할 수도 있다. 가해자는 그들 사이에 일어난 성적 행위에 대해 피해자가 죄책감과 책임감을 느끼게 함으로써 피해자를 볼모로 붙잡게 하는 많은 방법을 가지고 있다(MacFarlane & Korbin, 1983; Sanford, 1982).

치료자는 부모에게 **인지적 재구조화**에 대해 가르치고, 성학대받은 아동이 자신에게 일어났던 사건을 다른 방식으로 생각하도록 돕는다. 목표는 "내가 길을 건널 때 John 삼촌의 손을 잡았기 때문에 이건 나의 잘못이야."와 같이 비논리적인 신념을 수정하기 위한 것이다. 성학대받은 아동은 학대가 자신의 잘못이 아니라는 결론에 도달해야 한다. 이런 지각은 아동의 자존감과 심리적 발달에 큰 도움이 될 수 있다(Damon, Todd, & MacFarlane, 1987). 부모는 아동이 죄책감과 책임감에서 벗어나도록 전략적인 역할놀이를 할 수 있다. 그것은 아동이 가해자에게 비난을 할 수 있도록 돕는 자원 및 기술이 될 수 있다. 그러나 이것은 복잡한 과정이다. 왜냐하면 가족이 붕괴된다거나 가해자가 감옥에 간다는 것과 같이 가해자가 말한 것이 때때로 현실이 되기 때문이다. 가해자가 부모이고 다른 부모가 아동을 비난할 때는 훨씬 더 힘들어진다(Faller, 1988).

치료자는 피해 아동이 가해자에게 학대에 대한 책임을 넘길 수 있도록 돕기 위한 구체적인 방법을 고안하도록 부모를 도울 수 있다. 가장 중요한 것은 학대에 대한 모든 책임이 가해자에게 있음을 재확신시키는 것이다. 부모는 아동에게 자주 이러한 메시지를 언어화해야 한다. 부모와 아동은 "Henry 삼촌이 학교에서 실직한 것은 나의 잘못이야."와 같이 아동의 감정을 써본다. 그러고 나서 "Henry 삼촌이 학교에서 실직한 것은 삼촌의 잘못이야."라고 다시 쓴 메시지를 아동이 볼 수 있는 곳에 붙여 놓는다. 부모는 아동의 강점 목록을 만들어 아동이 잘 볼 수 있고 눈에 잘 띄는 곳에 붙여둔다. 구조화된 놀이는 아동의 죄책감과 책임감을 변화시키도록 돕는 좋은 방법이며, 이것은 부모와 아동에게 비위협적인 방식으로 학대에 대한 느낌과 정보를 처리할 수 있게 한다. 구조화된 놀이는 아동과 부모가 너무 불편해서 직접적으로 논의할 수 없을 때 성적이지 않은 주제로 집중할 수 있게 한다.

예를 들어, 9살 Angie는 주말에 주일학교 캠프를 하는 동안에 주일학교 교사에 의해 성학대를 당했다. 나중에 학대가 알려졌을 때, 주일학교 교사는 교회를 떠나게 했다. Angie는 교사가 만약 이것을 말한다면 자신이 교회에 가지 못할 수 있다고 말했기 때문에 죄책감을 많이 느꼈다. 놀이치료에서, Angie는 퍼펫 놀이를 하면서 대부분의 시간을 보냈다. Angie는 퍼펫으로 바보스럽고 재미있는 놀이를 했다. 그런데 갑자기 Catherine이라는 주인공 퍼펫이 점점 더 심각한 문제를 일으키는 놀이를 했다. 즉 교실에서 떠드는 행동에서 시작해서 도둑질을 하는 주제로까지 변화되었다. 치료자는 Angie의 놀이가 성적이지 않은 방식으로 학대에 대한 죄책감과 책임감을 나타낸다고 이해하였다. 치료자는 이 주제에 대해서 Angie와 집에서 할 수 있는 구조화된 놀이 방법을 어머니에게 알려주었다. Angie의 어머니는 Angie가 집에 있는 인형의 집에서 노는 것을 좋아한다고 말했고, 따라서 치료자는 인형집과 Anna라고 이름을 붙인 Angie의 엄마인형을 주변으로 구조화된 놀이를 구성하였다. Angie의 어머니는 처음 몇 분 동안은 Anna가 심각하고 바보스럽게 행동화하는 구조화된 놀이단계를 꾸몄다. Angie의 어머니는 Angie가 스트레스를 받거나 혼란스러울 때의 단서를 살폈고, 압박감을 덜기 위해 재미있는 주제로 전환하는 것을 보았다. 구조화된 놀이가 몇 세션 지난 후에, Angie는 Anna가 노는 놀이를 같이 하기 시작하였다. Angie의 어머니는 Angie에게 Anna의 감정을 반영할 기회와 Anna에게 책임이 없다고 언어화할 기회를 계속 주었다. 6주 후에, Angie는 그녀와 엄마가 하는 '놀이를 와서 보도록' 아버지를 초대하였다.

성학대받은 아동은 성학대에 대한 책임이 자신에게 없음을 여러 차례, 여러 방식으로 듣는 것이 필요하다. 부모에게 치료자의 도움은 아동에게 이러한 메시지를 전달하는 수단이 될 수 있다.

화

화는 성학대 피해자에게 보이는 또 하나의 흔한 공통된 반응이다(Finkelhor, 1986). 화는 가해자, 부모, 보호를 해주지 못한 다른 성인, 개입하고 있는 전문가, 형제, 친구, 교사 등에게로 향할 수 있다. 따라서 양육자와 부모는 성학대받은 아동이 그들을 화의 타깃으로 삼을 수 있다는 것을 미리 알고 있어야 한다. 아동의 화는 직접적으로나 또는 간접적으로 불복종, 말대꾸, 부정적인 주의끌기 행동 그리고 부모나 양육자가 그들을 돌보지 않는다고 비난하는 것으로 나타날 수도 있다(Damon 외 1987). 목표는 피해자가 화를 표현할 수 있도록 장소와 방법을 제공하는 것이다(Faller, 1988).

첫째, 치료자는 화를 정당화시킬 수 있다. 치료자는 부모에게 학대에 대한 화는 정상적이며 예상되는 필수적인 반응이라고 설명한다. 대부분의 부모들은 동의하지만 아동이 화내는 것을 볼 때 어려움을 느끼곤 한다. 그들은 화를 두려워하거나 화에 대해서 어떻게 반응해야 할지 모를 수 있다. 화에 대한 그들 자신의 반응을 처리하도록 부모와 함께 작업하는 것이 도움이 된다. 화에 대해 적절하고 유익하게 반응하도록 부모를 가르치는 노력에서, 치료자는 모델이 되고 함께 역할놀이를 할 수 있다(Damon 외 1987).

둘째, 화를 정당화하는 것과 함께 치료자는 화를 표현할 수 있는 확실한 장소와 수단을 설정하도록 도와야 한다. 이것은 베개나 펀칭백을 치는 것에서부터 고함을 지르는 것에 이르기까지 가능하다. 부모와 아동은 모두 언제, 어디에서 격한 화가 표현될 수 있는지 기준을 규정하는 것이 필요하다. 아동이 레스토랑에서 음식이 주문한 대로 정확하게 요리되지 않았다는 것과 같이 사소한 사건으로 부적절한 장소에서 화를 내려 할 때 부모는 신중하게 대처할 준비를 해야 한다. 부모는 학대와 같은 깊은 이슈에 대해 화를 느끼고 있다는 단서로 이런 유형의 감정 폭발을 깨달을 수 있다. 부모가 단서를 개념화한다면, 지지적인 반응으로 개입하고 화를 표현할 수 있는 안전한 장소를 제공할 수 있다(Faller, 1988).

셋째, 부모에게 다른 창조적인 개입으로 아동의 화의 해소를 촉진하도록 제안이 이루어질 수도 있다. 부모는 아동이 가해자나 자신을 보호하지 않았다고 느끼는 성인에게 편지를 쓰게 도울 수도 있다. 부모와 아동은 집에서 아동이 놀이를 주도하고 부모가 적절히 반응하는, 부모를 통한 치료 시간을 가질 수 있다. 이것은 치료자가 아동의 화를 다룰 수 있는 부모의 능력과 유용성을 평가하는 데도 중요하다. 치료자는 아동과 부모가 함께 작업함에 있어 신중하고 주의 깊게 통합해야 하고, 부모와 아동 모두 인내심을 가지고 천천히 조금씩 과제를 수행해 나가도록 해야 하며, 이것의 효과성을 측정하도록 노력해야 한다.

부모나 다른 성인은 아동이 그들의 화를 덜고 풀 수 있도록 돕는 유용한 대리자가 될 수 있다. 만약 부모가 아동의 화를 참아 내거나 표현을 촉진하지 못한다면 치료자는 아동에게 유용한 다른 성인을 찾아볼 수 있다. 화는 발산할 수 있는 적절한 채널을 갖지 못할 때 장기적으로 파괴적인 효과를 가져올 수 있다.

우울과 자기파괴적인 행동

임상 연구들에서, 성학대받은 아동에게 가장 빈번하게 보고되는 영향이 우울이다(Birere & Runtz, 1991; Browne & Finkelhor, 1986). 우울 증상과 함께, 자기파괴적인 경향도 성학대의 결과일 수 있고(Finkelhor, 1986), 학대가 폭로되기 전에 표면화된다. 우울은 학대에 대한 죄책감과 책임감을 중심으로 생기고, 화는 가해자나 다른 성인을 향한 혼란과 두려움이다(Faller, 1988).

우울은 두통과 복통 같은 신체적 호소를 통해 표면화된다. 이것은 학교에서 싸우거나 논쟁하거나 유순하지 않은 것과 같이 파괴적인 행동표현으로 가장되어 나타나기도 한다. 어린 아동에게서도 자살 경향성은 보일 수 있고, 그것은 마치 사춘기에 도달한 것처럼 악화되고 상승된다(Faller, 1988).

자기 자신에 대해 좋게 느끼도록 돕는 것은 우울의 감정을 중화하는 데에 필수적이다(Pearce & Pezzot-Pearce, 1997). 우울과 자기파괴적인 행동을 위한 개입은 나 상징(me badge), 가상의 감정 엑스레이 기계(imaginary feelings x-ray machine) 그리고 가족이 하나의 팀인 것처럼 은유적으로 행동하기(family acting metaphorically as a team)를 포함한다. 학교에 가고 싶어 하지 않는 것처럼 우울증상이 나타날 때, 치료자는 성학대를 받은 아동의 가족 구성원들에게 '하나의 팀인 것처럼 은유적으로 행동하라' 고 요구한다. 부모와 다른 가족 구성원들은 마치 그 문제(학교에 가지 않으려는 행동)가 한 측면이고 가족은 다른 측면(아동이 학교에 가도록 격려하는 방법)인 것처럼 행동한다. 각 구성원이 그 문제를 다루는 데 기여하도록 한다(Freeman, Epston, & Lobovits, 1997).

성학대 받은 아동과 작업하기 위해 Cunningham과 MacFarlane(1991)에 의해 개발된 나 상징(me badge)은 부모가 성학대받은 아동의 자존감을 지지하도록 하기 위해 사용하는 효과적인 활동이다. 이 활동에서, 부모는 카드 보드의 동그란 조각을 네 부분으로 나눈다. 아동은 4분면에 자기 자신에 대한 긍정적인 특징을 그리거나 적어 넣는다. 이 특성들에는 아동에게 매우 특별한 것, 아동이 가족을 돕는 것, 아동이 좋아하는 것, 아동이 잘하는 것과 같은 것들이 포함된다. 이런 시각적이고 구체적인 묘사를 통해 아동이 자신의 강점을 회상하여 격려되도록 단계적으로 계속 보여준다.

자신의 감정을 표현하는 데 어려움을 가진 아동을 위해 Selekman(1997)은 **가상의 감정 엑스레이 기계**(imaginary feelings x-ray machine)를 고안했다. Selekman은 부모와 아동에게 다음과 같이 말했다: "만약 내가 감정을 찍는 가상의 엑스레이가 있다면 너의 마음 안에 있는 감정이 무엇인지 나에게 보여줄 수 있을 거야. 엑스레이 사진에서 내가 무엇을 볼 수 있을까?"(p.108). 아동은 마루 바닥에 놓인 큰 종이 위에 누워 지시를 듣는다. 그러고 나서 부모는 종이 위에 아동 몸의 윤곽을 그린다. 아동 몸의 윤곽이 그려지면, 아동은 엑스레이에 찍힌 감정들을 그림으로 채운다. 이것이 끝나면, 아동과 부모는 그 감정에 대해서 이야기할 수 있다. 이러한 활동은 아동과 부모가 아동의 정서적 세계를 더 잘 이해하도록 도와준다.

자기 확신감을 형성하고 아동의 화를 풀 수 있도록 촉진하는 활동을 통해 아동의 자존감은 증가하고 우울은 완화되도록 도울 수 있다. 몇몇 아동들은 우울을 위한 약물 치료가 필요할 수도 있다. 부모들이 우울의 징후를 인지하도록 도와 부모들이 자녀를 공감하고 증후를 치료자에게 전할 수 있다. 그러고 나서 치료자는 부모들의 정보에 기초하여 계획을 세울 수 있다.

7살 된 Candy는 엄마에게 자주 복통을 호소했다. Candy의 호소가 있은 2달 뒤 엄마는 소아과 의사에게 데려갔다. 소아과 의사는 복통의 신체적인 원인을 발견하지 못했지만, 복통의 원인에 대해 내재하는 요인이 있을 것이라고 예측했기 때문에 치료를 제안하였다. Candy의 엄마는 놀이치료에 Candy를 마지못해 데리고 왔다. Candy의 엄마는 파트타임으로 일했고, 학교에 다니고 있었으며, 3명의 아이가 더 있었다. Candy의 아버지는 전기기사로 오랜 시간 일했다. 경제적 문제가 가족을 압박하고 있었고 Candy의 부모는 경제적으로 불안정하여 많은 에너지를 그에 쏟고 있었다. Candy는 때때로 밤에 아버지가 방에 들어와서 그녀에게 '무엇을 하라' 고 한 것을 치료자에게 말했다. 학대가 드러났지만 Candy의 어머니는 단호히 부인하고 Candy를 믿지 않았다. 결과적으로, Candy는 Candy

아버지의 재판이 진행 중에 집을 떠나 위탁부모에게로 옮겨갔다.

Candy는 학교에 가는 것, 학급에서 질문에 대답하는 것, 숙제를 완성하는 것까지도 거부했다. 복통 호소는 늘어났다. 치료 1주 때 인형과 놀면서 "아기, Susan은 자러 가고 싶어. Susan은 아무도 자신을 사랑하지 않기 때문에 다시는 깨어나고 싶지 않아."라고 말했다.

Candy는 거부되고 혼란스러운 그리고 두려운 감정을 나타내었다. Candy의 삶 전체는 학대에 대해 말한 결과로 엉망이 되었다. 엄마가 그녀를 믿지 않는 것은 이러한 감정을 더욱 악화시켰다. Candy의 위탁엄마는 Candy가 필요로 할 때 시간적으로나 정서적으로 모두 지지적이고 유용한 역할을 하였다. 치료자는 자살사고와 약물의 필요성을 평가하기 위한 정신과적 검사를 계획하였다. 정신과 의사는 항우울제를 처방하였고, Candy와 그녀의 위탁엄마를 위해 놀이치료 세션 외의 개입에 대해서 계획을 세웠다.

개입은 Candy가 엄마가 자신을 믿어주지 않고 엄마와 떨어져 '위탁부모와 함께 살게 한 것'이 얼마나 슬프고 화가 나는지를 편지로 쓰는 것이 포함되었다. Candy는 무엇을 편지에 썼는지 위탁엄마에게 말하였다. Candy가 쓴 것처럼 위탁엄마는 Candy의 감정을 반영하였고, Candy가 그녀의 감정을 표현하도록 돕고, 또한 Candy와 위탁엄마 간의 유대는 더 깊어졌다. 다음 몇 달 동안, Candy의 위탁엄마는 부모를 통한 치료 방법으로 집에서 특별한 놀이 세션을 가졌다. 항우울제, 놀이치료 그리고 위탁엄마의 지지는 Candy가 학대를 극복하는 데 도움이 되었다.

요 약

이혼은 깊은 슬픔과 화와 절망감을 포함하여 부모와 아동 모두 삶의 많은 영역에 영향을 미친다. 부모와 아동이 이혼에 의해 어떤 영향을 받는지 이해함으로써 다양한 수준에서 — 단계적으로 — 해결작업을 시작할 수 있다. 개입은 다음을 포함한다 : 만약 이혼한 부모가 그들 사이에 계속적으로 정서적 고통과 갈등이 있다면 개인상담을 받도록 격려한다, 부모로서 함께 작업하는 좋은 관계를 추구하도록 격려해라, 부모가 아동의 슬픔과 화에 대해 공감하도록 가르쳐라, 이혼이 아동 자신의 잘못이 아님을 아동에게 반복해서 말해라.

초등학교에서의 놀이치료는 아동의 긍정적 정서, 신체, 지적, 사회적 인식과 기술의 발달을 돕는다. 놀이치료는 학교 세팅에서 아동에게 가치 있고 유용한 경험일 수 있다. 치료자는 아동의 교사 그리고 부모와 상호작용하는 이점을 갖는다. 부모나 교사와 접촉이 빈번하든 드물든 간에 치료자는 아동에게 유용한 제안을 할 수 있다.

마찬가지로, 성학대는 아동과 부모 모두에게 깊은 외상을 가져온다. 성학대는 아동과 다른 사람 간의 가장 기본적인 신뢰에 대한 배반이고, 아동기의 때묻지 않음에 대한 배반을 포함한다. 이 장에서는 다음을 포함하는 성학대의 많은 이슈와 결과를 다루고 있다.

1. 신뢰의 상실
2. 죄책감
3. 책임감
4. 변화된 신체 이미지
5. 화
6. 우울

7. 자기파괴적인 행동

성학대의 특징을 난해하고 광범위하게 사회적으로 낙인찍는 것은 아동 피해자가 믿을 수 없을 정도로 혼란되게 하고, 부모들을 끔찍하게 두려워하도록 한다. 성학대의 복합성을 다루는 치료와 교육은 아동과 부모 모두를 위한 치료 과정의 핵심이다.

제 10 장
단기치료와 관리의료의 결합
Incorporating Brief Therapy and Managed Care

관리의료(managed care)는 미국 전역에 증가되고 있고 정신건강 분야에 지속적으로 영향을 미칠 것이다. 또한 사설기관들도 영향을 받을 것이다. 관리의료의 개념에 동의하든 동의하지 않든 간에, 치료자는 체계 내에서 일하는 방법을 알 필요가 있다.

관리의료 체계 내에서 일할 때, 치료자는 보통 여러 치료 세션에 관해서 많은 시간제한 아래 일하게 될 것이다. 관리의료에서는 단기치료를 강조한다. Hoyt(1995)에 따르면, 단기치료는 "가능한 한 시간-효율적으로 특정 목표에 도달하기 위해 내담자의 사고, 감정, 행동이 변화되도록 돕는 것을 목적으로 한다."고 정의한다(p.1). Budman과 Gurman은 시간에 대한 민감성이 중요하다고 강하게 증언한다.

시간에 민감하기 위해서는, 목표를 빠르고 명확하게 정하고 가능한 한 빨리 문제해결 전략에 들어가는 것이 필요하다. 짧고 효율적인 치료를 위해서는 목표가 명확하게 정의되어야 하고, 핵심 문제가 확인되어야 하고 효율적인 치료계획이 수립되고 실행되어야 한다. 많은 치료자들은 그들이 치료계획에 개입하기 전에 내담자에 대해 많은 것을 알아야 한다고 믿는다(Lazarus, 1997).

놀이치료를 단기치료와 통합할 때, 치료자의 이론적 토대는 매우 중요하다. 예를 들어, 만약 당신이 아동중심 놀이치료를 한다면 놀이실에서 아동과 함께 목표를 정하는 것은 치료 과정을 서두르는 것만큼 불가능한 일이다. 아동들은 치료를 이끌고 치료자는 따라간다. 치료자는 아동의 대화나 행동을 리드하려는 어떠한 시도도 하지 않는다(Axline, 1969). 아동을 위한 치료의 완전함을 유지하기 위한 핵심은 부모와 다른 양육자와 목표를 정하는 것이다. 관리의료 집단은 아동과의 세션의 수를 조절할 수 있지만, 치료자는 설정된 목표를 통해 치료상의 내용을 조절할 수 있다.

MCC 임상행정가인 Chris Sheldon 박사에 따르면(personal communication, 8, 20, 1997), "부모나 양육자를 포함시키는 것은 필수적이다. 관리의료 회사는 치료자로부터 적합한 치료계획이 있는지, 많은 시간과 치료계획이 아동 환경의 개입을 포함하고 있는지 보기를 원한다."고 한다.

반면에, 만약 치료자가 놀이실에서 더 많이 직접적 또는 해석적인 치료를 사용한다면, 치료자는 아동과 목표 및 치료계획을 세우는 데 편안할 수도 있다. 어느 쪽이든 치료자는 자신의 이론적 가치 기준에 의심받지 않고 단기치료와 결합할 수 있다. 치료자는 아동 내담자의 부모와 작업을 결합시킴으로써, 관리의료 회사에 자신의 능력을 강화시킬 수 있다.

Lazarus(1997)는 시간 효율적인 치료는 세션의 예정된 회기를 근거로 해서는 안 된다고 강조한다. 그러나 많은 치료자들은 6~12회기 정도로 범위를 정한다. 많은 문제나 장애들은 간단하게 치료될 수 있지만, 거기에는 추가적인 세션을 더 요구하는 내담자들도 있다. Sheldon(1997)은 관리의료 회사와 치료자 사이의 관계 및 관리의료 회사의 전체 비용의 측면에서 치료자의 전체적인 패턴에 초점을 두어야 한다고 말한다. 치료자는 모든 내담자들에게 추가적인 세션을 요구하는가 아니면 일부에 대해서만 요구하는가?

단기치료에서 가장 중요한 규칙은 매우 목표 지향적이라는 것이다. Araoz와

Carrese(1996)는 "치료는 특정한 시간틀 내에서 특정한 손상의 유형을 해결하는 것이 명확해야 한다."고 한다(p.2).

단기치료의 단계

단기치료는 5단계이다 : (a) 치료 전 선별 기준, (b) 시작단계, (c) 중간단계, (d) 마지막 단계, (e) 추후단계(Hoyt, 1995).

치료 전 선별 기준

변화하고자 하는 내담자의 동기는 어떠한가? 내담자는 과제 부여시 따를 의지가 어느 정도 되는가? 이 내담자가 단기치료에 적절하다고 지지해줄 어떤 징후는 무엇인가? 치료자는 심각한 우울, 정신이상 행동, 자살 생각 등과 같은 금기사항을 잘 살펴보아야 한다(Hoyt, 1995). 아동 내담자들이 치료에 적절한지 결정하는 것은 어려울 수 있다. 왜냐하면 오히려 아동들이 그들의 부모나 양육자가 좋은 지원자가 아닐지라도 종종 일반치료나 단기치료에 좋은 지원자가 되기도 하기 때문이다. 부모가 저항적이거나 금기사항을 가지고 있지만, 아동이 치료에 오는 것을 그대로 묵인하고 있다면, 치료자는 아동에게 초점을 맞추어야 한다. 한편 부모가 기꺼이 참여자가 되고 다른 금기사항을 가지고 있지 않다면, 치료 과정은 더욱 강화될 뿐 아니라 치료자도 단기치료가 관리의료 하에서 진행될 때 더 큰 성공을 거두게 될 것이다.

시작단계

이 단계의 핵심은 내담자와 라포 형성 및 작업동맹을 맺는 것이다. 내담자의 불평을 잘 이해하고 목표를 얻기 위해서는 왜 그들이 현재라는 특정 시간에 치료를 찾게 되었는지 명확히 하는 것이 필수적이다. 또한 치료의 요인도 명확하게 정의되어야 한다. 예를 들어, 만약 내담자가 6회기 또는 12회기로 제한한다면, 치료자는 치료 시작단계에서 이런 정보에 근거하여 이것을 명확하게 알려야 한다(Hoyt, 1995). 게다가, 단기치료를 하든 장기치료를 하든, 치료자는 첫 세션에서 과제를 제시해야 한다.

중간단계

중간단계는 작업이 진행되는 단계이다. 치료자가 시작단계에서 정한 주된 목표에 초점을 두면서, 내담자의 선택과 패턴을 찾는다(Hoyt, 1995). 부모들은 대부분 자주 (그들의 아이들보다) 변화를 찾기 때문에, 치료자는 이 단계에서 아동의 놀이와 변화의 주제에 더 주의를 기울임으로써 부모의 저항과 전이를 최소화시킬 수 있다. 그 반면에, 이 단계는 특히 부모와 함께 작업하고 치료 과정을 촉진시키는 데 도움이 될 수도 있다. 치료자는 아동이 놀이실에서 표현한 주제를 근거로 해서 과제의 진행을 관찰할 수 있고, 부모의 저항을 평가할 수도 있다.

마지막 단계

치료의 종결을 알게 되었을지라도, 치료목표에 대한 작업은 계속되고 아동과 부모 모두에게 강조된다. 치료 종결의 슬픔뿐 아니라 분리와 의존의 이슈가 탐색되어야 한다(Hoyt, 1995). 발달적으로 아동들에게는 과도기적인 변화의 시간이 필요하다. 특히 아동에게 종결을 미리 알리는 것은 중요하고, 그래야 아동들은 치료의 종결을 진행시킬 시간을 가질 수 있다. 또한 부모에게 치료 종결에 대한 반응을 알리고 인식하도록 하는 것은 중요하다. 필요하다면 부모와 아동 모두에게 이후에 치료를 다시 받으러 올 수 있다는 것을 강조한다. 대부분의 관리의료 회사들은 이후에 치료를 다시 받으러 오는 것을 허락한다.

마지막 단계에서, 치료자는 치료 과정 동안 가족들과 아동이 결합될 수 있었던 능력과 기술에 관해 깊이 간직한 메시지를 활용하는 것이 유익하다. 치료자로서 목표 중 하나는 치료가 끝나고 오랜 시간이 지난 후에도 아동에게 도움이 될 수 있는 가족체계를 강화시키는 것이다.

추후단계

변화는 치료에서 시작되었지만, 그 변화는 치료 이후에도 지속된다(Hoyt, 1995). 마찬가지로, 변화와 문제 해결은 공식적인 치료 종결 이후에도 지속될 것이다. 부모와 함께 작업할 때, 이 정보는 치료에서 시작된 것이 지속될 수 있도록 그들을 돕는 데 극히 중요할 수 있다. 치료의 세션이 제한될 때, 부모들은 치료 시작 때 세운 목표 측면에서 아동들에게 진전이 지속되는지 아닌지를 평가하려고 할 것이다. 부모들에게 아이들이 앞으로 같은 또는 새로운 문제에 직면하게 되면 치료자와 관리의료 회사에 전화할 수 있다는 것을 알릴 필요가 있다.

단기치료에서 목표 설정

단기치료를 할 때는 명확한 목표를 세우고, 그 목표에 초점을 맞추는 것이 중요하다. 목표는 내담자나 부모 그리고 치료자와 함께 정한다. 일반적으로, 치료를 위한 목표를 정하는 사람은 부모가 된다. 부모들은 문제와 그들 자녀의 행동에 대해 변화되기 원하는 것을 보고할 것이다. 치료자는 치료 계획에 이러한 목표를 사용할 수 있고 즉시 그러한 목표를 근거로 하여 과제를 제시하기 시작할 수 있다. 만약 하나 또는 두 가지 이상의 목표가 있다면, 치료자는 우선순위를 정해야 한다. 치료 세션이 제한되었을 때는 많은 목표로 작업하는 것이 불가능할 수 있다. Araoz와 Carrese(1996)에 의하면

> 치료자는 그 또는 그녀가 바르게 교정, 수정, 소거되기를 원하는 문제에 대해 명확히 해야 한다. 손상의 목록은 애매모호하고, 이론적이거나 또는 해석적인 개념들(예, 항문기 고착 성격 특성)이 아니라 정확하고 구체적이고 행동에 대해 측정 가능한 정의(예, 자신의 것에 대한 소유욕이 매우 크고, 다른 사람과 무엇이든 나누려 하지 않고, 가족이나 친구들이 주간 잡지와 같은 작은 것을 그녀의 '허락' 없이 '빌려' 가면 당황하게 되는 것)다.(p.33)

부모와 간결한 목표를 세우고자 할 때, 다음과 같은 질문을 해라.

1. 자녀의 어떤 행동이 변화되기를 원하십니까?
2. 그 행동이나 문제가 언제 시작되었습니까?
3. 그 행동이나 문제의 촉매제가 무엇인지 알고 있습니까?
4. 자녀에 대해 걱정하고 있는 것이 무엇입니까?
5. 만약 당신이 마술 지팡이를 가지고 있다면, 자녀의 삶이 어떻게 되기를 바랍니까?
6. 당신은 왜 이 행동, 문제나 스트레스원이 변화되기를 원합니까?
7. 당신의 자녀가 치료를 마쳤을 때, 무엇이 달라져 있기를 원합니까?

치료자가 가지고 있는 정보를 바탕으로, 부모에게 이러한 질문의 일부 또는 모두를 할 수 있다. 유사한 질문이라도 반복해서 질문하는 것에 대해 주저하지 말아라. 치료자가 아동의 문제나 행동에 대해 갖고 있는 정보가 상세할수록 문제나 행동에 대해 더 빠르고 간결한 목표를 세울 수 있다.

원리에 초점두기

놀이치료 과정에 부모들을 참여시키는 맥락에서, Bloom(1981)은 치료자가 치료 목표에 초점을 두도록 돕는 몇 가지 원리를 제안하고, 다음과 같이 원리에 초점을 두고 따르도록 제시한다.

1. 초점을 두는 문제를 확인하라.
2. 내담자의 강점을 평가절하하지 말아라.
3. 신중하게 행동하라.
4. 내담자의 역동을 탐색하고, 그러고 나서 가설 방식으로 해석을 제시하라(신중하게 행동하라).
5. 내담자가 정서를 표현하도록 격려하라.
6. 면접하는 동안 문제해결과정을 시작하라.
7. 열심히 시간을 모니터하라.
8. 지나치게 야심을 갖지 말아라.
9. 사실을 찾는 질문을 되도록 적게 하라.
10. 내담자의 현재 기능에 주목하라 — 이전 사건에만 초점을 두지 말아라.
11. 주제에 벗어나는 것을 피하도록 노력하라.
12. 내담자의 통찰이나 자기-인식을 과대평가하지 말아라 — 그것은 종종 뻔한 것을 밝히는 것일 뿐이다.

치료계획

대부분의 관리의료 회사들은 치료자에게 내담자 사정과 치료계획을 요구할 것이다. 치료계획은 내담자가 겪고 있는 구체적인 문제들을 포함해야 한다. Sheldon (1997)에 따르면, "만약 아동이 학교에서 행동 문제를 보이고 있다면, 치료계획은 가족과 치료자 그리고 아동이 알리려고 하는 행동 문제를 분명히 해야 한다. 관리의료 회사는 치료결과가 개선되었는지의 여부를 관찰할 수 있는 객관적인 자료를 요구한다."고 말한다.

예를 들어, 한 아동은 밤에 잠을 잘 자지 못하는 것 때문에 치료에 의뢰되었다. 치료자는 내담자가 밤에 계속 잘 자거나 적어도 일주일에 5일 동안 7시간은 잘 잘 수 있도록 하는 구체적인 행동 목표를 세우고 작업해야 한다. 문제나 소망하는 행동변화에 맞게 조절된 명료한 개입이 되도록 하는 것이 필요하다. 개입은 표현된 문제의 성격뿐 아니라 부모와 아동의 인지적 정서적 상태에 따라 다르다. Sheldon(1997)은 관리의료 회사는 추후 치료보고가 초기 치료계획에 연결되기를 원한다고 말한다. 치료자가 추후 세션에서 수행하는 개입은 치료계획에서 제안된 개입과 연결되어야 한다. 이것은 치료자가 추가적인 세션을 요구했을 때 특히 중요하다.

치료자의 관점에서 보면, 관리의료 회사는 의도적으로 치료계획과 치료보고 과정에서 많은 요구를 하는 것 같다. 당연하게도, 문서 업무를 수행하는 것은 치료자에게 성가시고 많은 시간을 요구하게 된다. 그러나 치료자가 치료계획을 많이 쓰면 쓸수록 그에 더 능숙해질 것이다. Sheldon(1997)은 "나는 개인적으로 치료계획을 기록하는 것은 치료 자체에 매우 도움이 된다고 확신한다. 그것은 치료자와 가족 자신들이 하고 있는 것이 무엇인지에 초점을 유지하도록 만든다."고 언급한다.

관리의료 회사에서 요구하는 치료계획의 요소들은 실제로 조정기관이 관리의료 회사에 요구하는 부분들이다. Sheldon(1997)에 의하면, 두 개의 사설 비영리기관 — 의료보험 품질 위원회와 건강관리 조직 — 은 건강 보호의 질을 향상시키고 관리의료 회사가 내담자에게 효과적인 치료를 보장할 수 있도록 모니터하기 위해 설립되었다고 한다. 기관들은 관리의료 회사와 치료자가 정해진 시간 동안 구체적인 행동변화와 직접적으로 관련된 뚜렷한 목표를 갖도록 요구한다. 이것은 정신건강 분야가 더욱 의료적 모델로 변화하고 있다는 반영이기도 하다. 정신건강 분야가 발전함에 따라서, 치료의 질과 결과에 초점을 두는 것은 중요하다. Sheldon(1997)은 "정신건강 전문직에서는 그들이 하는 것이 도움이 된다는 것을 설명할 의무가 있다."고 언급한다. 게다가 그는 놀이실 밖에서도 수행될 수 있는 특정 행동 치료계획 목표와 놀이치료를 연결시키는 것의 중요성을 강조하였다. 치료자는 특정 목표를 세우고 내담 아동의 부모와 긴밀하게 작업함으로써 이것을 성취할 수 있다.

부모와의 중재

과 제

관리의료 회사의 관점에서 보면, 과제는 치료자가 과정을 성취하는 데 전체 시스템을 포함하고 있다는 실제적이고 확실한 증거다. 또한 과제는 진전과 향상이 실제로 일어나고 있는지 여부에 대한 매우 유용한 정보를 제공한다. 치료자는 부모가 과제를 하느냐 안 하느냐에 따라 아이들의 향상에 부모가 투자를 하는지 여부를 볼 수 있는 기회를 제공한다.

재구조화

개입 혹은 과제를 권할 때, 치료자는 부모들이 아동의 행동이나 문제에 대해 어떤 범주의 감정(예, 무기력한, 절망한, 당황한, 슬픔이나 화난)을 경험할 수 있는지 기억해야 한다. 부모와 첫 번째 개입은 부모의 감정을 반영하고 나서 부모가 자녀를 어떻게 지각하고 있는지 재구조화하도록 돕기 시작하는 것이다. 구조는 사람들이 그들의 현실을 구성하는 규칙이다(de Shazer, 1982). '재구조화는 내담자가 특별한 문제 상황을 다른 의미로 보기 위해 그 또는 그녀의 '규칙'을 변형시키도록 돕는 것까지도 포함되는 과정이다' (p.101).

치료자는 문제와 행동의 설명을 적극적으로 경청함으로써 아동과 부모를 수용하고 있다는 것을 보여준다. 그리고 나서 치료자는 '해결이 될 수 있는 구조적 구성의 조각들' 을 찾는다(de Shazer, 1982, p.102). 치료자는 부모들에게 해결책에 대해 희망을 줄 수 있는 방법을 찾고 자녀를 다르게 지각하도록 돕는 노력을 해야 한다.

지지체계

아동과 가족을 위한 지지에 접근하는 것은 특히 단기치료에서, 치료자가 놀이실 밖에서 얻을 수 있는 가장 유용한 개입 중 하나가 된다. 지지체계에 접근하는 것은 해결이나 격려로 도와줄 수 있는 아동과 가족 구성원을 통합시키고 결합시키는 것을 의미한다. 이것은 조부모, 가족과 친한 친구, 교사, 주간 보호자 또는 많은 다른 사람들을 포함한다. 치료자는 아동과 가족에게 친밀하고 지지적인 사람을 발견하는 데 미리 신경을 써서 준비해야 한다. 예를 들어 아동이 우울하다면, 치료자는 필요로 하는 수용, 융통성 그리고 아동을 위한 특별한 집단 경험을 제공하기 위한 지지적인 교사의 도움을 보충해야 한다. 조부모는 아동에게 열정적으로 주목하는 것에 초점을 두거나 아동이 모험(즉, 동물원에서)을 해볼 수 있도록 격려할 수 있다. 조부모와 다른 사람들은 아동에게뿐만 아니라 부모에게 휴식하고 이완될 시간 — 특히 스트레스 기간 동안 — 을 배려해주는 것이 굉장한 지지가 될 수 있다. 부모들은 자신만을 위한 시간과 자신만을 돌볼 기회가 필요하다.

치료자는 아동의 지지체계 내에 있는 사람들에게 비밀정보를 말할 수 있도록 허락한다는 서명을 부모로부터 받아야 한다. 지지체계 구성원들은 15분 부모면담에 참석하도록 요청받을 수도 있다(부모가 동의한다는 가정 아래). 지지체계 구성원들은 아동 삶에서 행해지는 역할이 가치롭다는 것을 이해하고, 치료자가 도움이 된다고 생각하는 아동을 위한, 아동과 함께 할 특별한 무엇인가를 하도록 요구받을 수 있다.

많은 관리의료 회사들은 내담자에게 지지체계가 필요하다고 인식하고 있다. 치료자가 지지체계를 다루고자 할수록 사례관리자는 그에 필요한 세션들을 인정해준다. 아동이나 가족들의 목표에 도달할 수 있도록 도와주는 치료 외의 활동들은 치료 과정과 세션을 촉진할 수 있다.

지지집단

지지집단은 알코올 중독 환자 갱생회와 같은 자조집단에서 편부모, 교회 활동에 이르기까지 아동이나 가족들이 이용할 수 있는 지역사회 자원이라는 차이점은 있지만 지지체계로는 같은 이론을 따른다. 그것은 보통 무료이거나 참가자가 최소한의 비용을 지불하며, 어려움을 겪을 때 사람들을 지지해주는 데 매우 유용할 수 있다.

지지집단 포럼은 사람들에게 지지와 교육에 기여할 수 있는 가치 있는 현실 검증력을 얻고 경청하도록 한다(Burt & Burt, 1996). '임상가들은 그들의 지역사회 내에서 지지집단 자원을 알아야 하고 그것을 그들의 개입에 보조물로 사용한다' (p.174). 치료자는 이용 가능한 것을 조사하고 내담자와 가족들이 그것을 얻을 수 있도록 돕는 데 시간을 쓴다. 이것은 아동 내담자뿐만 아니라 가족을 위한 집단도 포함한다. 예를 들어, 학교 상담자는 부모가 이혼한 아동들을 위한 집단을 운영한다. 아마도 내담자는 큰 언니(Big Sister)나 큰 형(Big Brother) 집단으로부터 도움을 받을 수 있을 것이다. 내담자의 편부나 편모는 교회나 유대교에 있는 편부모 집단이나 이혼 회복 집단으로부터 도움을 받을 것이다.

치료자의 치료계획은 지역사회 자원을 이용할 수 있도록 권하는 내용이 포함되어야 한다. 관리의료 회사들은 치료자가 무료 자원을 증가시킬 때 치료자의 서비스를 더 많이 기꺼이 인정할 것이다(Friedman, 1997). 아동이 내담자일 때, 관리의료 회사들은 치료자가 아동 이외에 이용할 수 있는 자원이 무엇인지 주의 깊게 살펴본다. 아동은 그의 생활에서 많은 부분을 통제하지 못하기 때문에 치료 세션 이외에 이용할 수 있는 선택권을 사용하도록 강조한다.

동전 던지기 과제

동전 던지기 과제는 사람들이 시대에 뒤떨어진 비생산적인 패턴 대신에 더 재미있는 방식으로 표현하도록 돕는 데 효과적이다(Friedman, 1997). 예를 들어, 부모들이 ADHD 아동이 과제를 하도록 다루고자 할 때 치료자는 부모에게 동전 던지기를 제안한다. 동전의 앞면이 나오면 부모들은 아동이 과제를 마치도록 노력하는 것보다는 다른 무엇인가를 하도록 지시한다. 만약 동전의 뒷면이 나오면, 그들은 과제를 마치도록 노력하는 방식으로 반응한다. Friedman에 따르면, "이러한 종류의 과제는 내담자가 그 상황을 다루었던 이전의 방식을 완전히 포기하지 않으면서 내담자를 격려하는 데 효과적일 수 있다. 단지 동전을 찾기 위해 행동을 멈추는 것만으로도 변화를 만드는 방식으로 상황의 불균형을 이루는 데 충분하다."고 한다(p.82). 동전 던지기 과제는 부모가 효율적이지 않은 훈육 방식에 마주쳤을 때, 아동과 부모 사이를 개입하는 긍정적인 수단이 될 수 있다. 이것은 종종 저항적인 부모와 함께 작업할 때 유용하다. 왜냐하면 저항적인 부모들은 위임하지 않고 막연히 다른 무엇인가를 하려고 노력할 수 있기 때문이다.

응 원

응원은 내담자가 하고 있는 긍정적인 것과 문제를 변화시키고 해결하는 것을 지지하고 격려하는 형식이다(Walter & Peller, 1992). '응원은 높은 목소리 톤, 제스처, 흥분된 표현이나 단어 선택을 통해 오는 정서적 지지다. 세션 내에서, 우리는 작지만 어떤 변화의 언급에 대해서는 즉각적으로 반응하기를 원한다' (p.106).

부모들은 치료자가 내준 과제를 통해 얻은 결과에서 변화되고 있다는 것을 인지적으로 지각할 수도 있다. 또는 치료 과정 동안 아동에게 자연스럽게 변화가 일어날 것으로 생각할 수도 있다. 그러나 부모가 치료 과정을 이해하고, 자신의 노력과 변화에 긍정적 피드백을 받을 때 부모에게는 커다란 이점이 있다. 부모들은 혼돈, 두려움 또는 불확실성을 경험할 수 있으므로 치료자로부터 격려, 지지 그리고 확인이 위로가 될 수 있다.

응원의 한 가지 형식은 '어떻게 그것을 할 결정을 하게 되었나요?' 라고 부모에게 질문하는 것이다. 치료자는 보통 흥분과 호기심으로 이 질문을 한다(Walter & Peller, 1992). 부모들은 자신이 다른 무엇인가를 하거나 변화시키려는 의도적인 결정을 하려는 것을 깨닫지 못할 수도 있지만, 치료자는 부모가 그들이 한 의식적인 변화의 현실을 보기 원한다. 예를 들어, 부모들은 아동들을 위해 실제적인 무언가를 하고 있다는 것을 깨닫지 못할 수도 있다. '어떻게 당신은 그것을 했나요?' 는 부모의 행동을 나타내 주고 행동과 변화에 대한 생각을 깊이 새겨두도록 돕는다. 부모들은 변명하거나 그들 행동에 책임지지 않으려고 할 수도 있지만 이 질문은 부모가 아동들과 다르게 실제적으로 무엇을 하고 있다는 것을 알게 하는 비직면적인 방법이다.

응원의 다른 예는 '정말 좋아요!' (Walter & Peller, 1992) 또는 '좋아!' 라고 하는 것이다. 칭찬하는 격려의 형식은 새로운 혹은 긍정적인 행동에 지지가 될 수도 있고, 그것은 치료자가 부모와 아동이 함께 만든 변화를 알리는 방법이기도 하다. 이런 지지는 부모에게 공감적이고 온정적이며 치료자와 부모 사이의 좋은 라포 형성이 촉진되도록 돕는다. 부모들은 치료자를 그들의 자녀가 가진 어려움을 비판하는 사람이 아닌 동맹자로 본다. 말을 할 때는 진심으로 해라. 남용은 부모가 당신이 솔직하지 않고 속인다고 생각하게 할 수 있으며 말의 효과를 잃게 한다. 그렇지만 부모가 그들의 아이를 돕는 긍정적인 변화나 노력이 있을 때마다, 혹은 그들이 당신이 한 제안을 잘 따를 때마다 그들에게 신뢰감을 주어야 한다.

변화를 지지하기

작은 변화는 더 큰 변화를 가져온다(Walter & Peller, 1992). 부모들이 자녀의 생활에서 문제를 해결하는 방향으로 작은 진보를 했을 때, 그리고 그들이 그 노력으로 긍정적인 결과를 얻었을 때, 부모들은 더 격려받고 동시에 다른 부분에서도 변화하도록 하는 권한을 부여받는다. Walter와 Peller에 따르면, "작은 변화가 생성력이 있다는 말은 다루기 쉬운 것을 성취하는데 성공 경험을 한 내담자는 다른 더 어려운 문제의 해결책을 찾는 데 자원이 더욱 풍부해지게 된다는 믿음을 가지는 것을 의미한다."고 한다(p.19).

치료자는 부모에게 문제가 한 번에 한 단계씩 해결된다는 것을 깨닫도록 돕는다. 치료자는 부모들이 다른 변화를 힘 있게 시작할 수 있다는 희망을 가지고 부모에게 작은 변화를 알려준다. 따라서 아무리 의미가 없거나 작은 변화일지라도 그 변화를 알려주어라.

요 약

보험과 관리의료 회사의 영향으로 인해, 치료자들은 구체적이고 측정 가능한 치료 전략들을 계획하고 포괄적인 치료를 마치고 보고서를 쓰도록 하는 많은 요구에 직면하고 있다. 관리의료 사례 관리자들은 치료자가 서비스를 제공할 때 더욱 문제중심적, 목표지향적 그리고 시간제한적이기를 요구하는 경향이 있다. 이것은 특히 놀이치료자에게 도전이 되는 것으로 보일 수 있다. 그러나 관리의료의 복잡성을 더 이해하고 치료 과정에 부모를 참여시킴으로써, 놀이치료자들은 이러한 노력으로 성공적인 방향으로 나아갈 수 있고, 아동과 부모의 본래의 상태를 보호하며 치료적 관계를 유지할 수 있다. 부록 D는 관리의료 형식의 예를 서술하여 표로 제시하고 있다.

이 장에 설명된 것은 단기치료의 단계다. 이 단계는 치료 전 단계의 선별 기준, 시작단계, 중간단계, 마지막 단계, 추후단계로 구성된다. 단기치료 환경 내에서 목표를 정하는 전략을 제시했다. 단기치료는 치료계획을 기술할 때 치료자가 명확하고 구체적이고 측정 가능한 전략을 적용하도록 요구한다. 치료자는 서비스를 제공할 때 특히 관리의료 보고서에서 치료 과정을 기술할 때는 치료계획에 초점을 두어야 한다. 또한 치료자들은 사회적 지지와 공식적이고 임상적인 치료 범위 외에 있는 지역사회에서 얻을 수 있는 긍정적인 영향을 찾도록 격려되어야 한다.

구체적인 부모의 개입을 이 장에 제시했다. 이러한 개입은 다음과 같다.

1. 재구조화
2. 지지체계
3. 지지집단
4. 과제
5. 동전 던지기 과제
6. 응원
7. 변화를 지지하기

더욱이, 관리의료 이슈와 과정에 관한 정보를 부모에게 제공하고 이를 이용할 수 있도록 하는 것이 중요하다. 관리의료 치료와 상환 과정의 여건이 복잡하고 요구적일지라도, 부모-치료자 간의 관계가 개방적이고 신뢰롭게 안정적으로 유지되면 아동에게는 전문적인 수준의 서비스가 제공될 수 있다(부록 D의 표 1. 정신건강 분야에서의 관리의료 8가지 특징).

부록 A

전문가 자격 소개서와 서면 동의서 견본

Professional Disclosure Statement and Informed Consent

치료자의 이름과 자격

기관명

주소

도시명, 주명, 우편번호

전화번호

전문가 자격 소개서

전문가 자격 : [견본] 1990년 템플대학교 상담심리학 전공, 교육학 석사. 공인 상담자(자격번호 1234), 부부와 가족치료 자격증 소지(자격번호 3456), 놀이치료자 자격증 소지(자격번호 5678). 개인, 집단, 부모, 가족 그리고 아동을 상담하기 위한 정규교육 과정을 거침

경험 : [견본] 석사 과정 동안 지도 감독하에 아동과 성인 그리고 가족 대상의 집단과 개인상담 경험. 가족치료센터에서 개인실습

관심 분야 : [견본] 성인과 청소년 그리고 아동을 위한 개인과 집단상담 제공 및

양육과 발달적 관계에 관한 워크숍 진행

서면 동의서

상담관계

우리가 함께 상담하는 시간 동안, 우리는 매주 또는 일정에 따라 회기에서 지속적으로 50분간 만날 것입니다. 우리가 심리적으로 매우 친밀한 관계가 되기는 하지만, 우리의 관계는 사회적인 관계라기보다는 직업적인 관계입니다. 우리는 당신이 위급한 상황에서 호출했을 때를 제외하고는 상담 회기 내에서만 만날 것입니다. 당신의 사회적인 모임에 초대하거나, 선물을 주거나, 추천서를 써 달라고 요청하는 등의 요구를 삼가해 주십시오. 당신이 우리의 회기에서 당신의 목표와 관계에만 오로지 집중한다면 최상의 서비스를 받게 될 것입니다.

상담의 영향

언제라도, 당신은 가능한 한 긍정적이든 부정적이든 상담에 참여하는 것과 참여하지 않는 것, 상담을 지속하거나 중단하는 것의 영향에 관한 토론을 시작할 수 있습니다. 상담 과정을 통해 긍정적인 변화를 기대할지라도, 구체적인 결과를 보장할 수는 없습니다. 상담은 개인적인 탐색이고, 당신 삶의 사고방식과 결단력에 주요한 변화를 일으킬 수도 있습니다. 이런 변화는 의미 있는 관계와 당신의 일 그리고 당신 자신에 대한 이해에 영향을 미칠 수 있습니다. 이런 삶의 변화 일부는 일시적으로 고통스러울 수 있습니다. 이러한 변화를 정확히 예측할 수는 없습니다. 우리는 함께 당신을 위한 가능한 한 최상의 결과를 성취하도록 작업할 것입니다.

내담자의 권리

일부의 내담자는 자신의 목표를 성취하기 위해 단 몇 번의 상담 회기만을 필요로 합니다. 다른 내담자들은 한 달이나 일 년의 상담이 필요할 수도 있습니다. 내담자로서, 당신은 언제라도 우리의 상담관계를 끝낼 수도 있고 전적으로 관리할 수 있습니다. 당신은 또한 당신에게 도움이 되지 않는다고 여겨지는 나의 상담기술이나 제안의 무엇이든 조절을 논의하거나 거절할 권리를 가지고 있습니다.

나는 당신에게 나의 서비스가 법적 그리고 윤리적 기준에 따라 전문가적인 일관된 방법으로 진행될 것임을 확신합니다. 언제라도 어떤 이유에서든 당신이 나의 서비스가 불만족스럽다면, 나에게 알려주기를 바랍니다. 만약 내가 당신과 관계된 것을 해결할 수 없다면, 당신은 당신의 불만을 다음에 보고할 수 있습니다.

국가 상담 자격 위원회
3 Terrace Way, Suite D
Greensboro, NC 27403-3660
(336) 547-0607

연기와 종결

나는 알코올이나 약물을 복용하고 치료 회기에 참여하는 내담자의 상담을 연기하거나 종결할 권리를 가지고 있습니다. 나는 또한 그들의 정신과 의사나 내과 의사의 약물 권고에 따르지 않는 내담자의 상담을 중단할 권리를 가지고 있습니다.

취 소

당신의 상담 시간은 당신을 위해 확보되어 있습니다. 일이 생겨서 약속을 지킬 수 없는 경우, 사전에 적어도 24시간 전에 나의 사무실로 알려주어야 합니다. 그러면 이 시간을 다른 누군가가 이용할 수도 있습니다. 연락 없이 상담에 빠졌을 경우 상담료를 지불해야 합니다. 또한 만약 당신이 두 번을 연속적으로 회기에 빠진다면, 나는 우리의 상담관계를 중단하도록 요구할 수도 있고 당신이 적합한 다른 곳으로 의뢰할 수도 있습니다.

의 뢰

나는 내담자의 상황 모두에 적합한 치료를 제공할 수 없다는 것을 분명히 알고 있습니다. 이러한 이유로, 당신이나 나는 의뢰가 필요하다는 점을 생각할 수 있습니다. 이러한 경우에, 나는 당신을 도울 수 있는 사람과 프로그램들을 찾아볼 수 있습니다. 또한 당신의 요구에 따라 대안적 상담을 이용할 수 있습니다. 당신은 이러한 의뢰나 대안을 평가하고 선택할 권리를 가집니다.

상담료

나는 당신을 위한 상담서비스를 제공하는 데 동의하며, 상담료는 각 회기당 ________달러입니다. 만약 상담료를 지불하기 힘들다면, 나에게 미리 알려주길 바랍니다. 당신은 현금이나 가계수표를 이용할 수 있고, 또는 내가 이미 권한이 이임된 건강보험 회사로부터 보험료 지불을 신청할 수 있습니다. 각 회기의 상담료는 각 회기의 시작 전에 지불되어야 합니다.

기록과 비밀보장

우리가 나눈 대화 내용은 임상기록으로 남겨지게 됩니다. 기록은 내가 소유하게 되지만, 당신은 기록 내의 정보에 대한 권리를 가지게 됩니다. 성인 내담자 기록은 상담관계의 종결 7년 후에 처분합니다. 미성년 내담자의 기록은 만 18세 생일 이후의 7년 후에 처분합니다. 우리가 함께 나눈 이야기는 대부분 비밀이지만 제한이 따르며 예외적인 부분이 있습니다 : (a) 당신이 나에게 당신의 정보를 양도하는 데 동의할 때, (b) 내가 분별력 있게 당신이나 그 밖의 누군가가 위험하다는 의심이 들 때, (c) 당신의 학대와 방임 또는 아동, 중장년층이나 신체 장애인의 착취가 드러날 때, (d) 당신이 다른 정신건강 전문가와 성적인 접촉이 드러날 때, (e) 내가 정보를 공개하도록 법정으로부터 지시받았을 때, (f) 당신이 나에 대해 소송을 일으킬 때, (g) 내가 서비스를 제공하고 그만큼의 보수를 받기 위해 구체적인 정보를 양도하는 것이 필요할 때, (h) 내가 다른 점에서 정보를 양도하도록 법에 의해 요구받았을 때. 내가 당신을 공적으로 만나야 하는 경우, 나는 당신이 나를 처음 방문한 경우에 한해서만 당신의 비밀을 보장할 것입니다.

결혼 또는 가족상담

나는 당신이 가족에 대해 언급한 무엇이든지 그것에 대한(위에 언급된 제한 범위 내에서) 비밀을 유지할 것입니다. 그러나 나는 가족 구성원 사이에서 의사소통을 공개하도록 지지할 것이고, 만약 치료적 과정에 해로운 어떤 비밀이 있음이 판단된다면 우리의 상담관계를 중단할 권리를 가지고 있습니다.

아래 당신의 서명은 당신이 이 진술에 대한 어떤 이의도 없다는 점과 이 진술을 읽고 이해했음을 나타냅니다. 나의 사인은 내가 이 설명서에 따르기 위한 나의 약속을 인정하고 이 진술의 정확성을 증명합니다.

______________________________	______________
내담자나 아동의 이름	날짜
______________________________	______________
내담자나 법적 보호자의 서명	상담자의 서명

부록 B
놀이치료 아동의 부모 접수 세션 체크리스트
Play Therapy Parent Intake Session Checklist

놀이치료 아동의 부모 접수 세션

1. 당신의 전문성이 드러나는 진술로 세션을 시작하라. (당신이 중요하게 말한 것에 따라 부모에게 복사본을 주어라).
2. 부모가 놀이치료에 아동을 데리고 온 이유에 대해 논의하도록 하라. 당신이 아이를 어떻게 도울 수 있는지, 또는 적당한 다른 서비스 의뢰에 대해서 논의하라.
3. 놀이치료의 특성에 대해 설명하라.
4. 부모가 당신의 전문가 자격 소개서에 사인하도록 해라. (부모에게 복사본을 주어라.)
5. 부모에게 접수양식을 기록하고, 치료 위임장 하단에 있는 란에 사인하도록 하라.
6. 만약 현재의 문제가 학교와 관련되거나 의학적인 것처럼 보인다면, 부모는 당신이 적당하다고 간주되는 양식에 비밀 정보 양도계약에 사인한다. 이것은 당신에게 개인적인 학교 이슈나 전문적인 의학 문제를 논의하도록 허락할 것이다. 당신은 내담자가 서비스를 받은 현재 또는 이전의 정신건강전문가와 논의

하도록 양도계약을 얻게 될 것이다.

7. 만약 부모가 이혼했다면, 양육자 또는 법적인 보호자는 표현된 형식 모두에 서명해야 한다. 보호자와 양육권에 관련된 문제에 관한 가장 최근 법원 명령의 사본은 반드시 치료 시작 이전에 치료자가 반드시 받아야 한다(의붓부모는 비록 배우자가 정신건강서비스를 위해 동의한다는 법적 권한을 가지고 있을지라도 배우자를 대신해 서명할 수는 없다).
8. 어떤 절차상의 항목을 명확하게 하라(회기의 시간과 길이, 상담료, 녹음, 슈퍼비전, 다음 약속, 부모면담 등).
9. 부모는 당신의 특정한 서비스에 관련된 어떤 다른 표현양식에 서명한다.
10. 만약 부모가 특히 스트레스를 받거나 또는 수많은 개인적인 이슈를 꺼내 놓는다면, 부모면담을 위해 그 외의 약속의 가능성을 검토한다.
11. 가능하다면, 접수면담 회기의 끝 무렵에 부모에게 놀이실을 보여준다.

부록 C

아동 내담자의 치료를 위한 접수면접 형식과 권한위임

Child Client Intake Form and Authorization for Treatment

아동 내담자 접수면담

치료자 이름

주소, 도시명, 주명, 우편번호

전화번호

아동 정보

이름 ______________________ 첫 방문 날짜 ______________________

주소 ______________________ 도시명, 주명, 우편번호 ______________

성별 __________ 생년월일 __________ 주민등록번호 ______________________

집 전화번호 __________ 통화 가능한가?________ 메시지를 남길 수 있나?______

비상 연락 ______________________ 관계 ______________________

주소 ______________________ 전화번호 ______________________

의뢰인 ______________________ 연락 가능한가? ______________________

방문이유 ____

그 밖의 관련된 사항(해당되는 것에 모두 체크하라.) 화 조절 : ____________
학교/직업 문제 : ____________ 주의력 문제 : ____________ 충동성 : ____________
빈번한 논쟁 : ____________ 갑작스러운 행동 변화 : ____ 가족문제 : ____________
고립정도 : ____________ 가족문제 : ____________ 알코올/약물 사용 : ____
법적인 문제 : ________________________ 기타 : ____________

아동의 생모 정보

어머니의 이름 ____________ 생년월일 ____________
주소 ____________________ 도시명, 주명, 우편번호 ____________
집 전화번호 ____________ 통화 가능한가? ______ 메시지를 남길 수 있나?______
직장 전화번호 ____________ 통화 가능한가? ______ 메시지를 남길 수 있나?______
결혼 상태(결혼한 날짜를 적어라.)
기혼 : ____________ 미혼 : ____________ 사별 : ____________
별거 : ____________ 이혼 : ____________ 재혼 : ____________

아동의 생부 정보

아버지의 이름 ____________ 생년월일 ____________
주소 ____________________ 도시명, 주명, 우편번호 ____________
집 전화번호 ____________ 통화 가능한가? ______ 메시지를 남길 수 있나?______
직장 전화번호 ____________ 통화 가능한가? ______ 메시지를 남길 수 있나?______
결혼 상태(결혼한 날짜를 적어라.)
기혼 : ____________ 미혼 : ____________ 사별 : ____________
별거 : ____________ 이혼 : ____________ 재혼 : ____________

법적 보호자 정보(만약 아동이 생부모나 양부모와 거주하지 않는다면, 보호자/양육권을 지정한 가장 최근 법원 명령의 사본이 필수적이다.)

법적 보호자의 이름 ________________ 아동과의 관계 ________________

보호자의 성 ____________ 생년월일 ____________ 주민등록번호 ____________

주소 ______________________________ 도시명, 주명, 우편번호 ____________

집 전화번호 ____________ 통화 가능한가? ______ 메시지를 남길 수 있나? ______

직장 전화번호 __________ 통화 가능한가? ______ 메시지를 남길 수 있나? ______

최초의 가족 정보(가족으로 거주하는 모든 사람의 목록 — 가장 나이 어린 가족에서 가장 나이 많은 가족까지)

이름	연령	성별	내담자와 관계

제2의 가족 정보(가족으로 거주하는 모든 사람의 목록—가장 나이 어린 가족에서 가장 나이 많은 가족까지)

이름	연령	성별	내담자와 관계

다른 치료 정보

현재의 약물		이것이 도움이 되나?	
현재의 약물		이것이 도움이 되나?	
현재의 약물		이것이 도움이 되나?	
주치의		연락할 수 있나?	
이전의 약물		왜 중단했나?	
이전의 약물		왜 중단했나?	
이전의 치료자		날짜	
방문 이유		치료의 결과	
이전의 치료자		날짜	
방문 이유		치료의 결과	

보험 정보

아동 내담자의 이름 ______________________________

보험 계약자의 이름 ______________ 아동 내담자와 관계 __________

보험 계약자의 주민등록번호 __________ 생년월일 ______________

보험 회사 ____________________ 전화 ______________

보험 회사 주소 ______________________________

보험 아이디 ____________________ 보험회사명 ____________

보험회사 대표이사 ______________________________

보험을 위한 양도계약

아래에 서명한 나는 의학적인 도움을 제공하는 (치료자의 이름과 자격)에게 직접적으로 보험금을 배당하는 데 동의한다. 나는 보험으로 지불되든 안 되든 모든 청구에 대해 재정적으로 책임이 있다는 것을 이해한다. 나는 이로써 서비스를 위해 보수를 받기 위한 모든 필요한 정보를 양도하는 권한을 (치료자의 이름과 자격)에게 부여한다. 나는 나의 보험에 해당하는 모든 권리를 위임하고 이에 서명한다.

보험 계약자/보호자의 서명 ______________ 날짜 ____________

치료를 위한 권한 위임

치료자의 역할과 의무

나[치료자의 이름과 자격]는 모든 내담자의 상담 내용에 대한 증언을 거부할 수 있고 비밀보장을 약속한다. 하지만 여기에는 두 가지 예외가 있다. 법에 따라, 신체적이나 성적 아동 학대의 경우 보고해야 할 의무가 있다. 또한, 만약 자기 자신이나 다른 어떤 사람에게 반하는 유해하고 위험한 범죄 행동을 할 개인적 의도가 보인다면, 나는 그런 행동과 의향을 보고해야 할 의무가 있다.

내담자는 회기 비용을 완불해야 하며, 각 회기를 시작할 때 청구하게 된다. 만약 당신이 보험금 지원을 받는 경우는 각 회기의 시작 때 그 나머지 비용을 지불해야 한다. 만약 또 다른 사항이 있다면 사전에 작성하고 동의되어야 한다.

당신의 회기는 당신을 위해 예약된 것이다. 만약 당신이 약속을 지킬 수 없다면, 미리 적어도 24시간 전에 사무실로 연락해야 한다. 그러면 누군가가 이 시간을 사용할 수도 있다. 당신이 연락 없이 빠지는 경우에는 그 회기의 지불 책임을 져야 한다.

부모/보호자의 권한위임

아래에 서명한 나는, 이로써 필요한 치료와 적절한 상담 의뢰를 〔치료자의 이름과 자격〕에게 위임한다.

〔아동 내담자의 이름〕 : ____________________________________

아래 나의 서명은 내가 위의 사실을 읽고 이해했다는 것을 나타낸다.

부모/보호자의 서명 ______________________________ 날짜 ______________

부록 D

관리의료 형식

Managed Care Format

표 1. 정신건강 분야에서의 관리의료 8가지 특징

내 용	제 안
1. 구체적인 문제 해결하기	환자는 왜 지금 치료를 받으러 왔는가? 환자가 성취할 수 있고, 측정 가능한 목표를 확인한다. 사전 치료 과정 유용성을 상세히 설명하면서 가능한 한 빨리 환자와의 치료를 약속한다.
2. 신속한 반응과 초기 개입하기	치료자는 치료 접근을 구조화하고, 특정 개입을 행하며, 필요한 경우 의미 있는 타인을 치료에 참여시킨다.
3. 환자의 능력, 자원, 참여를 강조하면서 환자와 치료자의 책임을 명확히 정의하기	환자에게 치료 회기 이외에서 행동을 변화시키고, '과제'를 수행하도록 하여 치료에 보다 적극적으로 참여하도록 격려한다.
4. 시간을 융통성 있고 창조적으로 사용하기	회기의 길이, 빈도, 시간은 환자의 요구에 따라 다양하게 구성한다. 주어진 상황에서 긍정적인 결과를 가져올 수 있는 가장 최소한의 개입을 고려한다.
5. 다학문적으로 협력하기	의학과 심리학이 함께 협력하면 환자를 보다 전체적인 관점에서 보게 된다. 관련 건강 전문가들은 징후를 알려 줄 수도 있고 적절한 신경정신약물에 대해서도 알려 줄 수 있다.

6. 다양한 형식과 양식 정하기	개별, 집단, 부부/가족 치료는 순차적으로 또는 동시발생적으로 함께 사용될 수도 있고, 또한 다양한 지역사회 자원(자조집단, 12단계, 그리고 지지집단을 포함)의 활용은 활기를 불어넣을 수도 있다.
7. 간헐적 치료나 가족내 치료	단 한 번의 '치료'는 환자가 연속적 또는 간헐적으로 치료를 다시 또 할 수 있도록 열어 두는 보다 현실적인 방식이다. 환자는 생활주기에 따라 발달적인 문제에 초점을 두어 치료를 필요로 하게 된다. 치료자와 환자의 관계는 치료가 중지된 상황에서도 오랫동안 계속될 수 있다.
8. 치료 결과에 대한 오리엔테이션과 의무	치료가 도움이 되는가? 결과 측정은 최상의 작업이 무엇인지 정의하는 데 도움이 된다. 환자와 회사는 증상의 효과적인 경감에 가장 관심을 기울인다. 따라서 치료에 대한 이용 재검토와 질적인 확신은 보충적인 절차로써 기능한다.

부록 E

국가 및 주 보호서비스 기관 주소록

National and State Protective Services and Advocacy Agencies

National Organizations

National Association for Protection and Advocacy Systems

220 1 Street N. W., Suite 150

Washington D.C. 20001

(TTD) (202) 546-8206 / (Telefax) (202) 546-7354

State and Local Organizations

Alabama

Alabama Disabilities Advocacy Program

University of Alabama

P.O. Box 870395

Tuscaloosa, AL 35487-0395

(205) 348-4928 / (800) 826-1675

Alaska

Advocacy Services of Alaska
615 E. 82nd Avenue, Suite 101
Anchorage, AK 99518
(907) 344-1002 / (800) 478-1234

American Samoa

Client Assistance and Protection Advocacy Program
P.O. Box 3937
Pago Pago, American Samoa 96799
(10) 288-011-684-633-2441

Arizona

Arizona Center for Law in the Public Interest
3724 North 3rd Street, Suite 201
Phoenix, AZ 85012
(602) 274-6287

Arkansas

Advocacy Services, Inc.
Evergreen Place, Suite 201
1100 N. University
Little Rock, AR 72207
(501) 324-9215 / (800)482-1174

California

California Protection and Advocacy, Inc.

191 Home Avenue, Suite 185N Sacramento, CA

95825 (916) 488-9950 / (800) 776-5746 / (818) 546-1631 / (510) 839-0811

Colorado

The Legal Center

455 Sherman Street, Suite 130

Denver, CO 80203

(303) 722-0300

Connecticut

Office of P&A for Handicapped and DD Persons

60 Weston Street

Hartford, CT 06120-1551

(203) 297-4300 / (203) 566-2102 / (800) 842-7303 (statewide toll-free)

Delaware

Disabilities Law Program

144 E. Market Street

Georgetown, DE 19947

(302) 856-0038

District of Columbia

Information Protection and Advocacy Center for Handicapped

Individuals, Inc.

4455 Connecticut Avenue, N.W.

Suite B100

Washington, DC 20008

(202) 966-8081

Florida

Advocacy Center for Persons with Disabilities

2671 Executive Center, Circle West

Webster Building, Suite 100

Tallahassee, FL 32301-5024

(904) 488-9071 / (800)342-8023

Georgia

Georgia Advocacy Office, Inc.

1798 Peachtree Street, N.W.

Suite 505

Atlanta, GA 30309

(404) 885-1234 / (800) 282-4538

Guam

The Advocacy Office

Micronesia Mall, Office A

West Marine Drive

Dededo, Guam 96912

10288-011-(671)-632-7233

Hawaii

Protection and Advocacy Agency

1580 Makaloa Street, Suite 1060

Honolulu, HI 96814

(808) 949-2922

Idaho

Co-Ad, Inc.

4477 Emerald, Suite B-100

Boise, ID 83706

(208) 336-5353

Illinois

Protection and Advocacy, Inc.

11 E. Adams, Suite 1200

Chicago, IL 60603

(312) 341-0022

Indiana

Indiana Advocacy Services

850 N. Meridian Street, Suite 2-C

Indianapolis, In 46204

(317) 232-1150 / (800) 622-4845

Iowa

Iowa P&A Service, Inc.

3015 Merle Hay Road, Suite 6

Des Moines, IA 50310

(515) 278-2502

Kansas

Kansas Advocacy and Protection Services

2601 Anderson Avenue

Manhattan, KS 66502

(913) 776-1541 / (800) 372-2988

Kentucky

Office for Public Advocacy

Division for P&A

100 Fair Oaks Lane, 3rd Floor

Frankfort, KY 40601

(502) 564-2967 / (800) 372-2988

Louisiana

Advocacy Center for the Elderly and Disabled

2100 O' Keefe, Suite 700

New Orleans, LA 70112

(504) 522-2337 / (800) 662-7705

Maine

Maine Advocacy Services

32 Winthrop

P.O. Box

Augusta, ME 04338

(207) 626-2774 / (800) 233-7201

Massachusetts

DD Law Center for Massachusetts

11 Beacon Street, Suite 925

Boston, MA 02108

(617) 723-8455

Michigan

Michigan P&A Service

106 W. Allegan, Suite 210

Lansing, MI 48933

(517) 487-1755

Minnesota

Minnesota Disability Law Center

430 First Avenue North, Suite 300

Minneapolis, MN 55401-1780

(612) 332-1441

Mississippi

Mississippi P&A System for DD, Inc.
5330 Executive Place, Suite A
Jackson, MS 39206
(601) 981-8207

Missouri

Missouri P&A Service
925 S. Country Club Drive, Unit B-1
Jefferson City, MO 65109
(314) 893-3333

Montana

Montana Advocacy Program
316 N. Park, Room 211
P.O. Box 1680
Helena, MT 59624
(406) 444-3889 / (800) 245-4723

Nebraska

Nebraska Advocacy Services, Inc.
522 Lincoln Center Building
215 Centennial Mall South
Lincoln, NE 68508
(402) 474-3183

Nevada

Office of Protection and Advocacy, Inc.

Financial Plaza

1135 Terminal Way, Suite 105

Reno, NV 89502

(702) 688-1233 / (800) 992-5715

New Hampshire

Disabilities Rights Center

P.O. Box 19

18 Low Avenue Concord, NH 03302-0019

(603) 228-0432

New Jersey

Client Assistant Program

NJ Department of the Public Advocate

Division of Advocacy for the DD Hughes Justice Complex CN850

Trenton, NJ 08625

(609) 292-9742 / (800) 792-8600

New Mexico

P&A System Inc.

1720 Louisiana Boulevard, N.E.

Suite 204

Albuquerque, NM 87110

(505) 256-3100 / (800) 432-4682

New York

New York Commission on Quality of Care for the Mentally Disabled

99 Washington Avenue, Suite 100

Albany, NY 12210

(518) 473-4057 / (518) 473-7378

North Carolina

Governor' s Advocacy Council for Persons with Disabilities

1318 Dale Street, Suite

100 Raleigh, NV 27605

(919) 733-9250 / (800) 821-6922

North Dakota

North Dakota Protection and Advocacy Project

400 E. Broadway, Suite 515

Bismarck, ND 58501

(701) 224-2972 / (800) 472-2670 / (800) 642-6694 (24-hour line)

Northern Marian Islands

Karidat

P.O. Box 745

Saipan, CM 96950

(670) 234-6981

Ohio

Ohio Legal Rights Service

8 East Long Street, 6th Floor

Columbus, OH 43215

(614) 466-7264 / (800) 282-9181

Oklahoma

Protection and Advocacy Agency for DD

4150 South 100th East Avenue

210 Cherokee Building

Tulsa, OK 74146-3661

(918) 664-5883

Oregon

Oregon Advocacy Center

625 Board of Trade Building

310 Southwest 4th Avenue

Suite 625

Portland, OR 97204-2309

(503) 243-2081

Pennsylvania

Pennsylvania Protection and Advocacy, Inc.

116 Pine Street

Harrisburg, PA 17101

(717) 236-8110 / (800) 692-7443

Puerto Rico

Planning Research and Special Projects

Ombudsman for the Disabled

P.O. Box 5163

Hato Rey, PR 00919-5163

(809) 766-2333 / (809) 766-2388

Rhode Island

Rhode Island P&A System, Inc. (RIPAS)

151 Broadway, 3rd Floor

Providence, RI 02903

(401) 831-3150

South Carolina

South Carolina P&A System for the Handicapped, Inc.

3710 Landmark Drive. Suite 208

Columbia, SC 29204

(803) 782-0639 / (800) 782-0639

South Dakota

South Dakota Advocacy Services

221 South Central Avenue

Pierre, SD 57501

(605) 224-8294 / (800) 658-4782

Tennessee

Tennessee Protection and Advocacy, Inc.

P.O. Box 121257

Nashville, TN 37212

(615) 298-1080 / (800)342-1660

Texas

Advocacy, Inc.

7800 Shoal Creek Boulevard

Suite 171-E

Austin, TX 78757

(512) 454-4816 / (800) 252-9108

Utah

Legal Center for People with Disabilities

455 East 400 South, Suite 201

Salt lake City, UT 84111

(801) 363-1347 / (800) 662-9080

Vermont

Vermont DD Law Project

12 North Street

Burlington, VT 05401

(802) 863-2881

Virginia

Department for Right of Virginians with Disabilities

James Monroe Building

101 North 14th Street, 17th Floor

Richmond, VA 23219

(803) 225-2042 / (800) 552-3062

Virgin Islands

Virgin Islands Advocacy Agency

7A Whim Street, Suite 2

Fredericksted, VI 00840

(809) 772-1200 / (809) 776-4303 / (809) 772-4641 (TDD)

Washington

Washington Protection and Advocacy System

1401 E. Jefferson, Suite 506

Seattle, WA 98122

(206) 324-1521

West Virginia

West Virginia Advocates, Inc.

1524 Kanawha Boulevard East

Charleston, WV 25301

(304) 346-0837 / (800) 950-5250

Wisconsin

Wisconsin Coalition for Advocacy

16 N. Carroll Street, Suite 400

Madison, WI 53703

(608) 267-0214

Wyoming

Wyoming P&A System, Inc.

2424 Pioneer Avenue, Suite 101

Cheyenne, WY 82001

(307) 632-3496 / (800) 328-1110 / (800) 632-3496 / (800) 624-7648

Native American

DNA People' s Legal Services, Inc.

P.O. Box 306

Window Rock, AZ 86515

(602) 871-4151 (Reprinted with permission of Guy D. Ogan.)

부록 F
양육 매뉴얼 : 기본적인 기술과 실제적인 제안

Parenting Manual : Essential Skills and Practical Suggestions

목 차

소 개

오랫동안 아동과 부모들을 상담하면서, 우리는 세 가지 주된 양육기술을 지속적으로 사용함으로써 사랑, 존경, 자기 통제, 책임감, 자기 신뢰를 가질 수 있는 아동을 위한 환경을 만들어 줄 수 있다는 것을 깨달았다. 이 세 가지 기술은 반영적 경청, 격려, 제한설정이다.

반영적 경청은 부모가 자녀의 메시지에 집중하는 것을 의미한다. 이 기술은 아동 스스로가 매우 소중하다는 것을 아동이 알게 해주는 것이다. 왜냐하면 부모는 자녀들에게 관심을 가지고 있으며 자녀의 세계를 이해하고자 하기 때문이다. 격려는 낙담의 반대 의미다. 격려는 부모가 아동 자신의 많은 능력과 장점을 깨달으며, 좋은 가치와 행동을 인식하도록 도울 수 있는 강력한 도구가 된다. 실제적인 제한을 설정함으로써, 부모는 자녀가 자신의 선택과 행동에 대한 책임감을 받아들일 수 있도록 도울 수 있다. 그때 아동은 자신의 선택에 의해 나타난 긍정적 결과를 갖게 하는 자기 통제를 발전시킬 수 있다.

각각의 아동들은 세상에서 독특한 특성을 보인다. 각각의 아동은 특유의 성질, 성격 그리고 지적, 신체적, 정서적, 사회적 발달의 각기 다른 자원을 가지고 있다. 부모와 자녀의 상호작용은 자녀가 자신의 자원을 깨닫는 정도에 영향을 줄 수 있다. 일관되게 반영적 경청과 격려 그리고 적절한 제한설정을 사용함으로써, 부모는 자녀 양육에 있어서 좀 더 편안해질 수 있다(Bartz & Rasor, 1983). 부모는 스스로 자녀에 대한 스트레스를 어느 정도 감소시킬 것이다. 부모는 스스로 어느 위치에 있어야 하는지 알 것이기 때문에 자녀들도 부모가 어느 위치에 있는지 알게 될 것이다(Helmstetter, 1989). 부모가 아는 것이 최선이라는 것을 행동으로 옮기는 데는 힘과 용기가 있어야 한다. 이 세 가지 원칙은 부모가 자녀와 긴밀한 유대 관계를 맺을 수 있게 할 뿐 아니라 유능한 부모가 되도록 도울 수 있다. 자녀들이 부모의 노력을 깨닫고 감사하는 데 오랜 시간이 걸리지만, 우리는 그 변화를 고마워할 것이다 — 부모도 마찬가지일 것이다.

반영적 경청

경청, 자녀에 대한 진정한 경청은 자녀가 말하고 있는 것뿐 아니라 말하지 않는 것의 숨겨진 감정까지도 함께 확인하는 것을 말한다(Guerney, 1988). 자녀의 말을 경청할 때 부모는 자녀의 감정을 인식하여 알고 있음을 자녀에게 알려 주는 것이 필요하다. 이것은 자녀에 대한 수용이자 자녀의 감정을 인정해주는 것이기도 하다. 부모는 자녀들에게 거울과 같은 존재로, 자녀가 자신을 좀 더 명확하게 볼 수 있게 해주며 자신의 감정과 스스로에 대해 좀 더 이해할 수 있도록 하는 역할을 한다(Eyre & Eyre, 1995).

화난 사람이 상황을 객관적으로 보기 어렵다는 것을 우리는 안다. 반영적 경청을 통해, 우리는 아동이 화가 나게 되는 문제를 생각해 보도록 도울 수 있다. 즉 우리는 아동이 문제를 해결할 수 있는 기반을 마련하도록 아동의 감정을 반영하고 명확하게 할 수 있다. 다음은 반영적 경청의 예다.

아동 : 저 선생님은 불공평해! 난 선생님 수업 시간에 열심히 하지 않을 거야!
부모 : 너는 화가 나고 실망스럽기까지 하고 그 수업을 듣고 싶지도 않구나.

이와 같이, 반영적 경청은 아동이 느끼는 감정과 의미를 알고, 아동이 이해 받고, 수용되었다고 느낄 수 있도록 말로 표현해주는 것을 말한다. 반영적 경청은 아동이 자신을 보다 명확하게 볼 수 있도록 하는 일종의 거울 역할을 한다. 반영적 경청은 언어적, 비언어적인 행동 모두를 포함하는 역동적인 과정이다. 반영적 경청은 공감적 반응을 포함하고 있는데, 이것은 다른 사람(아동)의 경험을 인정하고 수용하는 것을 의미한다. 이것은 어떤 새로운 내용이나 의견을 전하는 것이 아니며, 조언을 해주는 것도 아니다. 다시 말해서, 반영적 경청은 아동에게 피드백을 주는 것을 의미한다.

부모와 자녀 사이의 대화는 개방적 반응(open response)으로 더 촉진된다. 개방적 반응은 자녀가 한 말과 말 이면의 숨겨진 느낌까지도 부모가 잘 듣고 있고 이해하고 있다는 것을 나타낸다(Dinkmeyer & Mckay, 1982). 폐쇄적 반응(closed response)은 무슨 말을 했는지 경청자가 듣거나 이해하지 않았다는 것을 말한다. 폐쇄적 반응은 대화를 단절시키기 쉽다.

다음은 아동의 말에 따른 폐쇄적, 개방적 반응의 예다.

아동 : Billy랑 다른 친구들 때문에 정말 화가 나! 걔네들이 나랑 놀지 않아. 내가 할 수 있는 것은 아무것도 없어.

폐쇄적 반응 : 그래. 모든 일들이 우리가 원하는 대로 항상 이루어지지는 않지. 그게 삶의 일부란다.

개방적 반응 : 마치 아무도 너에게 관심을 갖지 않는 것 같아 버림받았다고 느끼는 것 같구나.

첫 번째 반응은 아동의 감정을 수용하지 못하고 있다. 이것은 아동의 감정쯤은 아무 일도 아닌 것으로 여기는 것이다. 이런 미묘한 반응은 대화를 단절시킬 수 있고, 아동이 거부되었다고 느끼게 할 수도 있다. 부모로서, 우리는 우리의 자녀가 상처받기를 바라지는 않는다. 우리는 대개 아동이 느끼는 감정을 바로잡아 줌으로써 보호하는 노력을 한다. 이것은 오히려 아동이 자신의 감정을 이해하고, 대처하고, 조절하며 적절하게 표현하는 방법을 배우는 데 방해되기 쉽다 — 아동이 느끼는 감정의 책임이 부모에게로 전가되는 것이기 때문이다.

두 번째 반응은 아동이 느끼는 것이 무엇인지 인식하고 있다. 이것은 수용과 관심을 보이고, 이로 인해 대화의 통로가 열리게 된다. 부모가 수용하고 있다는 것을 느끼게 됨으로써, 아동은 보다 더 편안하게 느끼게 될 것이고, 부모에게 더 많이 이야기하려고 마음 먹게 될 것이다. 반영적 경청은 아동의 감정과 의미를 반영하는 개방적 반응을 말한다. 이것은 단순하게 아동이 한 말을 앵무새처럼 따라 하거나 반복하는 것이 아니다. 이것은 이해력과 폭넓고 다양한 감정에 대한 민감성과 더불어 이를 표현할 수 있는 능력이 필요하다. 반영적 경청은 비판단적이다. 이 반영적 경청은 부모가 아동 메시지의 의미와 감정을 이해하도록 노력하는 것을 나타낸다. 결과적으로, 반영적 경청은 아동이 이해와 수용되었다고 느끼게 되며, 아동 자신의 감정을 이해하고, 수용하도록 격려되고, 아동이 부모에게 계속적으로 이야기할 수 있도록 지지받는 것이다(Dinkmeyer & Mckay, 1982).

대화의 과정은 항상 언어적인 일뿐만 아니라 비언어적일 수도 있다. 대화의 반 이상은 비언어적이다. 우리가 말을 듣고 있거나 듣고 있지 않을 때도 우리의 행동, 얼굴 표정 그리고 대화 목소리의 톤은 나타나고 있다. 우리는 미소를 짓고, 찡그리고, 등을 토닥여 주는 것을 통하여 비언어적인 대화를 할 수 있다. 침묵하기로 결정하면 과보호와 성가신 잔소리나 방해를 하지 않으며 그 자체의 대화를 수용한다. 언어적 그리고 비언어적으로 아동의 감정과 그 의미를 수용하고 비판단적으로 반응함으로써, 아동을 공감하고 대화를 향상시키며 관계를 강화할 수 있다.

아동들은 때때로 직접적으로 메시지('나는 재가 싫어')를 표현하더라도, 대개는 감정이 말보다는 신체 언어와 목소리 톤으로 표현된다. 예를 들어, 한 아동이 울면서 "애들이 다 나를 괴롭혀."라고 말한다고 해보자. 아동의 목소리 톤과 눈물로 상처받았음을 알 수 있다. 하지만 아동은 "애들이 다 나를 괴롭혀. 나는 상처받았고 거부된 것 같아."라고 말하지는 않는다.

아동들은 생각하고 합리화할 수 있는 능력이 아직 발달하지 않았지만 자신들의 정서적 경험을 이해할 수 있다. 좋은 경청자는 아동의 말에 동반되는 감정에 민감하며 그것을 반영해줄 것이다 : "애들이 괴롭힐 때 상처를 받는구나." 부모가 아동의 감정을 간파하고 그것을 반영할 때, 아동들은 부모가 이해하고 있다는 것을 안다. 또한 아동은 자기 이해와 자신들이 경험한 것을 설명할 수 있는 어휘를 더욱 풍부하게 할 것이다.

아동들이 자신의 감정을 직접적('나는 저 애가 싫어')으로 표현할 때, 부모는 단순히 그 감정을 알아차린 정도로 반응하면 된다 : "너는 정말 그 애들에게 화가 났구나." 여기서 반응은 단지 아동이 한 말을 따라하는 것과는 다르다는 것에 주목해야 한다. 단지 아동의 말을 따라하는 것은 부모가 주의해서 듣거나 이해하고 있다는 것을 나타내지 못하고 아동의 말을 되돌려 주는 것과 같다.

반영적 경청은 자녀나 부모 모두에게 새로운 것이기 때문에 부모는 첫 번째 시도에 놀라운 반응을 기대하기도 한다. 자녀에게 정직하게 말해라. 다음과 같이 솔직하게 말하자. "엄마(아빠)가 조금은 다르게 말을 하고 있지. 그건 엄마(아빠)가 할 수 있는 한 가장 좋은 엄마(아빠)가 되도록 노력하고 있는 거야."

자녀의 감정을 알기 위해서 자녀에게 이야기하도록 강요해서는 안 된다. 부모가 좋은 의도를 가지고 반응했을지라도 사생활 침해로 여겨질 수 있다. 부모와 자녀간의 힘겨루기가 될 수 있다. 부모가 도와주거나 얘기해 보자는 것에 대해 아동이 이를 수용하거나 거절하는 것에서 자유로워야 한다. 아동들은 안전감을 느끼고 말하고자 하는 마음이 들 때 — 아동 자신의 감정이 수용되고 부모가 자녀를 이해하려는 노력을 알 때 — 말할 것이다. 자녀가 자신의 감정을 솔직히 털어놓는 것을 인내심 있게 기다리는 것은 어렵고 좌절스러울 수 있다. 하지만 자녀의 감정을 반영하는 핵심은 자녀가 이끄는 대로 따르는 것이다.

자녀들은 자신의 감정에 대해 부모와 지속적으로 이야기하기를 원할 것이다. 아동이 화, 상처, 슬픔과 같은 격앙된 감정일 때 특히 그렇다. 부모의 반응은 드라마틱한 변화의 찬스가 될 수도 있다. 예를 들어, 자녀가 "엄마는 내가 하는 것을 아무것도 못하게 하잖아."라고 탓할 수 있다. 이때 부모는 "너는 엄마한테 화가 나고, 엄마가 불공평하다고 느끼는구나."라고 반응한다. 아동은 "음, 맞아! 엄마는 나를 아기처럼 대한다구."라고 대답한다. 이때 부모는 어떻게 대답할 수 있을까? 당황하지 말아라 — 계속 반영해라 : "너는 엄마가 너를 믿지 못하는 것 같이 느끼고 있구나." 반영은 문제가 해결되거나 아동의 목소리 톤과 행동이 누그러질 때까지 지속되어야 한다.

아동이 빠르게 반응하지 못한다고 실망하지 말아라. 이것이 아동에게도 새로운 경험이라는 것을 기억해라. 부모가 평소와는 다르게 말하기 때문에 자녀도 처음에는 불편할 수 있다. 부모가 자녀의 제안에 응하려는 노력만 한다면 다시 할 수 있는 기회는 얼마든지 있다. 아동들은 경청하는 동안 항상 그들의 문제를 해결하지는 못한다. 부모의 인내와 노력이 자녀 스스로 이후에 문제를 다룰 수 있도록 도와줄 수 있을 것이다.

'딱 맞는' 반영과 경청에 신경쓰지 말아라. 반드시 그것을 완벽하게 할 필요는 없다. 부모가 자녀를 이해하려고 노력하는 시도가 정확하게 이해하는 것보다 더 중요하다. 부모가 자녀를 이해하려고 노력하는 것을 자녀가 알 때, 부모와 더 많은 정보로 이야기하려고 할 것이다. 만약 부모가 자녀를 이해하려고 진심으로 노력했지만, 자녀의 감정을 잘못 읽었을 때 자녀는 부모에게 다시 이야기해줄 것이며, 부모는 다시 시도하면 된다. 만약 부모가 자녀의 생각과 달리 무엇인가 다른 것을 말하기를 원하다면 그렇게 말해라(그건 옳지 않은 것 같아. 엄마는 이렇게 말했으면 좋겠어…).

부모들은 때때로 감정을 설명하는 어휘를 생각해 내는 것이 어려울 때가 있다. Dinkmeyer와 Mckay(1982)는 두 개의 일반적인 감정을 설명하기 위해 다음과 같은 감정 단어를 사용한다.

화난 감정 반영할 때

비난 받는	무시당한	따돌림 당하는	화난
의심하는	억제하는	걱정되는	당황한
슬픈	지루한	포기하고 싶은	불공평한
패배한	죄책감	불행한	어려운
미움	사랑받지 못한	실망한	희망이 없는
걱정스러운	낙담한	상처받은	가치 없는

행복한 감정 반영할 때

수용받는	격려받는	행복한	인정받는
흥분되는	사랑스러운	더 좋은	기쁜
만족스러운	할 수 있는	좋은	자랑스러운
편안한	감사하는	안도케 하는	자신감 있는
대단한	높이 평가되는		

부모들은 때때로 자녀의 감정과 그 의미에 반응해주고자 할 때 스스로 막히는 경우가 있다. 반영적 경청은 노력과 연습이 필요한 기술이다. 다른 기술처럼, 이것은 연습하면 할수록 보다 더 쉽고 자연스러워진다. 부모가 처음 배울 때, 전문가가 아니라도 좋다. 가장 중요한 것은 부모가 노력하고 있다는 것이다.

부모가 자녀에게 반응하려고 할 때, 부모 스스로 '우리 아이가 지금 무엇을 느끼고 있을까?' 라고 생각해 봐라. 아동이 경험했거나 표현했던 감정을 설명할 수 있는 단어를 생각해 봐라. 예를 들어, 만약 아들이 "나는 학교가 끝났을 때 정말 좋아! 학교는 정말 재미없어!"(질문 : "아들은 지금 뭘 느끼고 있을까?" 가능한 답 : "지루함"). 지금 감정 단어를 넣어 문장을 만들어라 : "너 학교 다니는 것이 정말 지루하구나." "내 아이가 지금 무엇을 느끼고 있을까?"처럼 부모 스스로 질문해 보기에 집중한다면 경청과 정확한 반영은 훨씬 쉬워진다.

격 려

격려는 자녀가 자아 존중감을 가질 수 있도록 돕는 핵심적인 요소가 될 수 있다. 하지만 격려는 섬세한 기술이 요구된다. 격려의 가장 중요한 한 가지 원칙은 자녀의 성격과 개인적인 특성이 아닌 자녀의 노력과 성취에 대해서만 격려하는 것이다. 아들이 마당을 청소하고 있을 때, "열심히 청소하고 있구나. 마당이 정말 깨끗해 보인다."와 같이 말하는 것은 자연스러운 반응이다. 하지만 "너 참 착하구나."라고 말하는 것은 격려와 관계가 없을 뿐 아니라 의미 없는 부적절한 표현이다.

반영과 유사하게, 격려하는 단어도 아동을 판단하는 단어여서는 안 된다. 아동 자신의 노력과 성취의 현실적 그림을 그려 볼 수 있게 보여주는 것이어야 한다 (Ginott, 1956). 좋고, 나쁘고, 예쁘고, 못생기고, 우수하고, 대단하고 등의 가치 판단적인 단어는 피하도록 해라. 부모가 가치판단적인 단어를 사용하면 장기적인 결과로, 자녀의 자기 개념과 자기 확신은 타인의 인정 여부에 따라 결정된다 (Nelsen, 1981). 가치 판단적인 단어 사용을 피함으로써, 부모는 자녀가 긍정적인 자기 이미지와 자신의 노력에 대한 가치를 증진시킬 수 있게 도울 수 있다. 부모가 단지 자녀가 해 놓았거나 할 수 있는 것만을 언급함으로써, 자녀들은 자신이 능력 있는 존재로 인정받고 있다는 결론을 맺을 수도 있다.

Nathaniel Branden(Faber & Mazlish, 1980에서 인용)은 그의 저서 『자아존중의 심리학(The Psychology of Self-Esteem)』에서 "사람에게 있어서 스스로를 평가하는 것보다 더 중요한 가치 판단적인 것은 없으며 심리발달과 동기에 보다 더 결정적인 역할을 하는 것은 없다."고 말했다(p.173). 자기 평가는 아동(또는 성인)의 정서, 사고 과정, 가치, 소원, 목표, 선택 그리고 행동에 깊은 영향을 미친다.

부모의 설명은 자녀 스스로에 대해 긍정적인 결론을 내리는 데에 도움이 되는 말로 표현되어야 한다. 예를 들어, 10살의 kenny는 아버지가 지하실을 청소하는 일을 도왔다. 이러한 과정에서 Kenny는 무거운 가구를 옮겨야 했다.

아버지 : 작업대가 꽤 무겁지. 옮기기 어려운 건데 네가 그것을 옮겼구나.
Kenny : (자랑스럽게) 예, 제가 옮겼어요.
아버지 : 힘이 많이 들었을 텐데.
Kenny : 저는 힘이 꽤 세다구요. ㅋㅋ

이 예에서, 아버지는 무거운 물건을 나르는 것과 같은 과업의 어려움에 대해 언급했다. 개인적으로 능력이 있다는 결론은 아동 스스로 내린 것이다. 부모와 다른 성인들이 어떤 방식으로 아동과 대화하느냐는 중요한 것이다. 이러한 대화를 통해 아동은 스스로에 대해 결론을 짓게 된다. Kenny의 아버지가 "너 정말 힘이 세구나."라고 말했다면, Kenny는 "아니에요. 그렇지 않아요."라고 대답했을 것이다. Kenny와 아버지 둘 다 낙담하게 되는 헛수고가 되었을 것이다.

격려는 두 부분으로 구성된다 : (1) 우리의 말, (2) 아동의 결론. 우리의 말은 우리가 아동의 노력, 일, 성취, 도움, 생각이나 창조성을 인정함을 명확하게 전달해야 한다. 우리말은 아동이 자신의 성격에 대하여 거의 변함없이 긍정적이고 현실적인 결론을 내도록 구조적이어야 한다. 우리말은 아동 자신의 긍정적인 그림을 그릴 수밖에 없는 요술 캔버스 같아야 한다.

격려를 하고자 할 때는 다음의 단계를 따르도록 해라.

1. 당신이 본 것을 설명하라.

엄마 : 마루와 침대가 깨끗해지고, 선반 위의 책들도 정리가 되었구나.

2. 당신이 느낀 것을 설명해라.

엄마 : 이 방에 들어오니 기분이 좋구나.

3. 아동이 잘한 행동을 한 단어로 요약해라.

엄마 : 너 연필과 크레파스와 펜을 정리했구나. 엄마는 이런 걸 정리가 잘 된 것이라고 하지.

노력을 인정하고 수용을 나타내는 말의 예

"엄마는 네가 그렇게 행동했던 그 방법이 좋아."
"네가 그게 좋다고 하니 엄마도 기쁘다."

"너 정말 열심히 했구나."
"그 일에 시간을 정말 많이 쏟은 것 같이 보이는구나."

요약하자면, 격려는 다음을 포함한다.

1. 아동의 모습 그대로 인정하고 수용하며, 수용에 조건을 달지는 않는다.
2. 아동 행동의 긍정적인 특징을 말해주어라("나는 네가 그렇게 행동했던 방법이 좋아").
3. 아동들이 스스로에 대해 믿을 수 있도록 아동에 대한 믿음을 보여주어라("엄마는 너와 언니가 잘 지낼 수 있다는 것을 알아").
4. 성취를 요구하기보다는 노력과 향상을 인정해라.
5. 아동의 노력에 대해 충분히 이해하고 있음을 보여주어라.

제한설정

제한설정은 아동이 자신의 감정과 행동에 대해 이해하는 데 도움이 된다. 부모는 아동에게 그 자신이 느끼는 것을 표현하도록 허용하지만 부적절한 행동에 대해서는 제한을 하고 바로잡아 주어야 한다. 제한을 할 때는 아동뿐 아니라 부모의 자아 존중감이 유지되는 범위 내에서 이루어져야 한다. 제한은 독단적이거나 상황에 따라 변하는 것이 아니며, 교육적이고 성격 형성에 도움이 되는 것이다(Reynolds, 1990).

제한을 할 때는 처벌 없이 해야 하며, 지나치게 화를 내지 않고 해야 한다. 아동은 구속이나 제한에 화를 내는데, 이때 부모가 금지 사항이 아닌 것에 처벌을 해서는 안 된다.

제한설정 시, 결과는 과정에 달려 있다. 제한을 할 때는 아동에게 어떤 행동은 수용되고, 어떤 행동은 그렇지 않은지 분명하게 말하는 방식으로 이야기되어야 한다.

엄마 : 형을 때릴 수는 없어. 대신에 베개를 때리는 것은 괜찮아.

제한을 할 때는 아동에게 한 가지 메시지만 전달될 수 있도록 단호하게 말해야 한다 : "이 금기사항은 정말이야. 농담이 아니고 진심이야." 제한설정 시, 주저하는 부모는 아동과 끝없는 논쟁을 하게 된다. 제한설정 시, 어색하게 더듬거리면 아동은 도전해 보고 싶은 의지를 표현해, 어느 누구도 이길 수 없는 논쟁을 하게 된다. 제한설정은 아동이 자기 존중감을 유지하며 화를 최소화하도록 하는 신중히 계획된 방식으로 언급해야 한다. 제한설정의 과정은 모욕이 아닌 권위를 보여줘야 한다. 다음의 구체적인 예를 살펴보자.

> **예** : 6살 Cindy는 엄마와 함께 백화점에 갔다. 엄마가 물건을 사는 동안, Cindy는 장난감 코너를 돌아다니면서 마음에 드는 장난감 3개를 선택했다. 엄마가 물건을 사고 돌아오자 Cindy는 자신 있게 "엄마, 나 이거 가져도 되죠?"라고 물었다. 엄마는 불쑥 말했다. "장난감을 또 사? 너 집에 장난감 많이 있잖아. 넌 보는 것은 모두 사고 싶구나. 엄마는 돈 없어!"
>
> 잠시 후, 엄마는 딸이 화난 것을 알고, 쿠키를 사주면서 진정시키려 애썼다. 하지만 Cindy의 슬픈 표정은 여전히 남아 있었다.

아동이 부모가 해줄 수 없는 무엇인가를 요구할 때, 부모는 적어도 아동이 그것을 얼마나 하고 싶어하는지 알아줘야 한다. 그러므로 Cindy의 어머니는 다음과 같이 말했어야 한다 : "너는 이 장난감을 집으로 가져가고 싶구나. 네가 할 수만 있다면 이 가게에 있는 모든 장난감을 집으로 가져가고 싶을 거야. 하지만 오늘은 엄마가 이 장난감을 사줄 돈이 없구나. 대신에 아이스크림이나 쿠키는 사 줄 수 있어. 자, 아이스크림 먹을래? 아님 쿠키 먹을래? 선택해 봐."

아마도 Cindy는 후자를 선택하여, 엄마는 Cindy에게 쿠키를 사줌으로써 마무리가 되었을 것이다. 어쩌면 Cindy가 장난감 대신 아이스크림과 쿠키는 싫다고 울지도 모른다. 어떤 경우라도, 엄마는 아이에게 제시한 선택과 결정을 고수해야 한다. 엄마는 다시 한번 장난감을 갖고자 하는 딸의 마음을 알아주고 이해하며, 제한을 유지해야 한다. "너는 장난감을 많이 갖고 싶구나. 네가 장난감을 많이 갖고 싶은 것은 알지만 오늘 그 장난감을 살 수는 없어."

부모가 그 상황에서 어떻게 해야할 지 잘 모를 때, 자신의 태도를 생각하고 명확하게 하는 것이 가장 좋은 방법이다. "엄마는 이것에 대해서 조금 생각해 볼 시간이 필요해."라고 말하면 좋다. Landreth(1991)에 따르면, A, C, T 모델은 제한을 설정하는 방법으로 효과적이다.

1. 부모는 자녀가 느끼고 있는 감정을 인정하고, 쉬운 단어를 사용해서 반영해 준다 : "너는 오늘밤 영화를 보러 가고 싶구나."
2. 부모는 명확하게 구체적인 제한으로 대화한다 : "하지만 우리집 규칙은 학교 가는 평일 밤에는 영화를 볼 수 없는 거잖아."
3. 부모는 자녀가 느끼고 있는 감정을 표현할 수 있는 적절한 대안적 방법을 정한다 : "대신에 너는 금요일이나 토요일 밤에 영화를 보러 갈 수 있어. 어떤 것을 선택할래?"

제한을 했을 때, 일어날 수 있는 아동의 화를 반영해주는 것은 도움이 된다. 이것은 아이의 감정을 확인하는 것이고, 아동 자신이 느끼는 감정을 표현하는 방법을 배우는 것이다(예, "너는 이 규칙이 마음에 들지 않는 것이 분명해. 너는 이 규칙이 없었으면 하고 바랄 거야. 너는 규칙이 매일 밤 영화를 보러 가도 되는 것이었으면 좋겠지").

이러한 패턴으로 제한을 말하는 것이 항상 필요하거나 가능한 것은 아니다. 때때로 먼저 제한을 하고, 나중에 감정을 반영해야 하는 경우도 있다. 예를 들어, 아이가 누나를 방망이로 때리려고 할 때, 엄마는 "안 돼. 방망이로는 공을 치는 거잖아."라고 말해야 한다. 아동에게 공을 제시함으로써, 누나를 때리지 못하게 하는 것이다. 엄마는 어쩌면 방망이를 손으로 잡아야 할 수도 있다. 그러고 나서 아동의 화나는 감정을 읽어주고, 그러한 감정을 표현할 수 있는 덜 위험하고 적절한 방법을 제안할 수 있다. 예를 들어

> "너는 누나에게 화난 것만큼이나 지금 화가 날 수도 있어. 너는 정말 화가 날거야. 마음속으로 누나를 미워할 수도 있지만 다치게 해서는 안 돼. 만약 그래도 너가 원한다면 대신 공은 칠 수 있지만 누나를 때릴 수는 없어."

대상의 본래 기능을 이야기할 때 제한은 보다 더 기꺼이 받아들이게 된다. "의자 위에 올라서지 마."라고 말하는 것보다는 "의자는 앉으라고 있는 거지. 올라서는 것이 아니야."라고 말하는 것이 낫다.

때때로, 아동들은 부모가 명확하고 정중하게 제한한 후에도 제한을 깨려고 할 것이다. 아동들에게는 제한을 두 번, 세 번 거듭 말해주는 것이 필요할 수도 있다. 아동들이 제한을 어기고, 규칙을 깨고, 문제 행동을 하는 이유 또는 목표는 주의를 끌고, 복수를 하고, 힘을 행사하거나 충족되지 못한 부족감을 보이기 위함이다(Dinkmeyer & McKay, 1982). 처음 세 가지는 비교적 이해하기 쉽다. 하지만 자녀가 '항상 실패' 하거나 '문제아' 로 부모에게 보이려고 규칙을 어긴다는 사실을 부모들은 믿기 어려울 수 있다.

아동이 제한을 계속해서 깨려고 한다면 자기조절을 강화하고, 자신의 선택에 대해 책임감을 배우도록 **자연스럽고 논리적인 결과**를 이끄는 것이 필요하다. 종종, 부모는 확실한 제한을 깨거나 분명한 규칙을 따르지 않는 아동을 달래고, 잔소리하고, 위협하고, 처벌하거나 봐 줄 것이다. 부모의 이런 반응은 오히려 문제 행동을 강화한다. 이것을 해결하기 위해서는, **대응(react)하기보다는 반응(respond)하는** 것이 효과적이다. 반응하는 것은 계획적이고, 논리적인 결론을 포함한다. 대응하

는 것은 감정적이고 반사적인 행동에 주목하는 것이다.

반응의 효과적인 방법은 자연스럽고 논리적인 결과가 일어나도록 하며, 보상과 처벌보다 유익하다. 첫째, 반응은 부모가 아닌 아동이 자신의 행동에 대한 책임을 가지게 한다. 훈육은 이전보다 더 많은 이해를 통해 교육하는 것이다. 그러나 처벌은 단순히 부모가 원하지 않는 행동을 멈추게 하기 위해서 만들어진 것이다. 둘째, 반응은 아동에게 무엇이 적합한 행동인지 스스로 결정을 내리도록 한다. 셋째, 반응은 아동이 다른 사람의 소망에 따르도록 강요하기보다는 자연스러운 사회적 질서 속에서 배우게 한다. 자연스럽고 논리적인 결과를 따를 때는 침착하고, 실제적인 방법으로 대화하고, 좋은 의도를 보이고, 존중하는 행동을 하고, 아동에게 선택권을 주고, 아동의 결정을 기꺼이 받아들여야 하는 것을 기억하고 있어야 한다(Nelsen, 1981).

먹는 것을 거부하는 아동은 배가 고프게 된다. 벙어리 장갑을 끼지 않으려는 아동은 손이 시리게 된다. 이것은 자연스러운 결과의 예다. 부모는 많은 경우 일어날 수 있는 자연스러운 결과의 기회를 아동에게 주지 않는다. 논리적인 귀결은 특히 아동이 위험한 경우에 적용되어야 한다(단, 아동이 야생 곰을 발로 차고 자연스러운 결과를 경험하도록 두는 것은 적절하지 못하다.).

논리적인 귀결은 아동을 존중해야 하고, 합리적이어야 하며 관련성이 있어야 한다. Nelsen(1981)은 이것을 논리적인 귀결의 3R로 설명했다. 논리적인 귀결은 부모가 다룰 수 있는 것이어야 한다. 예를 들어, 아동에게 여섯 달 동안 외출 금지하는 것은 비합리적이다. 왜냐하면 그 시간 동안 부모가 원하는 아동이 경험할 수 있는 많은 일들이 일어날 수 있기 때문이다. 부분적이고 비일관적인 경험으로 엄격한 결과를 갖는 것보다 100%를 따를 수 있는 매우 작은 결과를 갖는 것이 낫다.

논리적인 귀결은 상호 존중과 상호 권리를 인정함으로써, 아동이 사회적인 경험으로부터 배울 수 있도록 한다. 결과가 효과적이려면, 아동이 자신의 문제 행동에 논리적으로 관련된 것들을 알아야 한다. 다시 말해서, 결과는 논리적인 방법

에서 자신의 행동에 '적합' 해야 한다. 예를 들어

아빠 : (TV 소리가 요란하다) Jim, 토요일 아침이라서 만화를 재미있게 보는 것은 알지만, 엄마와 아빠는 자고 있잖아. 자, TV 소리를 조금 낮춰 주거나, 밖에 나가서 놀아줘. 어떤 것을 선택할래?

논리적인 귀결은 문제행동과 관련이 있어야 한다.

엄마 : Susan, 엄마는 오늘 진공 청소기로 카펫을 청소할 거야. 너가 그렇게 바닥에 장난감과 옷을 늘어놓으면 청소를 할 수가 없어. 자, 장난감과 옷을 치우든지, 엄마를 위해 장난감과 옷을 가방 속에 넣거나 벽장 속에 정리하면 좋겠구나.

논리적 귀결은 객관적이다 — 이것은 부모의 개인적이거나 도덕적인 판단을 포함하지 않는다.

허락없이, Hugh는 아빠의 망치를 빌려갔고, 그것을 잃어버렸다. 아빠는 망치를 찾아야 한다는 객관적인 사실에 초점을 맞추어 상황을 다루었다.

아빠 : Hugh, 망치를 어떻게 찾을래?

논리적인 귀결은 현재와 미래의 행동과 관련된 것이고, 과거의 실수에 초점을 맞추지 않는다.

엄마 : (Ralph는 집에 늦게 들어와서는 또 나가겠다고 한다) Ralph, 너는 나갈 수 없어. 왜냐하면 너는 제 시간에 집에 들어와야 하는 책임을 선택하지 않았기 때문이야. 이 문제는 내일 다시 이야기하자.

논리적인 귀결을 이야기할 때, 부모의 목소리는 친절하고 호의적이다.

Charles: 엄마, 나 지금 Champ(동물이름)랑 놀래.
엄마: (담담하게 이야기하며) 안 돼, Charles, 너는 오늘 Champ에게 먹을 것을 주는 걸 하지 않았어. 내일 다시 이야기하자.

논리적인 귀결은 선택을 허용한다.

아빠 : 너는 조용히 식탁에 앉거나 앉지 않거나 둘 중에 하나를 선택할 수 있어.

자연스러운 결과가 일어나도록 허용하고 논리적인 귀결을 만드는 목적은 아동들에게 자신의 복종을 강요하는 것이 아니라 아동 자신의 선택에 대한 책임감을 갖도록 격려하고자 하는 것이다. 아동이 선택하도록 허용하는 훈육 모델은 그 결과가 좋든 나쁘든 아동이 그 결정을 설명할 수 있다. 부모는 아동이 서툰 결정을 내리더라도 허용해야 한다. 왜냐하면 아동들은 그 결과로부터 스스로 배울 것이기 때문이다.

담담한 사실적 태도와 아동을 처벌하지 않는 모습은 매우 중요하다. 이것은 행동하는 사람으로부터 행동 자체를 분리시키는 것을 의미한다. 만약, 부모가 개인적인 모욕으로 느끼기보다는 아동의 문제 행동을 객관적으로만 볼 수 있다면, 부모는 상황을 보다 효과적으로 다룰 수 있을 것이다. 만약, 부모가 아동에게 운동이나 음악 기술과 같은 새로운 기술을 가르치고자 노력한다면, 아마도 부모는 인내심이 있는 사람일 것이다. 부모는 실수를 예상하고 수용할 것이다. 만약 부모가 이와 같은 방법으로 어떤 실수를 다루는 법을 배운다면, 경험을 통해 배움으로써, 부모는 잘못된 행동이 단순히 부모의 권위를 위배하는 것으로 여기기보다는 문제행동에 보다 더 주의를 기울여 보게 될 것이다. 제한설정과 논리적인 귀결이 효과 없을 때는 배고픔, 피곤과 극도의 스트레스와 같은 저항적인 자연스러운 원인을 찾아야 한다. 문제를 해결하기 전에 신체적인 욕구와 정서적인 위기를 먼저 살펴야 한다.

부모 자신과 자녀를 존중하면서 침착함을 유지한다. 부모는 자녀가 반항을 하더라도 실패자가 아니며, 자녀도 나쁜 것이 아니다. 자녀가 순종하지 않는다면 합리적인 결과를 설정해 봐라. 자녀가 적절하거나 부적절하게 행동할 수 있는 선택을 하게 하고, 문제 행동에 대해서는 합리적인 결과를 설정해 두어라. 적절하든 부적절하든 그것은 자녀의 선택임을 강조해라. 이것이 바로 아동이 효과적이고 적절한 결정을 내리는 기술을 배우게 하는 방법이다. 예를 들어

엄마 : 만약 너가 바닥에 장난감을 그냥 늘어놓기로 선택한다면, 내일 너는 장난감을 가지고 놀지 않기로 선택한 거야.

만약 자녀가 선택하기를 거부한다면, 부모는 자녀 대신 선택한다. 자녀가 선택하는 것을 거절하는 것 또한 선택이다. 결과를 설정해라.

아빠 : 만약 너가 TV를 끄거나 소리를 줄이지 않는다면, 너는 내가 가장 편안한 것을 고를 수 있게 선택한거야.

마지막으로, 결과를 실행해라. 뒤로 물러서지 말아라. 제한설정과 훈육의 가장 중요한 요소는 일관성이다. 부모는 자신이 의도한 것이 무엇인지 말하고, 부모 자신이 말한 것을 실천해야 한다. 만약 자녀가 화를 낸다면, 간단하고 정중하게 "너가 바닥에 장난감을 늘어 놓기로 결정했을 때, 너는 그 장난감을 가지고 놀지 않기로 선택한거야."라고 상기시켜 주어라. 만약 부모가 자녀의 화와 눈물에 넘어간다면, 부모는 부모로서의 역할과 권위를 잃게 되고, 부모는 존중되지 못할 것이며, 자녀가 부모를 더 잘 조종할 수 있는 기술을 배우게 될 것이다. 자녀의 선택에 대해 일관되게 합리적이며 존중하는 태도와 관련된 결과는 자녀가 다른 사람을 존중하고, 자신의 행동을 이해하고, 자기 통제를 강화하고, 보다 나은 선택을 할 수 있도록 도울 것이다. 또한 이것은 부모가 자녀에게 제한을 설정하고 훈육해야 할 필요성을 감소시킬 것이다.

요 약

반영적 경청은 부모와 자녀 사이에 따뜻하고 신뢰로운 관계를 형성할 수 있도록 도울 수 있다. Guerney(1988)에 따르면

> 부모가 자녀에게 이해하고 있음을 보여주는 것은 자녀가 자신의 감정을 이해하고, 어떻게 다룰지 배우는 데 도움이 된다. 이것은 자녀 스스로 문제를 해결할 수 있는 능력을 증가시킴으로써 자신감을 가질 수 있게 한다. 자녀의 감정을 수용해주는 것은 좋은 방법이며 이것은 자녀가 상황을 보다 명확하게 볼 수 있도록 하며, 결국은 자녀가 무엇을 해야 하고 어떻게 해야 하는지 도움 없이도 스스로 문제를 해결할 수 있게 한다.

격려는 자녀가 자율성, 자기 의존 그리고 자아 존중감을 발달시키는 데 있어서 결정적인 부분이다. 부모가 자녀에게 격려하는 말을 하고자 할 때, 처음에는 어색할 수 있지만, 이것은 자녀가 자신감과 자기에 대한 믿음을 강화함으로써 보다 더 도움이 되는 기술이다.

제한과 선택은 자녀에게 예상되는 것을 알게 하여 안전감을 주게 된다. 부모와 자녀가 호텔의 51층에 머무르고 있다고 상상해 보자. 호텔 방 밖으로는 시내가 내려다 보이는 발코니가 있다. 지금 시내를 내려다 보기 위해 발코니로 간다고 상상해 봐라. 발코니 주변에는 안전을 위한 어떠한 난간도 없다고 상상해 보자. 발코니 밖으로 나가겠는가? 한 시간 동안 발코니에 앉거나 서 있겠는가? 발코니 주변에 안전을 위한 난간을 마련하는 것처럼 자녀가 안정감을 느낄 수 있는 제한을 설정해라. 그리고 그 제한을 따르지 못하게 되는 이유가 있음을 기억해라. 제한을 통해서 부모가 자녀에게 주는 안정감은 자녀에게 일생 동안 도움이 된다. 부모는 자녀가 모험적으로 선택을 하도록 허용하고, 그 결과에 따라 생활할 수 있도록 하기 때문에 자녀가 이후에 성인으로써 현명하게 선택할 수 있도록 한다.

제한설정이 잘 되지 않을 때, 자녀가 수용하지 못할 만한 행동을 하는 자연스러

운 원인이 있는지 살펴봐야 한다. 예를 들어, 지속적으로 반항하고 제한설정에 따르지 않는 아동은 배고픔, 스트레스나 친구들로부터 따돌림을 당하는 정서적인 것과 관련될 수도 있다. 문제를 해결하기 전에 신체적인 욕구와 정서적인 위기를 먼저 살펴야 한다.

양육하는 것은 요구적이며 때로는 피곤한 것이다. 양육은 지식, 마음, 영혼 그리고 특히 인내를 필요로 한다. 우리는 우리의 기대에 미치지 못하는 삶을 살더라도 우리 자신에게 관대해야 한다. 실수를 해도 괜찮다는 것을 기억해라. 그러나 부모는 부모 자신의 실수를 인정해야 하고, 가능하다면 사과해야 한다. 그리고 그때, 부모가 할 수 있는 한 최고의 부모가 되기 위해 노력했지만 실수한 것임을 설명해야 한다. 무엇인가 잘하기 위해서는 인내심과 열심히 하는 노력이 필요하며, 그만큼 성공이라는 보답은 가치가 있다. 양육보다 더 중요하고 보다 많은 보상을 주는 것은 아무것도 없다. 이 양육 매뉴얼 제안을 지키는 것은 인내와 연습이 필요하며, 이것은 부모와 자녀 모두에게 큰 보상이 될 것이다. 부모는 자녀에게 관심을 갖고 수용하고 사랑하고 존중하며 이해를 하고 있음을 보여주어야 한다. 아동들은 그럴 만한 가치가 있고 그것을 필요로 한다. 자녀는 부모에게 사랑과 상냥함과 자신감, 존중과 존경으로 보답할 것이다.

참고문헌

Bartz, W. R., & Rasor, R. A. (1983). *surviving with Kids* (4th ed.). San Luis Obispo, CA: Impact.

Dinkmeyer, D. & McKay, G. D. (1982). *The Parent's Handbook*. Circle Pines, MN: American Guidance Service.

Eyre, L., & Eyre, R. (1995). *Teaching your Child Sensitivity* (2nd ed.). New York: Fireside.

Faber, A. & Mazlish, E. (1980). *How to Talk So Kids Will Listen So Kids Will Talk*. New York: Rawson Wade.

Ginott, H. (1956). *Between Parent and Child*. New York: Avon.

Guerney, L. (1988). Parenting: A Skills Training Manual (2nd ed.). State College, PA: Institute for the Development of Emotional and Life Skills.

Helmstetter, S. (1989). *Predictive Parenting: What to Say When You Talk to Your Kids*. New York: William Morrow.

Landreth, G. L. (Ed) (1991). *Paly Therapy: The Art of the Relationship*. Muncie, IN: Accelerated Development.

Nelsen, J. (1981). *Positive Discipline* (2nd ed.). New York: Ballantine.

Reynolds, E. L. (1990). Guiding Young Children: A Child-Centered Approach. Mountain View, CA: Mayfield.

참고문헌

References

Achenbach, T. M., Howell, C. T., Quay, H. C., & Conners, C. K. (1991). National survey of problems and competencies among four- to sixteen-year-olds. *Monographs of the Society for Research in Child Development, 56*(3, serial no. 225).

Albano, A. M., Chorpita, B. F., & Barlow, D. H. (1996). Childhood anxiety disorders. In E. J. Mash & R. A. Barkley (Eds.), *Child psychopathology* (pp. 196-241). New York: Guilford Press.

Alexander, E. D. (1964). School centered play-therapy program. *Personnel and Guidance Journal, 43,* 256-261.

American Association for Marriage and Family Therapy. (1991). *AAMFT code of ethics.* Washington, DC: Author.

American Counseling Association. (1995). *Code of ethics and standards of practice.* Alexandria, VA: Author.

American Psychiatric Association. (1994). *Diagnostic and statistical manual of mental disorders* (4th ed.). Washington, DC: Author.

American Psychological Association. (1995). *Ethical principles of psychologists and code of conduct.* Washington, DC: Author.

Araoz, D. L., & Carrese, M. A. (1996). *Solution-oriented brief therapy for adjustment disorders: A guide for providers under managed care.* New York: Brunner/Mazel.

Arthur, G. L., & Swanson, C. D. (1993). *Confidentiality and privileged communication.* Alexandria, VA: American Counseling Association.

Axline, V. (1969). *Play therapy.* New York: Ballantine.

Baggerly, J. N. (1999). *Adjustment of kindergarten children through play sessions facilitated by fifth grade students trained in child-centered play therapy procedures and skills.* Unpublished doctoral dissertation, University of North Texas, Denton.

Barber, B. K., & Olsen, J. A. (1997). Socialization in context: Connection, regulation, and autonomy in the family, school, and neighborhood, and with peers. *Journal of Adolescent Research, 12,* 287–315.

Barkley, R. A. (1995). *Taking charge of ADHD: The complete, authoritative guide for parents.* New York: Guilford Press.

Barkley, R. A. (1996). Attention-deficit/hyperactivity disorder. In E. J. Mash & R. A. Barkley (Eds.), *Child psychopathology* (pp. 63–112). New York: Guilford Press.

Barkley, R. A. (1997). *Defiant children: A clinician's manual for assessment and parent training.* New York: Guilford Press.

Bartz, W. R., & Rasor, R. A. (1983). *Surviving with kids* (4th ed.). San Luis Obispo, CA: Impact.

Berg, B. (1989). Cognitive play therapy for children of divorce. In P. Keller & S. Heyman (Eds.), *Innovations in Clinical Practice: A Source Book* (Volume 8) (pp.143–173). Sarasota, FL: Professional Resource Exchange.

Bergman, J. S. (1985). *Fishing for barracuda: Pragmatics of brief systemic therapy*. New York: W. W. Norton.
Bernard, J. M., & Goodyear, R. K. (1998). *Fundamentals of clinical supervision*. Boston: Allyn & Bacon.
Bernstein, B. E. & Hartsell, T. L. (1998). *The portable lawyer for mental health professionals*. New York: Wiley.
Bishop, J. K. (1971). Play therapy in the schools. *Alberta Counsellor, 2*, 41–44.
Blaine, G. B. (1969). The effect of divorce upon the personality development of children and youth. In E. A. Grollman (Ed.), *Explaining divorce to children*. Boston: Beacon Press.
Blalock, R. (1997). Personal communication, August 17, 1997.
Blatt, S. J., & Homann, E. (1992). Parent-child interaction in the etiology of dependent and self-critical depression. *Clinical Psychology Review, 12*, 47–91.
Bloom, B. L. (1981). Focused single-session therapy: Initial development and evaluation. In S. H. Budman (Ed.), *Forms of brief therapy*. New York: Guilford Press.
Bowlby, J. (1969). *Attachment and loss*. New York: Basic Books.
Bowlby, J. (1980). *Loss: Sadness and depression*. New York: Basic.
Braswell, L., & Bloomquist, M. L. (1991). *Cognitive-behavioral therapy with ADHD children*. New York: Guilford Press.
Bratton, S. C. (1994). Filial therapy with single parents. (Doctoral dissertation, University of North Texas, Denton, TX, 1993). *Dissertation Abstracts International, 54*(8), A2890.
Brazelton, T. B. (1995). *Touchpoints* (4th ed.). Menlo Park, CA: Addison-Wesley.
Brazelton, T. B., & Cramer, B. G. (1990). *The earliest relationship: Parents, infants, and the drama of early attachment*. Reading, MA: Perseus Books.
Briere, J., & Runtz, M. (1991). The long-term effects of sexual abuse: A review and synthesis. *New Directions on Mental Health Services, 51*, 3–13.
Brody, V. (1997). Developmental play therapy. In K. J. O'Connor & L. M. Braverman (Eds.), *Play therapy theory and practice: A comparative presentation* (pp. 160–181). New York: Wiley.
Bromfield, R. (1992). *Playing for real: The world of a play therapist*. New York: Dutton.
Browne, A., & Finkelhor, D. (1986). Impact of child sexual abuse: A review of the research. *Psychological Bulletin, 99*, 66–77.
Burt, M. S., & Burt, B. B. (1996). *Stepfamilies: The step by step model of brief therapy*. New York: Brunner/Mazel.
Carroll, F. & Oaklander, V. (1997). Gestalt play therapy. In K. J. O'Connor & L. M. Braverman (Eds.), *Play therapy theory and practice: A comparative presentation* (pp. 184–203). New York: Wiley.
Carkhuff, R. J. (1969). *Helping and human relations: A primer for lay and professional helpers*. New York: Holt, Rinehart, & Winston.
Chethik, M. (1989). *Techniques of child therapy: Psychodynamic strategies*. New York: Guilford Press.
Clarke, J. I. (1978). *Self-esteem: A family affair*. New York: HarperCollins.
Cole, M., & Cole, S.R. (1996). *The development of children* (3rd ed.). New York: W. H. Freeman.
Copley, B., Ferryan, B., & O'Neill, L. (1987). Play therapy and counseling children. *British Journal of Occupational Therapy, 50*, 413–416.
Corey, G. (1991). *Theory and practice of counseling and psychotherapy* (4th ed.). Pacific Grove, CA: Brooks/Cole.
Corey, G., Corey, M. S., & Callanan, P. (1998). *Issues and ethics in the helping professions* (5th ed.). Pacific Grove, CA: Brooks/Cole.

Craig, G. J. (1983). *Human development* (3rd ed.). Englewood Cliffs, NJ: Prentice-Hall.

Crow, J. (1989). *Play therapy with low achievers in reading*. Unpublished doctoral dissertation, University of North Texas, Denton.

Cunningham, C., & MacFarlane, K. (1991). *When children molest other children: Group treatment strategies for young sexual abusers*. Orwell, VT: Safer Society Press.

D'Amico, P. J., & Friedman, A. G. (1998). General fears. In C. E. Schaefer & A. R. Eisen (Eds.), *Helping parents solve their children's behavior problems* (pp. 39–66). Northvale, NJ: Aronson.

Damon, L., Todd, J. & MacFarlane, K. (1987). *Child Welfare, LXVI*(2), 125–137.

Davenport, Y. B., Zahn-Waxler, C., Adland, M. L., & Mayfield, A. (1984). Early child-rearing practices in families with a manic-depressive parent. *American Journal of Psychiatry, 141*, 230–235.

de Shazer, S. (1982). *Patterns of brief family therapy: An egosystemic approach*. New York: Guilford Press.

de Shazer, S. (1988). *Clues: Investigating solutions in brief therapy*. New York: W. W. Norton.

Dinkmeyer, D., & McKay, G. D. (1982). *The parent's handbook: Systematic training for effective parenting*. Circle Pines, MN: American Guidance Service.

Dreikurs, R., & Stolz, V. (1964). *Children: The challenge*. New York: Hawthorn.

Epstein, R. S. (1994). *Keeping boundaries: Maintaining safety and integrity in the psychotherapeutic process*. Washington, DC: American Psychiatric Press.

Erikson, E. H. (1963). *Childhood and society* (2nd ed.). New York: W. W. Norton.

Erikson, E. H. (1964). *Insight and responsibility*. New York: W. W. Norton.

Eyre, L., & Eyre, R. (1995). *Teaching your child sensitivity* (2nd ed.). New York: Fireside.

Faber, A., & Mazlish, E. (1980). *How to talk so kids will listen and listen so kids will talk*. New York: Avon.

Faller, D. C. (1988). *Child sexual abuse: An interdisciplinary manual for diagnosis, case management, and treatment*. New York: Columbia University Press.

Fallone, G. P. (1998, April). Parent training and ADHD. *The ADHD Report*, 9–12.

Fergusson, D. M., & Mullen, P.E. (1999). *Childhood sexual abuse: An evidence-based perspective*. Thousand Oaks, CA: Sage Publications.

Finkelhor, D. (1986). *A sourcebook on child sexual abuse*. Newbury Park, CA: Sage.

Freeman, J., Epston, D. & Lobovits, D. (1997). *Playful approaches to serious problems*. New York: Norton.

Friedman, S. (1997). *Time-effective psychotherapy*. Needham Heights, MA: Allyn & Bacon.

Friedman, R. J., & Doyal, G. T. (1992). *Management of children and adolescents with attention deficit-hyperactivity disorder* (3rd ed.). Austin, TX: Pro-ed.

Gardner, R. A. (1970). *The boys and girls book about divorce*. New York: Bantam.

Gardner, R. A. (1993). *Story-telling in psychotherapy with children*. Northvale, NJ: Aronson.

Gil, E. (1991). *The healing power of play: Working with abused children*. New York: Guilford Press.

Gil, E. (1994). *Play in family therapy*. New York: Guilford Press.

Gilliland, B. E., James, R. K., Roberts, G. T., & Bowman, J. T. (1984). *Theories and strategies in counseling and psychotherapy*. Englewood Cliffs, New Jersey: Prentice Hall.

Ginott, H. G. (1956). *Between parent and child*. New York: Avon.

Glenn, H. S., & Nelsen, J. (1989). *Raising self-reliant children in a self-indulgent world*. Rocklin, CA: Prima.

Glover, G. (1996). *Filial therapy with native americans on the flathead reservation*. Unpublished doctoral dissertation, University of North Texas, Denton, TX.

Green, M. (1980). *Pediatric diagnosis* (3rd ed.). Philadelphia: W. B. Saunders.

Greenspan, S. I. (1991). *The clinical interview of the child*. Washington, DC: American Psychiatric Press.

Grollman, E. A. (Ed.). (1969). *Explaining divorce to children.* Boston: Beacon Press.
Guerney, B. G. (1976). Filial therapy used as a treatment method for disturbed children. *Evaluation, 3,* 34–35.
Guerney, B. G., Guerney, L. F., & Stover, L. (1972). Facilitative therapist attitudes in training parents as psychotherapeutic agents. *The Family Coordinator, 21,* 275–278.
Guerney, L. (1983). Client-centered (nondirective) play therapy. In C. E. Schaefer & K. J. O'Connor (Eds.), *Handbook of play therapy* (pp. 21–64). New York: Wiley.
Guerney, L. (1988). *Parenting: A skills training manual* (2nd ed.). State College, PA: Institute for the Development of Emotional and Life Skills.
Gupta, V. B. (1999). *Manual of developmental and behavioral problems in children.* New York: Marcel Dekker.
Hambidge, G. (1982). Structured play therapy. In G. L. Landreth (Ed.), *Play therapy* (pp. 105–119). Springfield, IL: Thomas.
Hammen, C. (1991). *Depression runs in families: The social context of risk and resilience in children of depressed mothers.* New York: Springer-Verlag.
Hammen, C., & Rudolph, K. D. (1996). Childhood depression. In E. J. Mash & R. A. Barkley (Eds.), *Child psychopathology* (pp. 153–195). New York: Guilford Press.
Harris, Z. (1995). *Filial therapy with incarcerated mothers.* Unpublished doctoral dissertation, University of North Texas, Denton, TX.
Harter, S. (1983). Cognitive-developmental considerations in the conduct of play therapy. In C. E. Schaefer & K. J. O'Connor (Eds.), *Handbook of play therapy* (pp. 89–127). New York: Wiley.
Hartsell, T. (1997). Personal communication, July 24, 1997.
Helmstetter, S. (1989). *Predictive parenting: What to say when you talk to your kids.* New York: William Morrow.
Hendrix, D. H. (1991). Ethics and intrafamily confidentiality in counseling with children. *Journal of Mental Health Counseling, 13,* 323–333.
Herlihy, B. & Corey, G. (1997). *Boundary issues in counseling: Multiple roles and responsibilities.* Alexandria, VA: American Counseling Association.
Homeyer, L. E. (1994). Play therapy behaviors of sexually abused children. Unpublished doctoral dissertation, University of North Texas, Denton.
Hoyt, M. F. (1995). *Brief therapy and managed care.* San Francisco: Jossey-Bass.
Jacobs, E. H. (1998). *Fathering the ADHD child.* Northvale, NJ: Aronson.
Jacobson, G. F. (1983). *The multiple crises of marital separation and divorce.* New York: Grune & Stratton.
James, O. (1997). *Play therapy: A comprehensive guide.* Northvale, NJ: Aronson.
Johnson, K. (1989). *Trauma in the lives of children.* Alameda, CA: Hunter House.
Kagan, J. (1994). *Galen's prophecy: Temperament in human nature.* New York: Basic Books.
Kale, A. (1997). *Filial therapy with parents of children experiencing learning difficulties.* Unpublished doctoral dissertation, University of North Texas, Denton, TX.
Kao, S., & Landreth, G. L. (1997). Evaluating the impact of child-centered play therapy training. *International Journal of Play Therapy, 6*(2), 1–20.
Kell, B. L., & Mueller, W. J. (1966). *Impact and change: A study of counseling relationships.* New York: Appleton-Century-Crofts.
Kennedy, E., Spence, S. H., & Hensley, R. (1989). An examination of the relationship between childhood depression and social competence amongst primary school children. *Journal of Child Psychology and Psychiatry, 30,* 561–573.
Kochanska, G. (1991). Patterns of inhibition to the unfamiliar in children of normal and affectively ill mothers. *Child Development, 62,* 250–263.
Kottman, T. (1995). *Partners in play: An Adlerian approach to play therapy.* Alexandria, VA: American Counseling Association.

L'Abate, L., Ganahl, G., & Hansen, J. C. (1986). *Methods of family therapy*. Englewood Cliffs, NJ: Prentice-Hall.

Landreth, G. L. (1987). Play therapy: Facilitative use of child's play in elementary school counseling. *Elementary School Guidance & Counseling, 21*, 253–261.

Landreth, G. (1989). Personal communication, June 21, 1989.

Landreth, G. L. (1991). *Play therapy: The art of the relationship*. Muncie, IN: Accelerated Development.

Landreth, G. L., Homeyer, L. E., Glover, G. & Sweeney, D. S. (1996). *Play therapy interventions with children's problems*. Northvale, NJ: Aronson

Landreth, G. L., & Sweeney, D. S. (1997). Child-centered play therapy. In K. J. O'Connor & L. M. Braverman (Eds.), *Play therapy theory and practice: A comparative presentation* (pp. 17–43). New York: Wiley.

Lazarus, A. A. (1997). *Brief but comprehensive psychotherapy*. New York: Springer.

Levy, D. M. (1982). Release therapy. In G. L. Landreth (Ed.), *Play therapy* (pp. 92–104). Springfield, IL: Thomas.

Lockwood, J., & Harr, B. (1973). Psychodrama: A therapeutic tool with children in group play therapy. *Group Psychotherapy and Psychodrama, 26*(3–4), 53–67.

Long, S. (1986). Guidelines for treating young children. In K. MacFarlane & J. Waterman (Eds.), *Sexual abuse of young children* (pp. 220–243). New York: Guilford Press.

MacFarlane, K., & Korbin, J. (1983). Confronting the incest secret long after the fact: A family study of multiple victimization with strategies for intervention. *Child Abuse and Neglect, 7*, 225–240.

Mash, E. J., & Dozois, J. A. (1996). Child psychopathology: A developmental-systems approach. In E. J. Mash & R. A. Barkley (Eds.), *Child psychopathology* (pp. 3–60). New York: Guilford Press.

McCarney, S. B. (1992). *Emotional or behavior disorder intervention manual*. Columbia, MO: Hawthorne Educational Services.

McCarney, S. B., & Bauer, A. M. (1990). *The parent's guide: Solutions to today's most common behavior problems in the home*. Columbia, MO: Hawthorne Educational Services.

Mendell, A. (1983). Play therapy with children of divorced parents. In C. Schaefer & K. O'Connor (Eds.), *Handbook of play therapy* (pp. 320–354). New York: Wiley.

Mercer, L. (1997). Personal communication, September 30, 1997.

Merriam-Webster, Inc. (1984). *Webster's ninth new collegiate dictionary* (9th ed.). Springfield, MA: Author.

Milos, M. E., & Reiss, S. (1982). Effects of three play conditions on separation anxiety in young children. *Journal of Counseling and Consulting Psychology, 50*(3), 389–395.

Morrison, J. D., (Ed.). (1948). *Masterpieces of religious verse*. New York: Harper.

Moustakas, C. (1997). *Relationship play therapy*. Northvale, NJ: Aronson.

National Association of Social Workers. (1996). *Code of ethics*. Washington, DC: Author.

Nelsen, J. (1981). *Positive discipline* (2nd ed.). New York: Ballantine.

Neuman, M. G. (1998). *Helping your kids cope with divorce the sandcastles way*. New York: Random House.

Norton, C. C., & Norton, B. E. (1997). *Reaching children through play: An experiential approach*. Denver, CO: Publishers Cooperative.

O'Connor, K. J. (1991). *The play therapy primer: An integration of theories and techniques*. New York: Wiley.

Ogan, G. D. (1994). *Can anyone help my child?* Abilene, TX: Faith Publishing.

Olweus, D. (1979). Stability of aggressive reaction patterns in males: A review. *Psychological Bulletin, 86*, 852–875.

Osherson, S. (1995). *The passions of fatherhood*. New York: Fawcett.

Pearce, J. W. & Pezzot-Pearce, T. D. (1997). *Psychotherapy of abused and neglected children*. New York: Guilford Press.

Pope, K. S. (1991). Dual relationships in psychocounseling. *Ethics and Behavior, 1*, 21–34.

Radke-Yarrow, M., Cummings, E. M., Kuczynski, L., & Chapman, M. (1985). Patterns of attachment in two- and three-year-olds in normal families and families with parental depression. *Child Development, 56*, 884–893.

Rief, S. (1997). *The ADD/ADHD checklist: An easy reference for parents and teachers*. Paramus, NJ: Prentice Hall.

Rencken, R. H. (1989). *Intervention strategies for sexual abuse*. Alexandria, VA: American Association for Counseling and Development.

Reynolds, E. L. (1990). *Guiding young children: A child-centered approach*. Mountain View, CA: Mayfield.

Ricci, I. (1997). *Mom's house, dad's house: A complete guide for parents who are separated, divorced, or remarried*. New York: Simon & Schuster.

Ries, A., & Trout, J. (1986). *Positioning: The battle for your mind* (2nd ed.). New York: McGraw-Hill.

Rogers, C. (1951). *Client-centered therapy*. Boston: Houghton Mifflin

Rossiter, A. (1988). A model for group intervention with preschool children experiencing separation and divorce. *American Journal of Orthopsychiatry, 58*(3), 387–396.

Ryan, V., & Wilson, K. (1996). *Case studies in non-directive play therapy*. Philadelphia: Balliere Tindall.

Sanford, L. T. (1982). *The silent children*. New York: McGraw-Hill.

Schaffer, S. J. (1997). Don't be aloof about record-keeping; it may be your best liability coverage. *The National Psychologist, 6*, 21.

Schetky, D. H., & Green, A. H. (1988). *Child sexual abuse*. New York: Brunner/Mazel.

Sears, W., & Sears, M. (1993). *The baby book: Everything you need to know about your baby—From birth to age two*. Boston: Little, Brown & Co.

Selekman, M. D. (1997). *Solution-focused therapy with children*. New York: Guilford Press.

Sgroi, S. M. (1982). *Handbook of clinical intervention in child sexual abuse*. Lexington, Massachusetts: Lexington.

Sheldon, C. (1997). Personal communication, August 20, 1997.

Silver, L. B. (1999). *Attention-deficit/hyperactivity disorder: A clinical guide to diagnosis and treatment for health and mental health professionals*. Washington, DC: American Psychiatric Press.

Tatum, R. (1997). Personal communication, August 14, 1997.

Texas State Board of Examiners of Professional Counselors (1994). *Licensed professional counselor act*. Austin, TX: Author.

Thomas, A., & Chess, S. (1977). *Temperament and development*. New York: Brunner/Mazel.

Thomas, A., Chess, S., & Birch, H. G. (1968). *Temperament and behavior disorders in children*. New York: New York University Press.

Van der Zande, I. (1993). *1, 2, 3 . . .The toddler years*. Santa Cruz, CA: Santa Cruz Toddler Care Center.

Van der Zande, J. W. (1996). *Human development* (6th ed.). New York: McGraw Hill.

VanFleet, R. (1994). *Filial therapy: Strengthening parent-child relationships through play*. Sarasota, FL: Professional Resource Press.

Vasey, M. W. (1995). Social anxiety disorders. In A. R. Eisen, C. A. Kearney, & C. A. Schaefer (Eds.), *Clinical handbook of anxiety disorders in children and adolsescents* (pp. 131–168). Northvale, NJ: Aronson.

Walker, C. E., Bonner, B. L., & Kaufman, K. L. (1988). *The physically and sexually abused child*. New York: Pergamon Press.

Walter, J. L., & Peller, J. E. (1992). *Becoming solution-focused in brief therapy*. New York: Brunner/Mazel.

Weinhaus, E., & Friedman, K. (1991). *Stop struggling with your child*. New York: HarperCollins.

Weiss, L. (1979). *Emotionally yours*. Dallas, TX: I. T. Productions.

White, J., Flynt, M., & Draper, K. (1997). Kinder therapy: Teachers as therapeutic agents. *International Journal of Play Therapy, 6*(2), 33–49.

Whitman, B. Y., & Smith, C. (1991). Living with a hyperactive child: Principles of families, family therapy, and behavioral management. In P. J. Accardo, T. A. Blondis, & B. Y. Whitman (Eds.), *Attention deficit disorders and hyperactivity in children* (pp. 187–221). New York: Marcel Dekker.

Winnicott, D. W. (1965). *The family and individual development*. London: Tavistock.

Woods, S. K., & Ploof, W. H. (1997). *Understanding ADHD: Attention deficit hyperactivity disorder and the feeling brain*. Thousand Oaks, CA: Sage.

Zahn-Waxler, C., Cummings, E. M., McKnew, D. H., & Radke-Yarrow, M. (1984). Altruism, aggression, and social interactions in young children with a manic-depressive parent. *Child Development, 55*, 112–122.

찾아보기

Index

{ㅅ}

{ㅇ}

역자 소개

Profile

김광웅

서울대학교 대학원 교육학과 졸업(석사)
단국대학교 대학원 특수교육학과 졸업(박사)
미국 Seton-Hall University, New Hope University 초빙교수
전 한국놀이치료학회 회장(1-4대)
현재 숙명여자대학교 아동복지학과 교수
한국인간발달학회 회장
상담심리전문가/발달심리전문가(한국심리학회)
놀이치료교육전문가(한국놀이치료학회)
미국 APA/ACA/APT 회원

저서
『아동발달』, 『처음 만나는 놀이치료』, 『현대인과 정신건강』,
『유아행동지도』, 『101가지 놀이치료기법』, 『놀이치료학』 등 다수

강은주

숙명여자대학교 대학원 아동복지학과 졸업(석사)
가톨릭대학교 심리상담대학원 상담학과 졸업(석사)
숙명여자대학교 대학원 아동복지학과 박사과정
현재 남서울대학교 아동복지학과 강사
발달심리사(한국심리학회), 놀이치료사(한국놀이치료학회),
청아소아정신과 학습발달센터 상담원

진화숙

숙명여자대학교 대학원 아동복지학과 졸업(석사)
숙명여자대학교 대학원 아동복지학과 박사수료
현재 상주대학교 아동복지학과 겸임교수
남서울대학교 아동복지학과 강사
발달심리사(한국심리학회), 놀이치료사(한국놀이치료학회),
청아소아정신과 학습발달센터 상담원